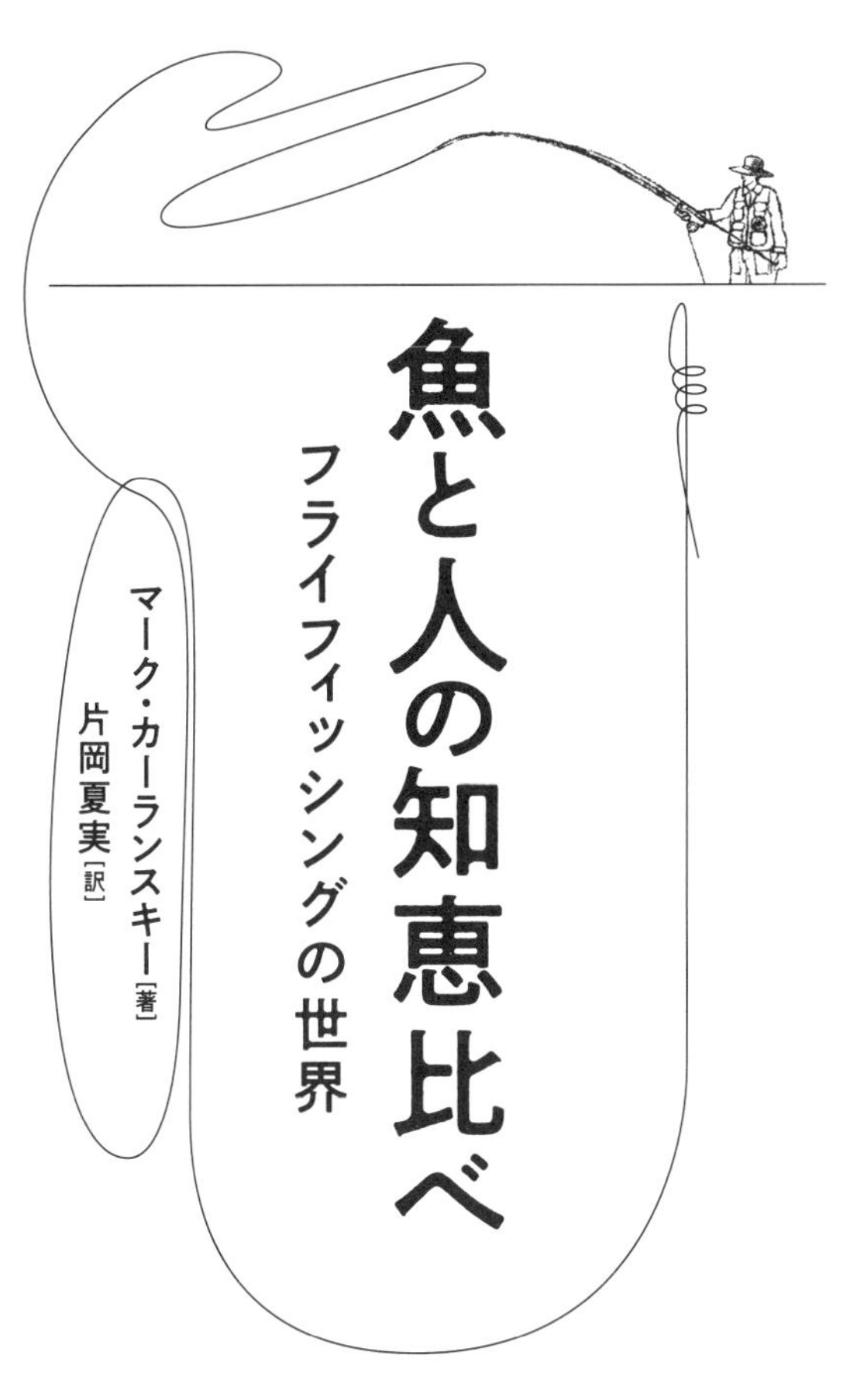

魚と人の知恵比べ

フライフィッシングの世界

マーク・カーランスキー［著］
片岡夏実［訳］

築地書館

わが釣友、タリア・フェイガに

THE UNREASONABLE VIRTUE OF FLY FISHING
by Mark Kurlansky

Japanese translation by Natsumi Kataoka
Published in Japan by Tsukiji-Shokan Publishing Co.,Ltd.Tokyo.

父は、宇宙に関するいくつかの事柄についても、きわめて明快な考えをもっていた。彼にとって、望ましいものはすべて——永遠の救いと同じように、マスも——洗練された優雅さを伴っていなければならず、その優雅さは技（わざ）がなければ身につかず、その技（わざ）はまたそう簡単にマスターできるものではない。

——ノーマン・マクリーン『マクリーンの川』（渡辺利雄訳）

釣り人ほどの馬鹿者はいない。

——メガン・ボイド、スコットランドの名毛鉤（けばり）職人

序章　ビッグウッド川のトルストイがいない冬

彼は釣りが好きだったが、それはまるで、こんなばかげたことが好きだということを、わざと自慢しているみたいであった。

——レフ・トルストイ『アンナ・カレーニナ』（木村浩訳）

冬の日、ビッグウッド川に足を踏み入れると、旧友に抱かれるように流れが脚を包み込むのを感じた。凍てつく川が温かく抱擁するというのは、自然の皮肉の一つだ。

アーネスト・ヘミングウェイはビッグウッド川で釣りをし、その川岸を死に場所にまで選んだ。彼はわかっていた。トルストイは、人間の本質を多く理解していたが、わかっていなかった、あるいは少なくとも、わかっていない登場人物を生み出した。

『アンナ・カレーニナ』でトルストイは、裕福な地主の二人兄弟を描いた。兄にとっては、畑仕事に勝るものはなかった。彼にはなぜ弟がパーチ釣りに出かけたがるのかわからなかった。一日の終わり、兄は弟にばったり出会うと、一日中釣りをして一匹も釣れなかったのに、なんでこんなに楽しそうなんだと戸惑った。

それは珍しくもない断絶だ。釣りをする者としない者。する者はしない者に、その衝動を説明することができない。

アイダホ州中部で毎年冬、上流階級の連中がサン・バレーの山々を滑降して、彼らなりの爽快感を得ているのをよそに、私は雪の積もった川岸を、大きくて見事なニジマスが自分のフライに食いついてくれることを期待しながら、凍ったビッグウッド川へ降りていいた。十何匹も釣れる日もあれば、一匹も釣れない日もある。だが私はいつも、すばらしい一日を過ごしたあとの平穏な気持ちに満たされて、街へと帰る。魚が釣れなくても、凍えた指が真っ赤になってまったく動かなくても——そんなことは構いはしない。冬の川で釣りをした一日は、いつもすばらしい一日だ。『アンナ・カレーニナ』を書いた男に、それがわからなかったはずがない。

バスクへの興味、それがそもそも、私がアイダホ州中部のケッチャムの街に来た動機だった。作家として駆け出しの頃、私はバスク人に関する本を書いており、その故郷、彼らの言語でエウスカル・エリアと呼ばれるスペイン北部からフランス南西部に、長く滞在した。バスク人は農場で羊を飼っており、それこそが彼らが、私が到着する一世紀前に、アイダホ州中部へと移り住んだ理由だった。

険しく人里離れたケッチャム近くの山地によそ者を連れてくるという習慣は、一九世紀、地元の牧羊業者がスコットランド人を呼び寄せたときに始まった。畜産業の拡大につれ、地域の巨大な群れの面倒を見る羊飼いが足りなくなったのだ。アイダホ州中部では、牧羊が鉱山業に取って代わろうとしていた。スコットランド人は羊の世話について知っていたが、やがて同化すると子どもたちに教育を施し、すると子どもたちは他の分野で成功したり、新たに工業化されたスコットランドに戻ったりするようになった。ちょうど同時期、二〇世紀初頭だったが、ヨーロッパのバスク人の農場、特にフランス側のものは危機にあり、そのためアイダホの地域社会はバスクの農民（やはり羊について知っていた）を誘い込むことができた——農民はニューヨークのグレニッチビレッジにある建物に収容され、世話をするのに恰好の群れが見つかると、西へ向かう列車に乗せられた。その後バスク人はスコットランド人と同じ道を歩み、アイダホ州中部に繁栄した大きなコミュニティを築いた。そして二〇世紀末には、ペルー人が連れてこられた。

バスクとのつながりから、毎年秋にケッチャムで開催される羊祭りで、私は講演を頼まれた。妻と娘が同行し、三人ともたちまち半原野のようなこの地域が気に入った。それでまた冬に来て、世界クラスのスキーを楽しもうということになったが、私たちの誰ひとり世界クラスのスキーヤーではないことは、なぜか頭から抜け落ちていた。私はクロスカントリースキーを好み、もっとなだらかなバーモント州のいくつかの山で経験していたが、リフトやゴンドラに乗って山頂まで行き、猛スピードで滑り降りてまた引き返すというのは好きになれなかった。スキーで最高の瞬間は、やっとブーツが脱げたときだと、私には思われた。

初めてのアイダホの冬、私は少しだけスキーをしたが、ビッグウッド川で冬のフライフィッシングができると聞いて、スキーはやめにした。妻のマリアンはスキーを続け、娘のタリアは何日かスキーをしては何日か釣りをし、どちらもとてもうまかった。以来私は、冬が来るたびにビッグウッドへ戻るようにしている。

ビッグウッド川は、海抜およそ二六五〇メートルのガリーナ・サミットに端を発し、急流となって険しい山地を下る。いみじくもソートゥース（のこぎりの刃）の名を持つ山脈は、荒々しくとがって雪を被った白い山頂が一列に並び、オオカミの下顎の歯のようだ。そこで荒れ狂う流れは集まり、それから間違いなく地球上でもっとも美しい地点の一つで、サーモン川とビッグウッド川に分かれる。

サーモン川は六八五キロに及ぶ峡谷を形成し、ところによってそれはグランドキャニオンより深い。岩がごつごつした急な河岸は、時にはほとんど垂直で、明るい黄緑色と黄色の地衣類に覆われ、暗く澄んだ水がその下を渦巻きながら勢いよく流れている。ルイスとクラーク（訳註：一九世紀初頭に太平洋岸までの行程を調査した探検家）はサーモン川を「リバー・オブ・ノーリターン」と呼んだ。流れが強すぎて漕ぎ上ることができないからだ。だがネズ・パース族（彼らの領域をこの川は流れている）は、上流へと漕ぐ方法を心得ていた。彼らは熟練のサケ漁師であり、この川を遡上する豊富なサケを糧に生活していた。のちに彼らは乗馬と射撃を覚えて、巧みな騎手にして必殺のライフル射手にもなり、合衆国陸軍に打ち負かされた最後の先住民となった。サーモン川の最後の族長ホワイト・バードは、降伏することも捕虜になることもなく、カナダへと逃げおおせた。

私はサーモン川での釣りが大好きだが、冬は禁漁だ。ビッグウッドではマスは禁漁にならない。ただしキャッチ・アンド・リリースのみだが。

サーモン川と分かれたあと、ビッグウッド川は二二〇キロを時には楽しげに時には荒々しく流れ、ソートゥース地方のボールダー山脈を下ると、ケッチャムを少し過ぎたあたりで、川岸が低くキャスティングが楽になる。途中、別の支流が何本か合流する。その一つ、ウォームスプリング・クリークとの合流点は、すばらしいマス釣り場だ。ケッチャムを過ぎると、ビッグウッド川はリトルウッド川と合流し、マラド川となってスネーク川に注ぐ。それからすべてのアイダホ州の川同様、州を離れてコロンビア川に合流し、最後は太平洋に注ぐ。

ビッグウッド川は決して立ち込みが楽な川ではない。冬は特にそうだ。流れは強く、川底を大きく滑りやすい岩が覆っているので、バランスを崩して転びやすい。私は転んだことはないが、もし転べば、その日の釣りは終わりだ。濡れた服を脱いで、どこかで温まらなければならない。この川には、急流の端に滞った、深く静かな瀞場（とろば）がある。そこでニジマスは好んで身体を休めたり、餌を摂ったりする。釣り人の毛鉤も含めて。

そのようなわけでフライフィッシングには、破ってはならないルールが二つだけある。水の中で転んではならない。フライをできるだけ長く水中に保たなければならない。それ以外は状況によりけりだ。

ニジマスは見事な造りをしている。川の中では黒っぽい背中だけが見え、うまくカモフラージュされているので、針にかかるまでほとんど気づかない。だが魚を水から引き上げると、虹がきらめくような鮮やかなパステルカラーに息をのむ。

ビッグウッドのマスは「カットボー」と呼ばれている。ニジマス（レインボートラウト）特有の輝きを脇腹に持つが、時に鮮紅色が一筋、喉元に入っている。赤い筋は同属で別種のマス、カットスロートのしるしだ。この魚は近隣のスネーク川にたくさんいる。つまりビッグウッドでは、カットスロートがニジマスとどうにかして交雑しているのだ。

ビッグウッドでは人工孵化（ふか）した魚を放流していない——これは重要なことで、なぜなら放流魚は少々鈍

冬のビッグウッド川、アイダホ州。

いからだ。彼らは天然魚のような生存技術を持たない。だから放流をしている川の価値を疑う者もいる。ビッグウッドの魚は天然物で、経験から来る知恵がある。夏のあいだひっきりなしに押し寄せる、ロバート・レッドフォード監督の映画『リバー・ランズ・スルー・イット』を見たキャッチ・アンド・リリースの釣り人の群れを相手にしているからだ。一九二五年にヘミングウェイは、スペインからF・スコット・フィッツジェラルドに書いた手紙の中で、天国についての自分なりの定義を明らかにした。ヘミングウェイが求めるものの一つが、自分以外に釣りが許されない、マスの棲む小川だった。冬のビッグウッド川での釣りは、そこまでではないにしても、特に寒い日にはそれに近い。だから私は冬の釣りが好きだ。私は自分だけの川を持つことができる——そして経験豊富な魚たちと渡り合わなければならない。夏の釣り人の列をくぐり抜けてきた魚は、毛鉤と、竿を持って川の中に立っているあのおかしな生き物をよく知っている。魚は学習するのだ。

放流魚が天然魚より簡単に釣れる要因の一つが、規則正しく餌を与えられることに慣れているので、いつでも食べることだ。天然魚は事情が違う。科学者によれば、マスは水温が一〇℃から二〇℃のあいだのときに餌を摂るという。ビッグウッドではもっと冷たくなり、そして水温が下がるにつれて魚の代謝は低下して、必要な餌の量は減る。だが、それでも魚は釣れる。結局は餌を食わなければならないからだ。ある日ビッグウッドで釣ったときには、あまりに寒く糸が凍らないようにするのに苦労したが、それでもマスは食い続けた。冷たいとはいえ水温が上がってきているとき、冬の終わりにはよくあることだが、マスはよく食ってくる。だが水温が二〇℃を超えると、マスは餌を摂ることも繁殖することもなくなる。それどころか死んでしまう。一つには、温度の高い水には含まれる酸素が足りないからだ。マスにとって最大の脅威の一つが地球温暖化だ。

いつもというわけではないが、たいてい、ビッグウッド川では未開の辺境地の気分を味わえる。頭上ではタカが狩りをしている。くちばしが普通のカモと違って細くとがったカワアイサが、小さな若魚を探して川の上を巡回する。大きなハコヤナギの木をビーバーが倒している。頂点が細くなるまで根元を丹念に円錐形に齧(かじ)って倒すのだ。ビーバーはたいてい、大きなハコヤナギを二、三本齧り倒してから、黒い樹皮を食べる。ビーバー一家は川岸の木を、白い棒以外何も残らなくなるまで食べてしまう。これによって川の流路が変わり、速く勢いのいい細い流れと、釣りの格好のポイントである安全で静かな淵(ふち)ができる。

ヘミングウェイは、そしてその他大勢が、アイダホ州中部は秋が最高だと言っている。ヤマナラシの葉が明るい黄色――ただの黄色ではなく――に色づく。それは密集して黄金色に輝き、落葉してビッグウッドの水面を染める。ヤマナラシの群生のあいだでカエデが鮮紅色に変わる。

黄金と赤に彩られた川岸は美しいが、私にとってアイダホ州中部の最高の時は、ごつごつした岩、青灰色のヤマヨモギ、山の斜面に生えるタンブルウィードが、輝く雪に覆われるときだ。険しいロッキー山脈北部では、冬の山は丸裸だ。ケッチャムの中心部でさえ、急峻すぎて何も建設できない丘がある。

冬の釣りで楽しいことの一つが、雪の積もった高地には食物が少ないので、動物たちが食べるために川に降りてくることだ。エルクが斜面の途中で立ち止まって、釣りをする私の様子をうかがい、私がいなくなると降りてくる。二つに割れた足跡が、川岸に沿ってついている。ときどきヘラジカがふらりと降りてきて、ヤナギの新芽を探す。背が自分より頭一つ高く、体重が優に五〇〇キロを超える動物が隣にいるのは、何となく落ち着かない。だがヘラジカは普通は攻撃的な動物ではない。私はただ、彼らを怒らせないようにするだけだ。

かつてこのあたりではありふれていたが、その後絶滅寸前となったオオカミが一九九〇年代、アイダホ州中部に再導入された。牧場経営者には動揺が走ったが、オオカミは地域の自然の一部にうまく溶け込んだ。今日ハンターたちは、オオカミのせいでエルクやシカが少なくなったとこぼすが、その根拠はほとんどない。動物たちはただ分散しただけだ。

ハンターの誘致はアイダホ州中部では儲かるビジネスであり、それがそもそもオオカミが絶滅しかけた理由だ。そうしたやり方がロッキー山脈北部での不自然に大きな有蹄類の個体数増加につながり、ハンターは楽に獲物を見つけて撃てるようになった。今ではある程度獲物に忍び寄らなければならないだろう。

昔そうしていたように。

ビッグウッド川沿いにはオオカミが生息しているが、賢く機敏なので姿を見せない。長年私の釣りガイドをしており、もはや友人とも言えるブライアン・リクターは見たことがある。ブライアンは痩身の西部人、ハンター、釣り師で、出身地のビッグウッド川流域のことを、ビーバーやエルクのように自然の一部のごとく熟知している。彼はことに美しい魚を釣ったとき、あるいは私が釣ったときも、写真を撮ってあとで絵にしている。

私がビッグウッド川で釣りを始めた二〇〇六年には、何度も森林火災があり、川底の岩が黒くなった。私は黒い岩の川で釣るのに慣れた。だが今では水は澄み、岩の黒い層は剝がれ落ちて自然の緑、橙、黄色に戻り、ニジマスは、その見事な色彩——紫と橙色のストライプに囲まれた真ん中に刺激的なコットンキャンディピンクのストライプ——が川底と調和して、溶け込んでいる。

私は冬の終わり、たいていそれほど寒くなく、濡れた糸がガイドリングに張りついて凍らない時期に釣りをする。その頃にはもう川はほとんど凍っておらず、すでに山から雪解け水がたっぷり流れてきて、流れが速くなっている。ときたま、さっと雪が降ることもある。雪片は赤子へのキスのように優しく地面に落ち、川の上を舞う雪は、子どもの頃にニューイングランドで、初めて雪が降るのを見たときの不思議な気持ちを思い起こさせる。

ほかはいくらでも厚着できるが、指だけは別だ。フライフィッシングは繊細なので、たとえ指のないものであっても手袋をはめていられない。糸にじかに触れていなければならないのだ。

ビッグウッドはケッチャムの市街地を流れている。ヘミングウェイが初めてこの町を見つけたとき、そこは辺境の地で、荒くれ者たちが街のバーで飲んだくれていた。町の人口は当時三〇〇〇人を少し超したくらいだったが、最近ではそれより少なくなり、西海岸から来た富裕層が増え、山の荒くれ者は数を減らしている。

ヘミングウェイがビッグウッド河畔に家を買ったとき、それは人気のないところにぽつんと建つ一軒家だった。だからヘミングウェイは家の裏手で、誰にも見られることなくショットガンで頭を吹き飛ばせたのだ。もしヘミングウェイが存命だったら、引っ越してしまうことだろう。今ではまわりじゅう家だらけだからだ。皮肉なことにこうした新参者たちは、プライバシーの保護にやかましい。自分の家の前で釣りをする者を追い払おうとするのだが、そんなことをする権利はない。川は誰のものでもない。

金持ちが川岸に家を建てるのは、川が好きだからだ。だが、川にとって、特にフライフィッシングのできる川にとって、川岸の家ほど有害なものはあまりない。建物は昆虫の生息地を破壊し、昆虫は魚が生きていく上で欠かせないからだ。

ビッグウッド川でもっとも普通に見られる昆虫に、カワゲラ（ストーンフライ）と小さな黒いユスリカがいる。これらに似せて巻いたフライが、そこで釣るとき私がもっともよく使うものだ。ストーンフライはわかっているもっとも古いフライの型の一つで一四八六年の英国の書物『釣魚論』（*A Treatyse of Fysshynge wyth an Angle*）に記述がある。同書はフライのボディを黒いウールで巻き、黄色いウールを羽の下に少し足して、尾と羽には雄カモの羽を使うことを薦めている。今日のストーンフライは、羽が茶と黒の布でできており、実際の細長い昆虫に、一五世紀のものよりずっとよく似ている。

カワゲラ、学名プレコプテランは南極を除くほとんど世界中で見られる。雌は最大一〇〇〇個の卵を流れの中に産み落とすか、川岸の岩や枝に産みつける。

ケッチャムでもカワゲラの毛鉤を使ってマスが釣れることがあるが、本物のカワゲラを見たければ、もっと人口が少ないところへ行く必要がある。ケッチャムでカワゲラが繁殖するがままだったとしたら、人間は行く先々で途方もない虫の大群に悩まされるという憂き目を見ることになる。そこで妥協点が見いだされた。昆虫の数は、町中では我慢できるレベルにまで抑制されるが、町の外ではマスの個体群を維持できるように繁殖するに任されている。

町のはるかむこうには、山々はそびえ立ち、心躍らせる野生動物がいる。私は長靴で雪の川岸をサクサクと踏んで、ビッグウッド川に降りていき、澄んで勢いのよい流れに慎重に身を浸し、何か雄大なものの一部となる。マスがそこにいる。跳ね、私を笑い、虹の色を見せびらかすが、一秒としないうちに姿を消す。もしかすると現実だったかもしれない夢のように。時には私のふざけた形をした偽物の虫に、魚が食いついて、小さな体で長く力強いファイトを繰り広げることもある。ようやく手にすると、私はその色を愛で、注意深く針をはずし、そっと川に戻す。釣れた日も釣れなかった日も、川をあとにするとき私は幸福だ。これ以上のよき日があるだろうか?

グレー・プロフェッサー・フライ

もくじ

1　なぜ釣りをするのか？

マドラーミノー

多くの人が、自分の追い求めるものが魚でないことを知らずに、生涯釣りに行く。
――ヘンリー・デイヴィッド・ソロー

私は七匹魚を釣った。相手はみながっしりして、大胆で、抜け目なかった。魚はすべてリリースした。その夜、沼沢林から出た私には、まわりじゅうすべてが輝いて見えた。

――トーマス・マッゲイン　*The Longest Silence*（もっとも長い沈黙）

私がよく尋ねられる、難しい質問が二つある。なぜものを書くのかと、なぜ釣りをするのかだ。この二つの質問は関係していると言えたらいいのだが、そんなことがあるとも思えない。共通しているのは、どちらの活動も、思い出せるかぎりでは自分が衝動的に引き込まれたものだということだけだ。二つとも私は少年時代に始めた。鉛筆を手に文字を書き、木の枝で作ったそれなりにまっすぐな棒、糸、針で、掘ったミミズを餌に釣りをした。

作家の中には釣りをすることで有名な者もいるが、しないことで同じくらい有名な者もいる。トルストイ、スタインベックら多くの作家は釣りをこき下ろしている。優れた作家であるからといって優れた釣り師になれるわけではなく、また明らかに、釣りの腕がいいからといって優れた作家になれる保障はない。この二つに共通しているのは、孤独を愛することと考え込む癖だ。いつもとは言わないがたいてい、同じタイプの人間を引き寄せる。

釣り、ことにフライフィッシングとは、問うことだ。その魚を釣るべきか。晴れた日に釣るべきか、曇った日にすべきか。川の中に立ち込むか、岸から釣るか。フライは派手なものにするかどうか。その魚は何を好んで食べるか。どの時間帯にするか。この種の問いにはきりがないが、そのすべての底流にあるものは、より根本的な問い、すべての問いの中の問いだ。なぜ釣りをするのか? 釣りへの衝動は「オカルト的、神秘的な本能」に突き動かされていると述べた一九世紀の大統領、グローバー・クリーブランドは正しかったのだろうか?

私の場合、正しかったのだと思う。私は水を見ると、必ず魚を探す。海辺にいるときは、私は鳥の飛行パターンを目で追う。鳥は魚のあとを追うからだ。川辺にいるときは、早瀬の脇のとろんとした静かな淵を覗き込み、水面に立つ波紋を検分する。いつも魚はどこかと問い、わかったと思えば釣りたくなる。それはほとんど無意識の反応――猫がネズミの存在を感じ取るようなものだ。

釣りを選んだわけ――狩猟とは違うもの

この原初的な衝動は、私がごく幼い子どもの頃に始まったので、生まれつきのものではないかと思う。

人工的なものではないのだ。身内の大人の誰ひとり釣りをしなかったし、釣りのことなど考えもしなかった。みんなアウトドア志向ではなく都会志向だったのだ。祖父は、私たちが海岸に連れていこうとすると、スーツを着て、ネクタイを締め、帽子をかぶった。

　少年時代、釣りと文学の唯一の交点が、読書におあつらえ向きの場所と格好の釣り場の二つを、私は自然の中に求めていたことだ。自分にとって釣りの第一の理由は、いつも明確だった。自然に浸っていることを感じられる美しい場所へ行くことだ。私はコネチカット州ハートフォード郊外の工業地域で育った――景色のいいところではない。私が住んでいたブロックのはずれには市営バスの停留所があり、そこからものの数分でハートフォードの中心街へ行けた。だが私の知るかぎり、自然の中へ行くバスはなかった。『ニューヨークタイムズ』の不動産欄は最近、私の故郷ニューイントンについての記事を掲載し、不動産価格が上がっていない地域の一つだと述べた。だがその記事は、町の家は特に魅力的でもなく、快適な緑地がないことに注意を促していた。私の記憶ではそんなことはない。公園があり、そこに水車池（ミル・ポンド）というありがちな名前の池があったのを覚えている。たぶん『ニューヨークタイムズ』は、この池を特筆に値しないと考えたのだろうが、そこは小さな滝と、私のお気に入りの読書場所だった大きな岩がある、すばらしい隠れ場所だったと記憶している。その池は、工場に囲まれた町で、私にとってただ一つの自然との接点だった。そしてある日、足元の暗い水の中に色が閃（ひらめ）くのを見た。私はほとんど信じられなかった。

　私の故郷の町には釣具店がなかったが、ミル・ポンドからわずか二ブロックのところに「ファイブ・アンド・ダイム・ストア」というものがあった。もっとも当時でも、本当に五セントや一〇セントで買えるものはほとんどなかった。その店は何でも少しずつ置いていて、私は小さな金属製の鉤（かぎ）、小さな鉛の分銅を二個、赤白のプラスチックの浮き、細ひもを一巻き買った。ミミズがどこにいるかは知っていた。私はミミズで遊ぶ（引きちぎって二匹にする）のが好きだったからだ。私はミミズを針につけて、それをひもに結び、さらにそれを浮きのついた別のひもに結んだ。次に落ちた木の枝を見つけて、それにひもを結びつけた。一八世紀まで、人はこうして釣りをしたのだ。彼らは私のひもよりいい釣り糸を持っていたが、リールはなかった。ただ糸に針を結び、その糸を竿の先に結んでいたのだ。

もちろん、私はこのような歴史を知らなかった。ただ思いつきで作っただけだが、それはちゃんと使えた！　浮きは針につけたミミズを中層に保った。私は引きを感じて糸を岸に引き上げ、喉元に赤い斑紋がある黄色い小さなサンフィッシュを取り込んだ。それからもう一匹釣れた。そしてまた一匹。

そのとき私は思いついた。池の底には別の何かが棲んでいるに違いない。そしてそれは中層の魚を餌にしているはずだ。それが何であれ、自分が釣った小さなサンフィッシュを好んで食べるだろうし、きっとサンフィッシュより大きなものでもあるだろう。釣りとは魚の視点を理解することだ。ミル・ポンドの底深くにどんな怪物が潜んでいるか、誰が知るだろう？

私は赤白の浮きをはずし、糸に分銅をつけ、サンフィッシュを針につけたまま池に落とした。糸を底につけてゆっくり引きずってくる……と、引きがあった。私はすかさず棒きれの竿を跳ね上げ、岸に上げた。黒いザリガニが爪でサンフィッシュにしがみついていた。

コネチカット州民はザリガニを食べなかったし、地元の池や川にザリガニが棲んでいることを知りもしなかったのではないかと思う。ザリガニは明らかに、いわゆるグレーター・ハートフォード圏の文化に属していなかった。

双子の兄弟は、快適な読書場所には興味がなかったが、釣りをするというと乗ってきて、あまり日を置かず一緒に行った。そのとき初めて、釣り仲間を持つことの楽しさを私は知った。私たちはコーヒー缶いっぱいのサンフィッシュとザリガニを釣り、家に持ち帰って母に見せた。母は料理することを一切拒み、獲物を捨てさせた。

なぜ私はその魚を釣りたかったのだろう？　需要がないことがわかったので、やがて私は魚を全部池に投げ返すようになったが、それでも釣りを続けた。私が釣りをしたのは、それがミル・ポンドの自然の生き物を、より深く感じる方法だったからだと思う。

私にとって釣りは、常に自然に深く関わることだった。ハンターにも、最高のハンターにとってなら、同じことが言える。私は狩猟には一度しか行ったことがない。ユタ・ロッキーに友人がいて、ずっと狩猟に誘われていた。しかし私は銃が心底嫌いなのだ。政治的な理由からではなく、美意識の問題だ。銃声で耳鳴りがするし、ライフルの反動が肩を打つのも不快だ。動物を遠く離れたところから撃つという発想も気にくわない。自然やその中の生き物との関わりがなく、したがってそれは偽物だ。

そこで友人と私は弓猟を思いついた。それには、弓矢で射れるくらい近くまで動物に忍び寄る、ある程度の技量が必要だ。私はユタへ飛び、一週間うろついて、可能な限りのことを調べた。周囲の高山について。どの獣道を牡鹿がたどり、どれを牡鹿がたどるか。牡鹿が牝と仔に人間を近づけないためにどうやって気を逸らせるか。牡鹿が誤解しているのはフェアでないような気がした。人間が撃つことを許されているのは牡鹿だけで、牝や仔を撃つことは許されないのを、彼らは理解しようがないのだ。それは釣りについて、川について、魚について知ることに似ていた。しかしそれから、私が射たシカは、膝から崩れ落ちながら、大きく穏やかな目で私を見上げていた。本当のハンターなら持っている資質を持ち合わせていなかった私は、そのシカの頭を撫で、すまなかったと言った。魚には決してしなかったことだ。もっとも魚を川に返す前に、もっと気をつけるようにと忠告することはときどきあるが。それ以来、二度と哺乳類を撃ちたいと思うことはなかった。

人間は、ある動物と生物学的に近ければ近いほど、それに対して感傷的になるのだと私は思う。なぜ私たちは海洋哺乳類のことを、魚より心配するのだろうか？　一度私はサンフランシスコ湾でスズキ用プラグを投げていてアザラシのひれ脚を引っかけてしまい、数日気に病んだことがあるが、狙い通りにスズキを釣っていたら、最高の気分だったことだろう。

たぶん違いは目にある。哺乳類の目は私たちを罪悪感で満たすことを意図しているように思える。一方魚の目は、ただ見開いているだけにすぎない。サケの目だけはときどき怒っていたり、あわてふためいたりしているように見えるらしい。

ハンターであり釣り師でもあるジミー・カーター大統領は、時として自分も罪悪感に襲われることがあると認め、その上でこう付け加えている。「こうした心の痛みに耐えきれないと感じる人たちには、私は『狩りや釣りをやめなさい』とアドバイスしたい」（山口和代・篠原章訳）

人が自然と一体になるために釣りをするのなら、人の役割は何か？　人は捕食者であり、その獲物も捕食者なのだから、人は捕食者の捕食者だ。勝つためには獲物のように考える必要がある。餌、ルアー、フライはどれも魚の捕食本能を刺激するように作られている。人は殺し屋を騙す捕食者だ。伝説的なフライフィッシャー、ジョーン・ウルフ（やはり伝説的で有名な競技フライフィッシャー、リー・ウルフの妻）

は、捕食本能についてこのように述べている。「私の知るもっとも優れた釣り師たちは、この自然のプロセスすべてに、もっとも無理なく順応できる人たちだ」

マスに忍び寄るのはシカに忍び寄るのと似ており、私はバードウォッチングの経験はあまりないが、その魅力は、捕食者としてではなく自然に忍び寄る方法であることではないかと思う。だが、バードウォッチャーは捕食者ではないので、自然に完全には参加していない。自然は基本的に捕食者と獲物で成り立つものなのだ。

だから、釣り師が釣り師の美徳や高潔さについて書いたものはたくさんあるし、その多くは本当のことだろうが、そこにはある程度の残酷さも含まれているのだ。小説家で熱心なフライフィッシャーのトーマス・マッゲインはこのように書いている。「釣り人は今や社会への反逆者で、仇のように、淵が空になるまで、情け容赦なく釣りまくる」

ある日私は、穏やかで川幅の広いワイオミング州のスネーク川で釣っていた。周囲にはグランド・ティートン山脈の、氷河に削られた堂々たる巨岩がそびえ立ち、雲の上にぐっと突き出ている。岩山にはそれぞれの個性がある。威厳のあるグランド・ティートン、切り立ってまがまがしいネズ・パース、大きく広がりごつごつした、優しげでさえあるオーウェン山。それだけで私には十分だった。マスはただの口実だ。

私は流れを読みながら、カットスロートトラウトを釣った。三、四投に一匹の割合で釣れると針からはずし、そっと流れに返して、また投げる。これを一時間あるいは三時間も続けていただろうか。釣りのときに私は必ず防水時計をはめているが、いつも見るのを忘れてしまう。川にいるとき、時間は存在しない。だが疲労は存在し、私には休憩が必要だった。私は岸まで歩いて、やはり休憩中の仲間の隣に腰を下ろし

グランド・ティートン山脈に近いワイオミング州スネーク川は、カットスロートトラウトのいい釣り場だ。

た。

　私が座ると、彼は笑顔を向けて言った。

「勝利の気分はいいもんだろ?」

　私ならそういう言い方はしないが、それこそ自分の感じていたものだと認めざるを得なかった。正しくやっていたら、針に小さな羽の束をつけたものでマスやサケを騙すことは、並大抵のことではない。たいていの場合、魚が勝つ。この日は六五パーセントほどでしかなかったが、別の日には九〇パーセント、一〇〇パーセントということさえ少なくない。だから釣りは、多少は勝ち負けの問題なのだ。

　自然の中にいることとも、魚を釣ることさえも関係ないが、勝負がかかっている釣り大会が数多くある。フライキャスティング大会やフライタイイング大会というものがあり、その競技者は釣り師ですらなく、競技スポーツに参加するのが好きというだけの人であったりするのだ。
フライキャスティング競技は、普通は飛距離を競うもので、アメリカで一八六〇年代に考案され、初期の試合がニューヨークとシカゴでいくつか開催された。全国大会を組織したキャスティングクラブは一八八〇年代に設立され、一九〇七年にはこうしたクラブが、全米科学的キャスティングクラブ連合会の下に統合された。連合会はそれから大会を、いい釣り場ではなく、ワシントンD.C.にあるリンカーン記念堂正面のリフレクティング・プールのような名の通った場所で開催した。こうした大会は釣りとはほとんど関係がなかったが、キャスティングの全国チャンピオンを名乗れれば、釣り師としての地位も高くなった。

釣り師の素質

何世紀にもわたり、フライフィッシング愛好家は、仲間の釣り師たちがきわめて高い徳の持ち主であると考えてきた。一六世紀から一七世紀のイングランドの傭兵、詩人で、食と料理と馬の飼育の本を書いたジャーベス・マーカムは、熱烈なフライフィッシャーであった。以下はマーカムがフライフィッシャーについて書いたものだ。

釣り師は誰も、自分の技術を正確でふさわしい言葉を使って書き、話せる学者であり文法家でなければならない。賞賛すべき営為の楽しみに他者を誘うさわやかな弁舌と、妬みと中傷からそれを弁護する力強い論理がなければならない。強く勇敢でなければならず、嵐に驚くことも雷を恐れることもあってはならない。彼が不摂生であれば胃痛にさいなまれ、空腹に長く耐えられずに決まった時間に食事をしなければならなくなる。すると心身に影響し、釣りの楽しみをそこなうことになる。

この記述につけ加えるとするなら、反射神経がよくなければならない、だ。

フライフィッシャーに別の性質を見る者もいる。現代化学の輝ける父、サー・ハンフリー・デービーは、この点で一枚嚙んでいる。一七七八年生まれのデービーは、一世紀以上にわたり英国の科学オタク少年たちのヒーローだった。偉大なるオタクにして元祖「ミスター・ウィザード」（訳註：一九五〇～六〇年代の子ども向け科学番組の登場人物）であった彼は、重要な元素を分離、発見、命名した。その多くはナトリウム、カリウム、ヨウ素、カルシウム、マグネシウム、ストロンチウム、バリウムなど、不安定で分離が難しいものだった。デービーは窒素と塩素で新型の爆薬を開発した。また、電池やその他の新機軸を多数開発している。彼はそうした多くの発見、とりわけ亜酸化窒素（のちに「笑気」と呼ばれるようになる）で酔っぱらう方法を講演の中で実演してみせ、大衆を楽しませた。講演には、詩人のサミュエル・テイラー・コールリッジ、メアリー・シェリー（講演に触発されてマッド・サイエンティストのフランケンシュタイン博士を生み出した）ら著名人が出席した。しかし英国を代表する科学者になってしまうと、デービーは、科学者は貴族的な趣味人ではなく真摯な職業人であるべきだという自身の信条をめぐる苦しい闘いに巻き込まれるようになった。

デービーが、この張りつめた知的・政治的生活から思い切って撤退したのは、サケのフライフィッシングで考えることから解放されるためだった。彼は *Salmonia: or, Days of Fly Fishing*（サルモニア：フライフィッシングの日々）という本まで書いている。同書は長年の釣行（ちょうこう）で見聞したことがいっぱいに詰まっている。科学的には、期待されるような正確なものでは必ずしもないが、当時サケについてはあまりよくわかっていなかった。デービーはフライフィッシングをしようとする者に、高い能力を求めている。

ほとんどの技術は至高の、つまり知的な状態にある人間の特徴であると言えよう。そしてサケやマスの毛鉤釣り師は、自分の肉体的な力を助ける仕掛けを使用するだけでなく、困難を克服するために知性を用いる。巧妙な手段と装置に由来する喜びは、実際の釣行によるものと同様に、この趣味と不可分のものである。

つまり、優れたフライフィッシャーであるためには非常に聡明でなければならないと、この一九世紀の偉大な科学者は言っているのだ。それにとどまらずデービーは、フライフィッシングにはしっかりとした科学的基礎、魚とそれが餌とする生物の理解、気象パターンと川の生物の知識、人格が要求されると考え、「それは忍耐、自制、感情の制御を要求する、道徳的訓練の追究である」と記している。

ハドソン川の保護団体をいくつも立ち上げた、作家で環境保護活動家のロバート・H・ボイルはかつてこう言った。「私がこの世界のためにしてきたことはすべて、自分が釣り人で、必要に迫られて自然の営みと保護に深く関わるようになったことによるものだ」

子どもに環境保護の精神を培（つちか）いたければ、釣りに連れていかねばならないとまで断言する者もいる。この主張は疑わしい。ハンターや釣り師の中には真剣に環境保護活動をしている者もいるが、彼らが環境保護運動を主導しているとは言えない。グローバー・クリーブランドは、大統領の地位にあった何人もの熱心な釣り師の一人（南北戦争の記念式典をすっぽかして釣りに出かけたので、南部人からは慕われた）だが、環境派の中に数えるわけにはいかないだろう。

ハーバート・フーバー大統領は熱心なフライフィッシャーで、一九二八年の大統領選挙戦のさなかに休みを取ってローグ川とクラマス川にスチールヘッド釣りに出かけた。職を退いて久しい一九六三年、フーバーは *Fishing for Fun and to Wash Your Soul*（楽しみと心の浄化のための釣り）と題する本を著し、その中でこう述べた。「釣り人は瞑想的である必要がある。当たりがあるまでに時間があることが多いからだ。その空白の時間は忍耐、自己抑制、静かな反省を生じるのだ」

釣り人は他の釣り人を褒めずにはいられない。リー・ウルフの妻としても知られるジョーン・ウルフは言う。「これは人間関係を強めるスポーツでもある。誰かと一緒に釣りができるということは、おそらくその人と楽しく暮らせるということだ。釣りは人の価値を試す。フライフィッシャーはほとんどが思慮深く、繊細で、世話好きな人たちだ」

たぶんほとんどがそうだが、明らかに全員がではない。スペインを三六年間きわめて残忍に統治したフランシスコ・フランコは、熱心なフライフィッシャーでもあった。実は、フランコがスペインで行なった数少ないよいことの一つが、スペイン北部の川に遡上するサケを保護したことだった。

フライフィッシングの癒しの力を多くの人が信じている。プロジェクト・ヒーリング・ウォーターズ・フライフィッシングという団体は、情緒、精神、身体に問題を抱えた退役軍人を、定期的にフライフィッシングに連れ出すことで支援しようとしている。同様に、キャスティング・フォー・リカバリーは乳がんの女性を、乳がん教育とフライフィッシングを中心にした静養所を作って支援することを目的にしている。

きわめて多くの大統領がフライフィッシャーであったことから、スポーツと政治には関係があるのではないかと言われてきた。だが、フライフィッシングをしているところを見せることが、うまい政治的パフォーマンスである――釣り師であることが政治家をより魅力的に見せる――のではないかとも言われている。多くの大統領――マッキンリー、タフト、ウィルソン、ハーディング、クーリッジ、フランクリン・ルーズベルト、トルーマンら――は当選するまで熱心な釣り人ではなかったが、就任してから釣りをしているところを見せたり写真に撮らせたりしたがったとフーバーはあからさまに言った。小説家のジョン・スタインベックは明らかに誇張を交えてこう述べた。「大統領選に立候補しようとする前に、みんなまず魚を釣って一緒に写真に収まった。釣りをしなければ大統領に当選できないのだ」

カルビン・クーリッジは生粋のバーモント人であったが、どうやらフライフィッシングはあまり得意でなかったらしい。フーバーによれば「それからクーリッジ氏はフライに病みつきになった。シークレット・サービスの護衛たちは、バックキャストを避けたり木に引っかけたフライをはずしたりと、てんてこ舞いだった」。失敗したキャスティングの写真が何枚も残っている。そのすぐあと、クーリッジは再出馬をしないことを宣言し、フーバーにホワイトハウスへの道を開いた。

木が生い茂った川岸から釣るとき、バックキャストが木に引っかかることは珍しくない。しかし、そのような状況に応じたキャスティングはいくつも考案されており、もしクーリッジがロールキャストかスペイキャストを知らなかったとすれば、フーバーの言う通りかもしれない。クーリッジはあまり熟達した釣り人ではなかったのだろう。だがフーバーが前任者のバックキャストをけなすのには、釣りよりも、クーリッジがフーバーを推薦することを拒否したのが関係していたのかもしれない。クーリッジはフーバーを一時期こうまで言っていたのだ。「六年間、あの男は頼んでもいないのに私に助言をし続けた——そのすべてが間違っていた」

フーバーは、自身とグローバー・クリーブランド、セオドア・ルーズベルトを、合衆国大統領を務めた数少ない「生涯にわたるフライフィッシャー」として挙げている（ジョージ・ワシントン、チェスター・アーサー、ドワイト・アイゼンハウアーも釣りをしたが、フライではなかった）。クリーブランドはマサチューセッツ州バザーズ湾の別荘を、当初買うつもりはなかったが、著名な俳優のジョゼフ・ジェファーソンが、そこはいい釣り場だと太鼓判を押すと気が変わった。

フーバーは、釣りはアメリカ大統領を健全に保つとも主張している。「釣りは大統領や元大統領の自我を縮小させる。釣りの際には、ほとんどの男は少年に及ばないからだ」と、フーバーは言う。これはおそらく正しい。世界でもっとも権力を持つ人間でも、マスやサケに自分の毛鉤を食えと命令することはできないからだ。

さらにフーバーは、釣りが犯罪的傾向を持つ人を街頭から遠ざけると信じていた。フーバーは言う。「その年に犯罪を犯した者はたくさんいたが、彼らが釣りをしていたらそうはならなかっただろう」

ジミー・カーターもまた、本物のフライフィッシャーだった大統領のリストにふさわしい。カーターはジョージア南部の田舎で狩猟と釣りをして育った。しかし毛鉤で釣るような魚、主にマスとサケは、水温が高いところには棲んでいないので、カーターがフライフィッシングを始めたのは、ジョージア州知事になってアトランタへ移ってからだった。アトランタに来たときの自分のことをカーターは「釣法において遅れていた」と表現している。知事公邸は水の冷たいチャタフーチー川からわずか数キロのところにあり、そこでカーターはジョージア魚類鳥獣委員会の委員長と共に初めてフライロッドを振った。フライフィッシングを知ってしまうと、カーターは止まらなかった。のちに彼はそれを、大統領の任期中もっとも秘密が保たれた活動の一つだったと表現している（山口和代・篠原章訳。以下同様）。

ヘリコプターでキャンプ・デイビッドに着陸後、同行したホワイトハウス詰めの記者たちが、近くのメリーランドの街に出発するのを見届けると、着替えを済ませた私たちは、もう一度密かに離陸し、四〇分後にはペンシルヴァニア州スプルース・クリーク近くの放牧地に着陸、俗世と隔絶されたかの地で数日間のフライ・フィッシングを楽しむ、ということがよくあった。

ジョン・クインシー・アダムズのフライワレット。19世紀。

カーターは釣りの本を書いた三人目の大統領であり、その著書『ジミー・カーターのアウトドア日記』は三冊の中でもっともできがいい。

ライズしてくる魚に対して絶妙な毛鉤（フライ）を投げ込（キャスト）むためには、かなりの決断力と研究心と計画性と実行力が求められる。そしてそのたびに新しい発見がある。森や川では全神経を集中するため、釣りや狩り以外の事柄はほとんどすべて忘却の彼方へ押しやられる。

こうした過度の完璧主義と集中力は、彼とソフトボールをしようとする間違いを犯した者なら誰でも知っているように、カーターの特徴だが、ここには基礎的な真理がある。フライフィッシングは好奇心旺盛な者のためのものである。川は一つひとつ違う。それぞれの川の釣り場は一つひとつ違う。一つひとつの川の魚、形状、川底は独特だ。そして一つひとつの川は独特の歌を歌う。私は生まれつき海が好きだと思っているが、フライフィッシングは川を愛することを教えてくれた。

釣りをするたびに新しい発見がある。発見に終わりはない。自分は何でも知っていると思っている釣り人は、実は何も知らない。アイルランドの詩人ウィリアム・バトラー・イェイツが恋について言ったように。

いかに賢い者であれ

その中のすべて見抜けはしない
だから彼はいつも恋のことを考えていた
星々が消えるまで
影が月を隠すまで

目の覚めるような美しい川の中に、私は立ち込んでいる。鈴を転がすような鳥のさえずりと、西部劇作家で大の釣り好きだったゼイン・グレイが、かつて川の「旋律のような咆哮（ほうこう）」と呼んだものとが響き合っている。それはときに咆哮ではなく、ささやき、沸き立ち、つぶやくこともある。川の水が絶えず自分の脚を押すのを感じる。私は自分のキャスティングを考えている。どのように落ちるか、どこに落ちるか、どう流れるか、魚はどこにいて、何を求めているか。私は、トルストイが牧草の刈り取りの喜びを表した、「忘我の瞬間」と呼ぶものに浸っている。私が考えているのはこれだけであり、これ以上ほとんど思考をそぎ落とすことはできない。そのことが私に特別な平穏をもたらしている。

2　難しく釣る

私は常々、自分の知性を魚と戦わせて負ける者はみな、自業自得だと思っている。

——ジョン・スタインベック　“On Fishing”（釣りについて）

スペイフライ

フライフィッシングはひねくれ者の自負心だ。他の釣法はすべて、釣果を増やそうとする。フライフィッシングはできるだけそれを難しくするものだ。だが毛鉤で一度魚を釣ると、他の釣法はみんなずるく感じられるかもしれない。ドワイト・アイゼンハワー大統領はそれを、わかりやすく言い表している。「私はミミズを使わない。釣りを挑戦にしたいのだ」

スタインベックは、サケ科の魚（マス、サケ、イワナなど）の知能を過小評価しており、網や、たぶん生き餌なら誰でも魚を捕れるが、毛鉤で釣るのはきわめて難しいことを認識していなかった。あるいは認識はしていたが、フライフィッシングで釣れなかったら、それは難しい釣法を選んだのが悪いと思っていたのかもしれない。あるいは彼は正しく、私たちは当然の報いを受けているのかもしれない。だから私たちは、何も釣れなくても自分をいとも簡単に許してしまうのだ。

フライフィッシングはスポーツとしてしか行なわれない。空腹を満たすために魚を捕まえるには頭の悪い方法であり、だから多くのネイティブ・アメリカンはフライフィッシングを軽蔑しているのだ。いや、アラスカのような、フライフィッシング・ガイドになることが望みうる最高の職である土地では、それに熟達している者もいくらかいる。だが大半は、釣りの目的は食料として魚を捕らえることだと考えている。魚は神々からの賜物であり、娯楽のために魚で遊ぶのは不敬にあたるのだ。

ネイティブ・アメリカンはとてつもなく多様な漁法を用いるが、彼らがフライフィッシングをする姿はめったに見られない。彼らは網、時にはたも網——長い柄の先に小さな網がついたもの——や銛で漁をする。ヨーロッパ人が数世紀前にやっていたのと同じだ。今日、銛漁は一般に効率がよすぎると考えられており、たいてい法律で禁止されているが、やったことのある者はわくわくしたと言う。フライフィッシングの導師リー・ウルフは、アラスカでの少年期「銛漁が一番楽しかった。時速二、三〇キロで通り過ぎるサケの速度を見極め、屈折率を計算に入れて突くのは挑戦のしがいがあった」と言っている。

ネイティブ・アメリカンはまったく道具を使わずに魚を捕ることもある。アラスカ州ノンダルトン近く、ブリストル湾に注ぐ川で、私はそれを見たことがある。インディアンの少年たちが川の中を歩いていき、熊が戦うときの爪のように水の上で指を広げ、ちょうどいいタイミングで手を突っ込み、サケやマスを摑んで川岸に放り投げる。後ろ手に縛られてなお暴れる人のように、魚はのたうち回っていた。

フーバーが言うような釣り人、「生涯にわたる釣り人」であれば、たぶん二つの方向のいずれかに進むことになるだろう。大きさと、魚を手にするまでの闘いに夢中になって、カジキのような巨大魚を追い求めるか、熱烈なフライフィッシャーになるかだ。まったく違う理由から、この二つはもっとも難しい釣法だ——前者は魚を取り込むのがもっとも難しく、後者は魚をかけるのがもっとも難しい。

ヘミングウェイ父子と釣り

この分かれ目は二人のヘミングウェイによって具体化される。作家のアーネストは、父親によりアウトドア・ライフの中で育てられ、あらゆる種類のハンティングと釣りを伝授された。その中にフライフィッシングもあった。しかしアーネストは、フライフィッシングについて何度か書いてはいるものの、それほど熱心な愛好者ではなかった。彼は普通の餌釣りに満足し、フライフィッシングをするときでもウェットフライを使った。真の愛好家なら選ばないものだ。またフライフィッシングも二つの「ドロップ」をつけて、つまり一度に三つのフライで釣った。ドロップというのは付け足しのフライのことだ。そしてメキシコ湾流でのカジキ釣りを知ると、フライフィッシングは終わったも同然だった。とはいえアイダホで狩猟行の合間にフライフィッシングをすることもたまにあったが。

一方アーネストの長男のジャックは、大きなカジキを追うことには、また、父がもう一つ情熱を傾けた狩猟にも、興味を持たなかった。ジャックが本当に求めたのはフライフィッシングだけだった。彼はケッチャムに住み着き、世界で真に偉大なフライフィッシャーの一人として名声を得た。

ジャックのフライフィッシングへの執着を疑う者は、彼の第二次世界大戦中の記録、OSS（戦略情報局）のスパイとして活動していたときのことを調べてみるといい。ジャックは南フランスのドイツ軍の背後に、フライロッドを持ってパラシュート降下したのだ。フライロッドを持っての降下はそう簡単な芸当ではない。どうやったら折らずに着地できるのだろう？　ジャックの解答は、六メートルの糸を結びつけて、着地寸前に手を放すというものだった。

ジャックは高度四三〇メートルで飛び出し、竿も身体も無傷で岩だらけの渓谷に着地した。彼はフランスの地下組織と接触し、可能なときには釣りをした。逃げるときには、いい小石の川底、淵、川岸のある釣れそうな流れを、いつか戻ってこられたときのためにメモしておいた。

のちにジャックは負傷し、捕虜になった。ドイツ兵は彼に、片腕を切断しなければ壊疽で死ぬかもしれないと告げた。ジャックは、傷ついた腕はキャスティングアームであり、失うくらいなら死んだほうがましだと言って拒んだ。ジャックは負傷し、捕虜になった。ジャックもその腕も生き延び、再びあちこちの渓流に釣りに行った。のちに彼の釣りに同行した者の多くは言った。「ジャックは決してやめようとしなかった。いつももう一投しようとするのだ」

フライフィッシングとは対照的に、ビッグゲームフィッシングはもっとも大きな魚を釣ることがすべてだ。たぶん写真が肝心なのだろう。五〇〇キロのカジキを隣にぶら下げて、自分が小さく見える写真が。それは一六キロのサケよりもはるかに印象深い。もちろん、逆説めくが、釣り人は一六キロのサケの脇に立つほうが、五〇〇キロのカジキの脇よりも大きく見える。

ヘンリー・デイヴィッド・ソローはかつて、自分がウォールデン池で釣ったピッカレル（訳註：カワカマス属の魚）の重さを記録するのは「魚の重さは一般に名声の唯一の根拠だから」だと説明した。公式世界記録重量はほとんどすべての釣魚ごとに記録されている。シロカジキの世界記録は一九五三年にペルーのカボ・ブランコで釣れたもので、七〇七・六一キロあった。ブルックトラウト（カワマス）の世界記録は一九一五年にカナダ、オンタリオ州のサンダーベイ地域のニピゴン川で釣れた六・六キロだ。シロカジキは生き餌を使い、一時間四五分の格闘で釣り上げられた。一方、ブルックトラウトはフライを使って、ほんの数分で上がってきた。ブルックトラウトは特に手強い魚ではない。

海で釣る

フライフィッシングを覚えてしまうと、私は餌釣りにはほとんど見向きもしなくなった。ジョン・スタインベックは、たぶん自分では気づいていなかっただろうが、何かを摑んでいた。魚に簡単に勝てるなら、釣りに楽しみはない。魚の目の前に食べ物を垂らして、匂いを嗅がせ、食べさせるのは大して難しくはない。とはいえこれも言うほど簡単なことではない。海は広く、魚を釣るためにはまず魚を見つけなければならないからだ。

私は船を持ったことはないが、船を持っている友人と海に出て、生き餌で釣ったことがある。しばらく住んでいたサンフランシスコでは、私はとある友人とよく船で湾内に出て、橋脚まわりをトローリングして魚を探した。これには失敗のしようがほとんどなかった。シマスズキは橋脚についた貝を食べ、何匹かは必ず自分の仕掛けの餌に食いつくからだ。私は一時的にマサチューセッツ州グロスターに住んでいたことがあるが、やはりシマスズキが餌を食べに入ってくるグロスター港口に船で行くとよく釣れた。

船から餌釣りをして何も釣れなかったのは、思い出せるかぎりでは一度だけ、メキシコ、グアイマスの太平洋に面した漁港でのことだ。メキシコシティへの道中、私はグアイマスに立ち寄った。漁港があると立ち寄らずにはいられないのだ。痩せた働き者の青年と料金に折り合いがつき、彼の派手な色に塗られたでこぼこのアルミ製船外機付きボートで、沖へ連れていってもらえることになった。漁師の多分に漏れず、この人も希望を糧に生きていた。自分の小さいくたびれたボートが、派手に塗ることで観光客の目を引くことを期待し、それから魚がいくらか釣れることを期待していた。

私たちは餌としてサバ科の魚の切り身を持って海に出た。しかし私は一匹も釣れなかった。ばら色と黄色に染まった夕日が沈もうとしていた。太平洋の暑い日の終わりはこんな具合だ。そろそろ岸へ戻る時間だ。

青年は嫌だと言った。

私はもう少し粘ったが、やはり何も釣れず、月のない星明かりだけの暗い夜になった。そのとき、この若者はたぶん家族に持ち帰るための魚を釣ろうとしているのだろうと気がついた。私は彼に、陸に戻ってくれるなら割増料金を払うから、それで食べるものを買えばいいと言った。

いいや、魚を釣りたいんだと彼は言った。

メキシコ人にはメキシコ人の流儀があり、時に非常に頑固だ。

私は釣り続けたが、いっこうに何も釣れず、ボートに灯りはないのでとうとう真っ暗になり、屈辱感か敗北感のようなものを抱えて、青年は岸へ向かった。

日によって、「食わない」こともある。そういうことは船から餌で釣っているときにはあまり起きないが、他のタイプの釣りでは、状況ははるかに釣り人にとって不利になる。

長年、私が好んだ釣法はサーフキャスティングだった。それはニューイングランドで船を持たない釣り人が使う、主に労働者階級の釣りの技法だ。三・六メートルから四・二メートルの竿を使い、色をつけた木や金属やグラスファイバーのプラグを投げる。プラグは操り方によって中層に沈んだり水面を泳いだりする。一人ひとり自分のお気に入りのプラグがあった。フライほど選択肢は多くないが、それでも幅広い種類がある。軽いものもあれば重いものもあり、金属光沢のあるもの、白いもの、緑色のものもある。ミノー（訳註：コイ科の小魚の総称）に似たものもニシンに似たものもある。中には実在するどの魚にも似ていないものもある。

サーフキャスティングは、名前からわかるように、キャスティングがすべてだ。課題はプラグをできるだけ遠くまで沖に向かって投げることにある。うまい人は、ボートで釣るのと同じくらい遠くまで飛ばすことができる。プラグの頭は普通平たいか窪んでいて、胴の真ん中につなぎ目があるものもある。これにより、リールを巻くと動きが生まれ、遠くまで投げるほど水中で長くプラグを操作できる。魚の気を引くために、竿を小さく動かしてプラグに動きを加えてもいい。

ストライパーとブルーは、ニューイングランドのサーフキャスティングを代表するものだ。ストライパー、つまりシマスズキのほうが釣るのが難しい。えり好みが激しいからだ。ブルーフィッシュ（オキスズキ）は食うか食わないかだ。食うときにはたいてい、餌となる小魚をオキスズキが海面まで追いかけ、急降下する鳥と餌を奪い合う狂乱が発生する。鋭い歯を持つオキスズキは、目の前にあるものに手当たり次第に食いつく。手早く遠くまで仕掛けを投げられれば、一〇匹以上釣れる。

私はとにかくキャスティングが大好きで、一匹も釣れなくても理想的なキャストができれば、すばらしい海岸を何時間でも楽しんでいられた。私はコネチカットで、ロードアイランドで、ナンタケットで、マーサズ・ビニヤードで、グロスターで、さらに北でこの釣りをやった。きれいな海岸が近くにあると必ず釣りをした。サンフランシスコに住んでいたとき、マリーナにあった私のアパートからプレシディオ公園まで、歩いてすぐだった。釣り場に近いからそこを選んだのだ。ゴールデンゲートを左に、サンフランシスコ湾を右に見て、私は朝焼けの中へキャストした。

ある夏、私はナンタケットのレストランでペストリー職人として働いていた。与えられた自分の厨房に夜明けに到着すると、唯一出迎えてくれるオーナーの猫に、小さなボウルでクリームを与える。昼までに私は、ワゴンいっぱいのオーストリア＝ハンガリー帝国風ケーキ、フレンチ・ペストリー、さまざまなイタリアン・ペストリーを作る。客が来始める頃には、私はすでに退勤し、自転車で竿を片手にバランスを取りながら、街の外を目指している。その頃ナンタケットは今のように建て込んではおらず、街を離れるとそこは、棘だらけの灌木の林が霧に包まれ、荒涼とした無人の湿原だった。私はサーフサイドと呼ばれる海岸によく行き、海に立ち込んで、その日一日サーフキャスティングをした。いい夏だった。

たぶん私は五〇匹かそこいらの魚を、サーフキャスティングをしていた時期に釣ったはずだが、それまでに一〇〇〇回以上は投げていた。当時私は、サーフキャスティングがフライフィッシングにごく近いことを知らなかった。私はときどき、フライを使ってサーフキャスティングをすることもあった。バスプラグの後ろの針にフライを結びつけ、プラグの動きに合わせてフライが躍るようにしたのだ。シマスズキはたいていプラグでなくフライを食った。しかし私はフライフィッシングをしようとは思わなかった。

フライフィッシングが持つイメージ

一つには、海ではフライフィッシングをしないからだ。私は川や湖での釣りに興味がなかった。だがもっと大きな障壁は、フライフィッシングは金持ちの、特にお高くとまった金持ちのするものだと思っていたことだ。これには、アメリカのフライフィッシングの起源が英国のフライフィッシングにあり、そして英国では、間違いなくその通りだということもある。イングランドでは、川の権利は川岸の土地を所有する人のもので、普通それは上流階級だ。スコットランドでは、川は独立した資産で、必ずしも川岸と一体ではなく、川の所有者は自分の川を売ったり貸したりできる。貴族に知り合いでもいなければ、釣りのできる区画（ビート）を見つけるのは非常に難しい。もっとも地主の中には、自分の川を開放することに誇りを抱いている者も少しはいる。スコットランド高地地方のヘルムズデール川は、チャールズ皇太子が好んで釣りをする場所で、ときたま所有者がこころよく地元住民に釣らせているが、これは養殖場で使う卵と精子を採る魚を手に入れるためだ。だが、本心から地元や外部の釣り人を歓迎する河川所有者はごく少なく、それも多額の入漁料を払えばの話だ。

かつてはイングランドに労働者階級のフライフィッシャーの伝統があったが、最後の囲い込み条例、釣りをする川を私有化する法律とされるものが、二〇世紀初めに可決されると、数百万エーカーの土地から一般庶民は締め出された。

スタインベック曰く、フランス人はリラックスのために釣りをし、アメリカ人はそれを人間と自然の闘いとして見ているが、英国人はフライフィッシングを「英国式の私有財産への情熱」を示すためにする。このような一般化は、ある程度の真実が含まれていることもあるものの、常に危なっかしいものだ。スタインベックが描写したフランスの釣り人は、パリジャンのことだ。彼らが川に静けさを求めてときどきパリを離れることを、スタインベックは知っていた。しかし、セネガルのサルーム川のボロングと呼ばれる深い流れ込みで、私が一緒にバラクーダ釣りをしたフランス人たちは、筋金入りの釣り人で、リラックスなどまったく興味がなかったと断言できる。

　同様に英国の釣り人にも、人間と自然との闘いに心底のめり込んでいる者はおり、アメリカ人の中にも英国人と同じように、エリート病にかかっている者がいる。一九世紀半ばのアメリカで随一のスポーツジャーナリスト、ウィリアム・トロッター・ポーターはこのように記している。「フライフィッシングは王侯貴族に属する釣りの技法であるとされており、疑いもなくそれはもっとも難しく、もっとも優雅であり、そして風雅の士にとっては、無類の胸躍る楽しい釣法なのである」

　ポーターの言う「風雅の士」とは何のことだろう？　たぶん私や、私と一緒にサーフキャスティングに行った人たちのことではないし、明らかに女性でもない。

　英国とアメリカのごく一部では、フライフィッシングはフライフィッシングクラブを中心に組織化され、その中には虚栄心を大いにくすぐるものがある。ロンドンのフライフィッシャーズクラブは、一八八四年に設立され、会員には王族もおり、食事を共にすることもできる。

　ヨーロッパでもアメリカでもフライフィッシングクラブは、最近まで女性の入会を認めていなかった。クリーブランド大統領は、フライフィッシャーを「兄弟」と呼び慣わしており、アフリカ系アメリカ人に平等の権利を与えることに反対していたので、たぶん有色人種が自分の兄弟になることも歓迎しなかっただろう。

　フライフィッシングの道具はたいていそれほど高価ではないが、このスポーツは基本的に金持ちの道楽だ。手つかずの自然が残るロシアのコラ半島にヘリコプターで降りてフライフィッシングができるのは、金持ちだけだ。彼らはこの旅行に何万ドルも払う。アラスカからカナダ最南東部ニューブランズウィックまで、あちこちに裕福なフライフィッシャー目当ての豪華なロッジが立っている。

魚を捕まえるのでなく魚に挑戦するために釣りをするのは、一見金持ちの道楽のように思える。だがより深いところでは、フライフィッシングは自分自身を自然の秩序、捕食者と獲物の世界にゆだねることであり、それはエリート意識からはほど遠い。アメリカでは、川は誰の所有物でもなく、わずかな入漁料を州の魚類野生生物局に払えば、誰でも釣りをする権利が得られる。

スポーツの起源が何であれ、馬やヨットのようなきわめて高価な器財を必要としないかぎり、それは今日のアメリカではエリートの活動ではないのが普通だ。ドイツの哲学者ハンナ・アーレントは、かつてこう述べた。ヨーロッパ人にとってアメリカ人のもっとも驚くべきことは、本当に「幸福の追求」を不可侵の権利だと信じていることだと。これはアメリカ人の考え方の核心部であり、フライフィッシングが富裕層だけのものであるのはアメリカ的でないのかもしれない。ここ数十年実際に、フライフィッシングの人気が高まるにつれ、それは同時に大衆化していったのだ。

解禁日

私がフライフィッシングを意識するようになったのは、『ニューヨークタイムズ』のレッド・スミスのスポーツコラムをよく読んでいたからだ。スミスは、偉大な短編作家のような才気と品格を備えたすばらしいコラムを書き、私は野球への興味から読み始めたのに、フライフィッシングについてもたびたび書いていることが気になりだした。スミスはニューヨーク州北部のビーバーキル川に大変な愛着を持っていた。彼はそれを「アメリカのフライフィッシングのゆりかご」と呼んでいた。一九世紀から二〇世紀の偉人たちがそこで釣りをしたからだ。フライフィッシングのシーズンが始まる日には、スミスはよくそのことに触れ、こんなことを書いた。「ビーバーキル川の解禁日を祝うのは、ベツレヘムでクリスマスを祝うのに少し似ていると言っても不謹慎ではあるまい」

フライフィッシングの解禁日は大昔から世界中で祝われてきたが、厳密に同じものを意味していたわけではない。ヨーロッパやアジアの古代の文化では、シーズンの最初の漁獲を祝った。サケ漁をするネイティブ・アメリカンは——大西洋でも太平洋でも——みな漁期年度の始まりにサケの儀式を行なう。メイン州のペノブスコット川にまだサケが豊富にいた頃、釣り人たちはその川のバンゴープールで最初に釣れた魚を、ウィリアム・ハワード・タフト以来のアメリカ大統領に送っている。実はタフトが受け取ったのは、その年の二匹目だった。というのは、ほとんど間を置かずに二匹釣れ、最初のものはとても大きかったのでニュージャージー州ニューアークのクラーク製紙会社に売られ、重さあたりで高い値がついたのだ。タフトの魚は五キロで、最初の魚より二キロ小さかった。

アイルランドでは子どもたちがブラウントラウトの解禁日に学校をさぼる。西海岸のゴールウェイでは、街を突っ切ってゴールウェイ湾に注ぐ広く浅いコリブ川で、シーズンの最初に釣れたサケがチャリティに寄付される。二匹目は釣り人が持ち帰ることができる。だからアイルランドの定番の冗談では、解禁日が近づくとゴールウェイの釣り人は「二匹目が釣れるといいね」と言う。

レッド・スミスが描いたビーバーキル川の解禁日は、自分がフライフィッシングを始める理由として十分に思えた。しかし私が釣りを始めたのは、解禁日でもビーバーキル川でもなかった。私が初めて経験したのはニューヨーク州アディロンダック山脈のオーセーブル川だ。東部の川の釣りは難しい。川岸に木が生い茂っているからで、最初私は、フライを木の枝に引っかけてばかりいた。川岸が開け、幅の広い西部の川であればもっとうまくいく。だがそのうちに、キャスティングを本当に覚えられるのは東部の川であることを知った。

フライフィッシングを始めてから数年して、私はついに解禁日を祝ったが、それはニューヨークではなくノルウェーでだった。ノルウェーでは午前〇時の鐘と共に解禁になる。お祭り気分のノルウェー人の一団と、私は出かけた。彼らは、荒瀬と鏡のような静かな淵を共に備えたスチョルダル川の岸で、大量のビールを飲みつつ深夜ピクニックをするつもりだった。あたりはだんだんと暗くなり、鳥がけたたましくさえずった。深夜の鐘が打つと同時に北欧式の歓声が上がり、一斉にキャスティングが始まった。私は二、三回投げて、やめた。暗闇での釣りには、その川をよく知っていないかぎり、あまり意味がない。それから私を含め大半の釣り人は、キャンプに戻って寝た。私たちは解禁日を祝って、翌日釣りをするのだ。だが数人の釣り人は一晩中粘って、椅子の上で飲み、釣り、眠っていた。午前四時にその一人がブラウントラウトを釣り上げた。サケを上げた者はいなかった。

私は常々フライフィッシングを、自分の最近の趣味、海から離れサーフキャスティングをやめた人生の後半に始めたものとして考えている。だが実は、私はそれを二〇代の半ばに、ニューヨーク州、バスク地方、スコットランドで始めたのだ。それはつまり、私は四〇年来のフライフィッシャーマンだということだ。

フライに食いつき、はずそうとするマス。

自然との駆け引き

私は世界中でフライフィッシングをしてきた。それはスタインベックの格言を窮めつくしたということだ。初めての川での釣りは、釣果を得ることがきわめて難しくなる。もし負ければ、スタインベックの言う通り、自業自得だ。だがもし勝てば、それは自分の手柄だ。レイ・バーグマン（その著書 *Trout*［マス］は多くの釣り人にとっての「バイブル」だ）はこう書いている。「ついていないときにいつも自分を責めるのは、よい習慣だ。自分の――自分の釣り方、釣り場、一挙手一投足の――評価には無慈悲であれ」

それでも、言い訳はフライフィッシングに関する冗談には付き物だ。水位が高すぎた、低すぎた、流れが速すぎた、遅すぎた、濁りすぎた。空が曇っていた、晴れていた。私はこの言い訳を全部使ってきた。誰もがそうだ。それが真の問題かもしれない。だが要は、うまくいかなかったとしたら、それはこうした悪条件を覆せなかったからだ。私はこのすべての条件で釣果を上げたこともある。

釣り人がフェアであろうとすれば、魚は戦うチャンスを与えられなければならない。それが自然の秩序の定義だからだ。この駆け引きの一つが、川に向かうときは常に、それが大漁の日か不漁の日かわからないことだ。ワシも熊も、その他の捕食者も、似たような不確かな日に直面する。人間だけが、その可能性を高めることができると思っている。ならば自然の挑戦をあえて受けようではないか。自分の知恵を魚の知恵と戦わせて、どちらが勝つかを見るのだ。

運という要素もあるが、それを待つのも、それがないことを嘆くのも愚かなことだ。ヘミングウェイの『老人と海』に登場する老漁師サンチアゴが言う通り「もちろん運がいいに越したことはないが、まずは正確を期していたい。それでこそ、いつ運が来てもいい」(小川高義訳)。

川に立ち込むとき、それはまさに、めくるめく美の世界へと足を踏み入れているのだ。だが次に、その川を理解しなければならない。

まず、川の音を聞く。川は泡立つ高音と、底を流れる重低音の波との合唱アンサンブルだ。力強い人の声のようによく通る。釣り人の中には、川が語りかけていると感じる者もいる。私は川が歌っていると思っている。詩人のウィリアム・カーロス・ウィリアムズは、詩とは「潮流、波、さざ波のアンサンブル」だと言った。ならば逆に、川は詩ではなかろうか。

川を訪れる人間は、いつも温かく迎えられるわけではない。サケは大型で危険なヒグマの大好物だ。アラスカではもっと具体的に「ハイイログマ」と呼ばれるものだ。この動物はとても大きく、前足の一振りで人を殺せる。だから私は、彼らを釣り仲間にするのは少々遠慮したい。アラスカ人の考え方は違うようだ。ガイドはよく川にいる熊を、人を呼び込む大きな目玉として見せようとする。「熊がたくさんいる川に案内しましょう」とたまに彼らは言う。あるガイドは、かかった魚を巻き上げていると、それを熊が——猫がおもちゃを追うように——追いかけてくるところで釣りをしようなどと私に持ちかけてきた。だが熊と魚を取り合うのは、私にはいい考えだとは思えなかった。

たいていの場合、熊は、いったいぜんたい何をやっているんだろうといぶかりながら、フライフィッシャーを見ているだけだ。ビッグウッド川で山の斜面から見下ろしているエルクも、同じようなことを考えているように見える。太平洋に突き出たロシアのカムチャツカ半島を流れるオゼルナヤ川で、私が漠然と思ったのは、熊はカッコウが何を言っているか考えているのではないかということだった。カッコウは、そういえば、ちょうどドイツの柱時計そっくりの声で鳴く。コミックリリーフにすぎなかったとしても、それでもなお私はこの自然界の一部だった。熊は、鼻先や前足を川に突っ込んで、通り過ぎる魚を掴みながら、私がやっていることを間違いなく不思議に思うはずだ。私が魚を捕ろうとしていることを、彼女が（私が見たのはほとんどが雌だった）理解したとしても、今までに見たことのない馬鹿げた魚の捕り方だと思ったことだろう。

熊はアラスカでもロシアでも狩猟の対象であり、おそらく釣り人とハンターを見分けるのに苦労していて、ゆらゆら動いている棒が釣り竿なのか猟銃なのか迷っているかもしれない。私は狩猟というものがよくわからず、このような食べられない動物を、楽しみのためになぜ撃ちたがるのか理解できない。しかし一方、チベット仏教徒とネイティブ・アメリカンは、なぜ私が楽しみのために釣りをしたがるのか理解できない。

ロシア人はアラスカ人よりも熊を深刻に受け止めており、ライカという犬を釣り人を守るために訓練している。この格好のよい、大きさがシェパードくらいのそり犬は、白い身体に巻き尾を持ち、ヒグマと戦えるほど大きくはないが、熊が近づくと吠えたり唸ったり大騒ぎするので、熊は煩わしく思って手を出そうとしない。

ライカはとても人なつこい犬で、かつて私がロシア旅行中に出会った三頭は、自分が飽きることなく犬をかまったり撫でたりしていられることに気づかせてくれ、大の仲良しになった。しかしそれで私は特に安全になったわけでもなかった。ある日、一頭の犬の腹を右手で撫で、別の一頭の頭を左の膝に乗せているとき、とても大きな雌熊がのっそりとキャンプに向かってくるのが見えた。犬はご満悦の様子で目を閉じ、動かない。

「おい、お前たち。熊だぞ」。私は叫んだ。

犬たちは何もせず、こんな風にでも言いたげだった。「もう少し左を掻いてくださいよ」

「おい」。熊が近づいてきたので、私はまた叫んだ。「お前たち、あいつを追っかけるんだろ！」。私が犬たちを突っつくと、今度はあたりを見回し、飛び起きて、ものすごい唸り声と剣幕で雌熊を追い払い始めた。中の一頭は熊の尻に噛みつきさえした。熊はひどく怒った様子で背を向けると、尻をさすりながらどたどたと去っていった。

なんて利口な犬だろう！　彼らが一晩中守ってくれたおかげで、私たちは眠ることができた。一日中腹を撫でてやってもいいくらいだ。だが犬たちの寿命は短い。犬が老い始めると、弱ってきたことに熊は気づいて、機会があれば殺してしまうからだ。原野に美はたくさんあるが、慈悲はない。

完璧なキャスティング

フライのキャスティングは、他のルアーを投げるよりも難しい代物だ。サーフキャスティングのルアーはかなり重く、投げればその重量で糸を引き出しながら飛んでいく。だがフライは非常に軽い。飛ばさなければならないのは擬餌針ではなく糸で、それがうまくできれば、糸はフライを先端にしてまっすぐに伸びる。よいキャスティングでは、フライが最初に着水し、あとにまっすぐな糸がついてくる。糸がまっすぐならフライは最初に着水しなくてもいいという者もいる。それは魚、フライの種類、状況による。しかし糸が水面を打ったりまっすぐでなかったりすると、魚は何かが上にいることを察知して、たった今着水したものを避ける。

フライは軽く着水しなければならない。アイルランドの作家モーリス・ウォルシュは短編"The Red Girl"（赤毛の娘）の中で完璧なキャスティングを完璧に描写している。「目一杯伸びたフライは撫でるように水に落ちた」

ノーマン・マクリーンは小説『マクリーンの川』で、自分の父親によるキャスティングの教えを引いている。「10時と2時のあいだの角度で、四つ数えながら投げ出す、あのリズムでやるんだ」（渡辺利雄訳）。これはワンハンド・ロッドを使ったオーバーヘッドキャストの説明だ。後ろに木や藪がなく、向かい風でないときにはうまくいく。だがそうでない場合は、ロールキャストが使える。そうすれば後ろの枝にぶつからない。あるいは、スペイロッドとも呼ばれるツーハンドのヨーロッパ式の竿を使っていたら、ダブルスペイキャストができる。スペイキャストは、スコットランドのスペイ川からその名を取っている。そこで私はずいぶん前に釣りをしたが、何も釣れなかった。このキャストはシングルハンドロッドでもできる。私はダブルスペイキャストを好むが、これは風が川下へ吹いているときにしかうまくいかない。風が川上へ吹いているときは、ロール、シングルスペイ、あるいはスナップCキャストのほうがうまくいく。難しい状況に向くキャストのレパートリーはいろいろあるのだ。

面白いことに、ほとんどすべてのキャストは四拍子だ。ダブルハンドのスペイロッドによるオーバーヘッドキャストは、一二時と二時のあいだで拍を四つ数える。マクリーンは、キャスティングをメトロノームで練習したといい、私はキャスティングのタイミングを正確に捉えるために、頭の中で音楽を思い浮かべることがある。バッハの無伴奏チェロ組曲は、私が長年自分のチェロで弾いていて、キャストと同じで正しくできたことがないものだが、これがぴったり合う。バッハにはしっかりとリズムがあるのだ。ただ、無伴奏チェロ組曲は四分の三拍子で、ほとんどのキャストは四拍子なので、私はロックンロールも薦めている。ロックはたいてい四分の四拍子なのだ。ローリング・ストーンズの「サティスファクション」は完璧なキャストを導いてくれるだろう。

娘のタリアを初めてフライフィッシングに連れていったときには、まだ幼く小さかったが、私よりキャスティングが上手なのではないかと思わざるを得なかった。タリアはすでに何年もバレエを習っていて、今も続けているが、だから優雅さとすばらしいリズム感が身についていたのだ。ジョーン・ウルフもダンスの心得があり、このように言っている。「私は、ダンスのレッスンがキャスティングの上達に役立ったと確信している。一〇歳の弱い力を、全身を使うことで補うことを教わったからだ」

ウルフは、キャスティングをしているときには晴れやかな気分になると書いた際に、重要な秘密も明らかにしている。「兄弟」はいつも、フライフィッシングが生来的に男性的なものだと言い張ってきたが、フライのキャスティングには女性的なものがあるというのだ。「キャスティングの技術はいつもダンスを思わせ、したがってそれは男性的というより女性的に思われる」とジョーンは書いている。「キャスティングには視覚的な美しさと、身体の動き、竿さばき、しなやかな糸の重みの一体感の両方がある。ダンスのように、それは晴れやかな気持ちにさせるのだ」

バレエダンサーのルドルフ・ヌレエフとフライフィッシングに行けたらどんなにいいだろうと、私は思っている。きっと忘れがたい経験となるはずだ。

キャスティングはだんだんと挟まるレールを進む力だ。それは川の中にしっかりと安定させた足腰から始まり、背中から腕へと昇っていき、竿に至る。竿はしなるように先が細くなっている。力は竿を一閃（いっせん）させ、糸（ライン）を撃ち出す。ラインもやはり先が細く、その先に先糸（リーダー）がつく。より細く、やはり先細りのそれはラインの延長で、魚に見えないようになっている。細くなったリーダーの先端がいっぱいに伸びたとき、それは末端についたフライと共に着水する。ジョーン・ウルフはキャストを「エネルギーの流れ」と呼ぶ。

キャストを完璧に行なったら、ドリフト（訳註：フライを流れに漂わせること）を完璧に行なわなければならない。空腹のあまりがっつきすぎて、水面に落ちたとたんにフライを飲み込んだマスを、私は釣ったことがある。だが普通、魚は川の中でじっとしていて、状況を見極めてから動く。サケやマスはよく空中に跳ねる。時にはそれがまわりじゅうで起きる。だからといってフライを食うとは限らない。跳ねる魚は私を笑っているのではないかと思うことがよくある。

狙ったところに正確にフライを落とさなければならない。それはたいてい魚がいるところではなく、魚のすぐそばを通るように、流れがフライを自然な形で下流に運ぶ場所だ。

魚は淵を好む。深く静かで、多くは水面が鏡のようなところだ。そこは流れがあまりなく、魚はのんびりできる。サケは流れに逆らって上流へと泳ぐので、淵は格好の休憩場所であり、流れてくる興味を引く物体を見つけられる場所である。また、川の中に溝、つまり岸と流心に挟まれた澪（みお）が伸びていることもあり、ここで魚は休息し、餌を探し、障害物のないハイウェイに沿って泳ぐ。

正しくドリフトする正しいポイントを見つけ、そこに完璧にフライを落とさなければならない。さもなければ、スタインベックの言うように、自業自得だ。

3 思考する獲物

ラット・フェイス・マクドゥーガル・フライ

二〇〇〇マイルの旅路の果て、彼は身を休め
ひたひたと穏やかな流れに呼吸する
その墓場となる淵の中で

——テッド・ヒューズ "OCTOBER SALMON"（十月の鮭）

フライフィッシングは本来、サケ科の魚を釣るために考え出されたものだ。サケ科は頭がよく、狡猾で、強く、運動能力が高く、頑固な生き物だ。言い換えれば、簡単には釣れないということだ。

サケ科は冷たい水に棲み、北半球に固有だが、南半球の寒い地域に移入されている。昆虫食性で、水生昆虫を餌とする。フライフィッシングとは、かつては単純に、それを模した昆虫で釣るものだった。しかし今では、フライフィッシャーの中には小魚、カエル、ネズミなどを模したものや、自然界の何ものにも似ておらず、魚の気を引くようにデザインされた派手でけばけばしい物体を使う者もいる。同時にサケ科以外の魚を、特に海で、フライを使って釣るのにも人気が高まっている。

サケ科は一般にマス、サケ、イワナなどと呼ばれるが、他の名前で知られるものもいくらかいる。アラスカのノーススロープ地方とカナダ極北部にはステノドゥス属というサケ科の魚が生息しており、現地の人間にはフランス語名のインクヌー、つまり「未知のもの」と呼ばれている。

別の属、フーコ属にはタイメン（アムールイトウ）というものがいる。これはサケ科最大の魚で、ロシアとモンゴルに見られる。この巨大魚は海に降りないが、それでも一五～三〇キロに成長する。記録にある最大のものは、ロシアのコトゥイ川で一九四三年に捕獲された全長二一〇センチ、体重一〇五キロだが、記録されていないもっと大きなものもいたかもしれない。今日、タイメンは数が減っており、絶滅の危機にあると考えられている。

グレイリングはマスに似た活発な魚で、テュマルス属に属する。以前私がロシアのオゼルナヤ川で五六センチのグレイリングを釣ったとき、ガイドは興奮して、世界記録更新だと叫んだ。実際にはその魚は、記録に一〇センチほど及ばなかったのだが、そんな大きなグレイリングを見たのは初めてだった。

日本と北米の獲物

サケ科の魚では三つの属に含まれるものがもっとも価値があるとされる。オンコリンクス属（サケ属）、サルモ属（タイセイヨウサケ属）、サルウェリヌス属（イワナ属）だ。前者二属にはサケ（サーモン）が含まれ、最後のものにはイワナが含まれ、すべてに私たちがマス（トラウト）と呼ぶ魚が含まれている。巨大なタイメンも、この三つの属のどれにも含まれないが、マスと呼ばれる（訳註：タイメンは別名サイベリアン・ジャイアント・トラウトといい、直訳すれば「シベリアオオマス」だが、日本語では普通「マス」とは呼ばれない）。ここで疑問がある。マスとは何だろう？　科学的な観点からは、ちゃんとした定義はない。マスは科学的な用語ではないのだ。それは淡水に棲むサケ科を指す通称で、多くは色がまったく違い、模様さえ違うさまざまな斑点や縞で区別される。またマスは、タイメンがマスと呼ばれる場合を除いて、サケより小さいのが普通だ。

サケとマスの違いは、サケは海に下り、マスは淡水に留まっていることだと思っている人が多い。これは間違いだ。降海しないサケもいるし、少なからぬマスが海に下る。ブラウントラウトの中には海に下って大きく育ち、サケくらいの大きさのシートラウトとなって戻ってくるものもいる。ニジマスの一部は海に下って、ピンク色の身と銀色の皮の大物になって帰る。これをスチールヘッドと呼ぶ。ゴールデントラウト、カットスロートトラウトなどアメリカ西部のマスも海に下ることがあるが、たいてい長くは留まらない。どのサケ科魚類も、川に十分な栄養がなく、海に通じていれば、短い期間海に滞在すると生物学者は考えている。

オンコリンクス属には八つの異なる種のサケが含まれ、すべて太平洋だけに生息する。そのうちの二種、ヤマメとアマゴはアジアの固有種で、きわめて似ているので、本当に別種なのか科学者のあいだでも議論があり、アマゴはヤマメの亜種だとも言われる。ヤマメはサクラマス（桜鱒）として回遊するが、この魚は明らかにサケだ。マスとは何かについての混乱は、英語特有のものではないのだ。日本語でサクラマスは、トラウトを意味するマスとだけ呼ばれることが多い。サケであることが一目瞭然なのにだ。サクラマスと呼ばれる理由は、それが格別に美しいからではなく（美しいことは確かだが）、このサケが桜の花の季節に、産卵のために回帰してくるからだ。この魚はロシアのカムチャツカ半島でも、他の太平洋サケす

サクラマスが遡上する北海道喜茂別町、尻別川。

べてと共に見られ、韓国にもいくらかいる。だがもっとも多いのは日本の北海道だ。サケが遡上する川は春になると岸辺に咲く花に彩られ、サクラマスはその中を泳いでいく。

オンコリンクス属――「鉤鼻」という意味で、産卵期になると雄の鼻先が変形することから――の他の六種は太平洋一帯に生息する。フライフィッシャーに好まれているのはキングサーモン（マスノスケ）で、チヌークと呼ばれることもある。これはアメリカ太平洋岸北西部で、西洋人の到来以前にこの魚を捕らえて交易をしていたネイティブ・アメリカンの部族名に由来する。キングサーモンが好まれるのはオンコリンクス属最大の種で、もっとも激しいファイトを繰り広げるからだ。

オンコリンクス属で二番目に大きな魚はチャム（サケ、シロサケ）で、ドッグフィッシュと呼ばれることもある。アジアでは非常に重要視される種だが、北米の漁師や釣り人は馬鹿にする傾向がある。たぶん、大きくてキングサーモンと同じくらい引きが強いのに、美しさでキングの足元にもおよばないからだ。しかし日本人は、最高のイクラが取れることからチャムを高く評価し、アラスカ人にそれを教えた。

ピンクサーモン（カラフトマス）はもっとも数が多く、進化の面からいうともっとも若いオンコリンクス属で、やはりあまり高く評価されない。フライフィッシャーは釣った魚をめったに食べないのに、商業的な評価に従って、ピンク色の身は価値が低いと認識する傾向がある。一九世紀半ばから、ピンクサーモンは主に缶詰用に養殖されている。

ソッカイの名前の語源ははっきりしないが、おそらくネイティブ・アメリカンの言葉から来たのだろう——もっとも可能性が高いのがカナダ・ブリティッシュコロンビアのフレーザー川下流で用いられるセイリッシュ語族の *suk-kegh* で、単純に「赤い魚」という意味だ。ソッカイはグルメにもフライフィッシャーにも人気の魚で、私のお気に入りでもある。一つには、その深紅の身がもっとも美味なサケだからだが、ファイトが激しいからでもある。この魚は川の草深いあたりに潜み、フライをそっとくわえたかと思うと、激しく暴れだす。ソッカイが疲れ果てたと見え、抵抗が緩んだところで、ようやくリールが巻けるようになる。だがそこで、魚がランディングネット（たも網）を見て、何が行なわれようとしているかを悟ると、再び力がみなぎってくるらしく、やっと巻き取ったラインをすべて引き出して猛然と走る。この二度目の爆発にはいつも意表をつかれ、激しく逆転するリールのハンドルに指先をはじかれて痛い思いをする。それから、悔しいながらも感嘆の念を覚えながら、また懸命にリールを巻かねばならない。

フライフィッシャーはだいたい、小さくて簡単に釣れる魚を好まない。だがコーホーサーモン（ギンザケ）は、もっとも小さなサケながら別格だ。フライフィッシャーはこの魚を大いに好む。他のサケよりもフライの食いがよく、かかると跳び、身をよじり、回転さえする。他のサケ科と違い、この魚は一般に河口で釣れる。他のサケは海から川に入り、数カ月かけてゆっくりと弱っていくが、コーホーは川に入ってすぐ産卵し、すぐに死んでしまう。

多くの釣り人にとって、スチールヘッド、つまり降海して戻ったニジマスはもう一つの人気者だ。すべてのニジマスと共に、私の一番の好みでもある。この重量クラスでこれほど激しくファイトする魚はいない。三〇センチの小さなニジマスの力とエネルギーは並はずれたものだ。三〇センチでそうなのだから、二〇キロのスチールヘッドのファイトがどのようなものか想像してほしい。ニジマスとスチールヘッドはまたきわめて美しく、その虹色に輝く体側（たいそく）は、水から上げて初めて見ることができる。

かつてスチールヘッドはアメリカ西部の川に固有のものだったが、一九世紀によそから大勢釣り人が来てそれを発見し、熱心に釣るようになった。大きく美しいものを手に入れたいと思わない者がいるだろうか？　それは虎の、すべての大きく美しい動物の呪いだ。一八七〇年には英国人がスチールヘッドを求めてやってきた。一八八九年には詩人のラドヤード・キップリングが来て、オレゴン州のクラッカマス川で釣りをした。ポートランドのウィラメット川の支流であるクラッカマス川は、二〇世紀初めまでスチールヘッドの遡上で知られていた。

もう一つのオレゴンの川、ローグ川も、スチールヘッドを求める一九世紀の英国釣り師に人気の釣り場だった。静かなイングランドの流れに慣れた英国人は、ローグ川を猛々しい真の冒険の川と考えたに違いない。クレーター湖に近い澄んだ源流に始まるローグ川は気性が激しく、きらきらと穏やかな流れと泡立つ瀬、川幅が広いところと露頭に狭められて流れが勢いを増すところが、交互に現れる。ローグ川の河岸に沿った高木林には、ヒマラヤスギ、マツ、セコイアが密生し、サルオガセモドキが枝から垂れ下がり、春にはハナミズキが咲く。それは周囲から隔絶された楽園を思わせる。

西部の冒険小説作家ゼイン・グレイは、ローグ川とイール川（暗いセコイアの森を流れるカリフォルニアの主要河川）はスチールヘッドがフライを食う、世界でここだけの場所だと主張した。川によって魚は少しずつ違い、ある川である種に有効だったものが、別の川の同じ種にも有効だとは限らないのは本当だが、実際にはスチールヘッドがフライを食う川は少なくない。

今日、ローグ川にはやたらとダムが造られ、イール川の水は大量にくみ上げられてブドウ畑に使われているが、この二本は今もスチールヘッドにとって最高の川だ。それどころか、ゼイン・グレイが一九二八年に書いた「釣り人にとって一番の幸福は、オレゴンでもっとも美しい流れ、ローグ川の岸辺のどこかに住むことだ」というのは、今もたぶん本当のことだ。

だが個人的には、私はアイダホのサーモン川の岸辺に住みたい。

太平洋岸のコロンビア川河口からサーモン川上流まで、スチールヘッドの旅は千数百キロにおよび、サケの遡上としては世界でもっとも長い部類になる。サーモン川に到着する頃、魚たちは疲れ切っていて、捕まえやすい獲物となっていることは想像に難くない。だがサケはさまざまな状況に適応でき――だからこの魚には川によって違いがあるのだ――サーモン川のスチールヘッドはタフだ。彼らは決してあきらめない。すでにダムと瀬を越え、激しい流れを鼻先でかき分けながら、じりじりと必死で上流に昇ってきているのだ。針にかけると、たいていのサケは逃れようとして四方八方に突っ走り、こちらに向かってくることさえあるだろう。しかしサーモン川のスチールヘッドは、たとえそれがもっともスピードと力の出る動きであっても、下流へ走ることはない。大変な苦労をして上流へやってきた彼らは、一歩たりとも退こうとしないのだ。

魚卵を食べる魚

次に重要なサケ科の属はサルウェリヌスだ。この魚は口の中にV字形の骨があって、斑紋はオンコリンクス属のものより薄いことが多い。もっともよく知られるサルウェリヌスは、ホッキョクイワナやグリーンランドイワナを含むイワナで、銀色の皮とサケに似た赤い身を持つ魚だ。イワナは他の面でもサケに似ているが、サルウェリヌス属に本当のサケはいない。

イワナ釣りは取り立てて人気があるものではない。わざわざイワナが棲んでいるような北の果てまで行かなくても、他のサケ科の魚が釣れるからだ。養殖イワナはたいそう普及しているが、天然ホッキョクイワナ（と一部の店では謳っているが）の商業的な漁獲はされていない。だから食べてみたければ、北極圏へ行って自分で釣るしかない。アイスランドの川はおあつらえ向きで、フライフィッシャーに人気が出始めている。火山岩からなる川岸は平らで、植物があまり生えておらず、川底はだいたい火山灰で柔らかい。一見したところ楽に釣りができそうだが、気をつけないと足が沈み込む。

もう一つのサルウェリヌス属がドリー・バーデン（オショロコマ）で、マスと呼ばれることもあればイワナと呼ばれることもある。この魚の名前は、チャールズ・ディケンズの小説『バーナビー・ラッジ』の登場人物にちなんでつけられた。ディケンズはその人物を「快活さと潑剌とした美貌」の持ち主として描いている。はっきり言って、そのような性質がこの魚にあると私には思えない。私にとってはサケ科の中でも印象が薄く魅力に乏しいものだ。初めて釣ったときには、私は興奮した。それまで釣ったことがない魚で、私はいつも新しいサケ科の魚を釣りたいと思っているからだ。一二種以上サケ科の魚を釣ることは勲章のように考えられており、私は一〇種あたりで停滞している。その日私はアラスカでソッカイを釣っており、初めはソッカイがかかったと思った。だが、いつものソッカイほど力が強くなく、ファイトも長続きしないような気がしたので、次にジャック、つまりまだ若く小さいのに産卵に戻ってきてしまったサケをかけたかと思った。それがドリー・バーデン、私の初ドリー・バーデンだとわかると喜んだが、ガイドは軽蔑の色を隠せなかった。ドリー・バーデンはアラスカではまったく評価されない。ここでは、アイダホにおけるホワイトフィッシュのように、この魚の印象はよくないのだ。

一九世紀に英国文学ファンが名前をつけたときから二〇世紀初めのどこかで、ドリー・バーデンは評判を落とした。他のサケ科魚類の卵を食べることがわかったのだ。一九二一年、合衆国漁業局はドリー・バーデンの尾一つにつき二セントから五セントの報奨金まで出した。人はいつも動物の行動の規則を作り続け、動物はそれを無視し続ける。

ともあれ、ドリー・バーデンによる賞金稼ぎは長くは続かなかった。賞金目当ての釣り人は、ソッカイ、チヌークなどありとあらゆる魚の尾を、ドリー・バーデンのものだとごまかそうとしたからだ。賞金の授与は一九三九年に終わったが、ドリー・バーデンの悪いイメージは今も残っている。

ドリー・バーデンのその話はおそらく本当だろう。サケ科の魚は他のサケ科の卵を食べるからだ——同じ種の卵さえ食べることがあるのだ。餌釣り師はこれを知っていて、よくサケ釣りの餌にサケの卵を使う。

フライフィッシャーもこのことを知っており、サケの卵に似たビーズをよく使う。

　私は、オレゴン州ウィラメット川のチヌークサーモン釣りに誘われたことがある。それは異様に暖かい晴れた日で、ポートランドの住民のうち、ボートを持っているか持っている知り合いがいる者は、全員が川にくり出したかのように、イクラを餌に釣りをしていた。イクラはたしかにチヌークを引き寄せたが、たくさんの卵が川を流れていったために、アシカまで呼んでしまった。非常に賢い動物であるアシカは、イクラだけでも満足だったかもしれないが、腹にでっぷりと脂の乗ったチヌークがやってきていることにすぐ気づき（彼らはこの腹の部分が大好物だ）、釣り人がランディングネットを手にするたびに、突進していってサケを横取りした。釣り人はアシカに気づかれないようにネットを動かそうとしたが、アシカはめざとかった。

　イワナの仲間で最大のものはレイクトラウトで、より正確にレイクチャーとも呼ばれる。この魚にはほかにマッキノー、ナミカッシュなどさまざまな名前がある。後者はアルゴンキン族かクリー族の言葉で「深みに棲むもの」を意味する。レイクトラウトは四五キロにも達することのある巨大魚だが、フライフィッシャーはなお大物を追い求めている。原産地は五大湖の一部を含めたごく限られた北米の湖だが、その人気ゆえにヨーロッパ、アジア、南米に移入されている。またイエローストーン湖に違法放流されており、イエローストーン国立公園は自然の秩序を保とうとしているので、この大型で貪欲な外来魚は問題視されている。

　レイクトラウトは普通、大きな湖の真ん中の深みに棲む。ニューヨーク州ジェニーバでは、レイクトラウト釣り大会がセネカ湖で毎年開催され、釣った魚の大きさを競うが、ここではレイクトラウトの数は減少している。深海魚の多くがそうであるように、レイクトラウトは成長がとても遅く、一生の終わり近くにならないと繁殖しない。このような魚は簡単に捕り尽くされてしまう。釣り上げた魚の大半はまだ産卵したことがないからだ。

サルウェリヌス属は他にもたくさんおり、あるものはイワナ（チャー）、あるものはマス（トラウト）と呼ばれている。ブルーバックトラウト、バフィンチャー、スナピートラウト、レッドトラウト（ケベックで人気がある）、ロングフィンドチャー、シルバートラウト、オーロラトラウトなどがそれだ。ブルトラウトもイワナで、ドリー・バーデンによく似ているが、もっと大きく、そのためもっと人気もある。この魚は実は一九七八年まで独立した種ではなかった。だが、フライフィッシャーから見ると、もっとも重要なサルウェリヌス属はブルックトラウト（カワマス）だ。アメリカ北東部の在来種であり、東部の多くの河川では唯一の在来種であるブルックトラウトの生息地は、カナダ北部からジョージア州、アラバマ州まで広がる。

サケ科の多分に漏れず、ブルックトラウトは驚くほど順応性が高い。大河川でのんびり暮らしていれば、大きく成長する。しかしその名前の元になった細い流れ（訳註：ブルックトラウトは「小川のマス」の意味）に棲むと、ブルッキー（と呼ばれることがよくある）は小さいままで、暗色の背中と鮮やかな赤の腹に金と紫の斑紋が浮かび上がった美しい姿になる。

フライフィッシャーに言わせると、ブルッキーはティーンエイジャーに似ている。少し荒っぽく、見境がなく、騙されやすく、用心深さに欠ける。運動能力が高く、ジャンプが好きで、跳び上がってから落ちる途中でフライを食うこともある（ニジマスは逆に跳び上がる途中でフライを捕らえる）。ブルックトラウトはトロフィーフィッシュではない——三キロのブルッキーが釣れたらおおごとだ——が、楽しく、あらゆるマスの中で一番美味だと思っている人は多い。

　大西洋岸の住人にとって、もっとも重要なサケ科はサルモ属で、約四五種（研究者によってそれより二、三種多かったり少なかったりする）がそこに含まれている。その中で一種類を除いてすべてマスだと考えられている。例外はタイセイヨウサケ（*Salmo salar*）で、これから属名が取られ、サーモンという語ができた。この属には、学名でトラウトと呼ばれる唯一の魚も含まれている。*Salmo trutta*、すなわちブラウントラウトだ。その他のトラウトはブラウントラウトに似ているので、俗にトラウトと呼ばれているだけだ。

世界に移植されたブラウントラウト

　マスとサケは、したがってフライフィッシングは、天然の生息範囲をはるかに超えて広まっている。一つには、フライフィッシャーが、行く先々どこでもそれらの魚を釣りたいと思ったからだ。この動きは、チャールズ・ダーウィンが進化論を完全に公表した一八五九年よりもさらに前に始まった。これは順化と呼ばれ、この背景にある発想は、動植物は異なる気候に適応して変化しうる、つまりたいていの地域に生息する種も、他の場所で生きる術を身につけられるというものだ。最初の順化団体、ソシエテ・ズーロジーク・ダクリマタシオンは一八五四年にパリで結成され、ダチョウやシマウマのような外来の動物種を、フランス植民地帝国全土に輸送し始めた。

　この運動は数々の異常事態を引き起こした。ムクドリは現在アメリカでありふれた鳥だが、それはニューヨークの薬剤師ユージン・シーフリンが、文化的に洗練された社会を作るため、アメリカにシェイクスピアの作品に登場する鳥がすべていてしかるべきだと考えたからだ。『ヘンリー四世』の第一部第一幕で、ホットスパーは、王にモーティマーの名前を口にすることを禁じられたのに憤慨して、このように言う。

それどころか、椋鳥（むくどり）に「モーティマー」とだけ
教え込み、やつに届けてやる、そうすれば
やつの怒りは一瞬も収まるまい。

（松岡和子訳）

それはアメリカにムクドリをという発想をもたらした。シーフリンは一八九〇年、セントラルパークにムクドリを放し始めた。どうやらこの鳥は、モーティマーの名は口にしなかったものの、アメリカが文化的に、少なくとも生態学的にはふさわしい場所だと気づいたようだ。今ではムクドリはアメリカ全土で繁殖している。

だがそもそも、順化は帝国時代の帝国主義的発想だった。帝国の各地には、主要な動植物のすべてが存在するべきである、そう信じられていたのだ。運動はフランスに始まり、英国もそれに着手した。もっとも英国人は、動植物を違う気候の下に適応させるよりも、北半球の寒冷地から南半球の寒冷地へと、英国スポーツマンの楽しみのために持っていくほうに関心があったようだ。たとえばサケ科魚類は、かつては北半球に特有の生物であった。だが英国人の努力の結果、サケやマスは現在オーストラリア、ニュージーランド、南アフリカ、チリの水域で繁栄している。英国人入植者の行くところ、常にフライロッド向けの

火山のそばを流れるスズルランド川にはホッキョクイワナと大きなブラウントラウトが泳ぐ。

獲物があるようにしようとしていたのだ。

英国人は長きにわたり、自国のタイセイヨウサケを移植しようと苦心していた。彼らは自分たちのサケをあらゆるところに一緒に持っていこうとした。しかしとうとう、英国人は太平洋にもサケがいることに気づいた。ニュージーランドではタイセイヨウサケの孵化場が試行錯誤していたが、ここの川では大きく魅力的なカリフォルニアのキングサーモンのほうがより見込みがあることが一九〇五年に明らかになった。

今日、ブラウントラウトはきわめて広い範囲に分布しており、ほとんど標準的なサケ科であるかのように見える。私は一度、アイスランドのスズルランド川（砂利底であることを除けばマスには適さない川だ）でホッキョクイワナを釣ろうとしていて、巨大なブラウントラウトを釣ったことがある。またコロラドのロアリング・フォーク川の急流では、ニジマス（ブラウンもニジマスもコロラド川の在来種ではないが）を釣ろうとしていて、引きが強くてタフなやつを釣った。アイルランドではタイセイヨウサケを狙っていて、姿のきれいなのを釣った。ブラウントラウトは決して期待を裏切らない。英国からヨーロッパの大部分、遠くロシア北部まで、ほとんどの水がきれいな川で見られる。さらにはトルコ（チグリス川とユーフラテス川の上流）、ギリシャ、アルバニア、レバノン、地中海地方、コルシカの山中、サルディニア、果てはモロッコの砂漠にそびえる雪を頂いた黒いアトラス山脈にまで、この魚はいる。

英国人は、世界中に進出しながら、ブラウントラウトのいない冷たい川のそばに住むのは耐えがたいと気づいた。一八六四年、英国人はブラウントラウトの卵を、イングランドでもっとも有名なブラウントラウトの川の一つ、ハンプシャーのイッチェン川で採り、タスマニアに移植した。オーストラリア本土の南にあるこの島は、この国でもっとも寒い地域の一つだ。移植は大成功で、その後すぐ、英国人はブラウントラウトをオーストラリア本土、ニュージーランド、カナダ、アメリカ合衆国、南アフリカ、フォークランド諸島、南米に放流した。

ブラウンの移植が簡単なのは、適応力がきわめて高いからだ。私はこの魚をアメリカとヨーロッパのいくつもの川で釣っているが、そのたびに外見がまったく違っていた。一時は、五〇を超えるブラウントラウトの種が認知されていたが、その後、皮膚の模様はさまざまでも、すべてよく似ており、同じ種に含まれるという結論になっている。

ブラウンはどこでも海に下るわけではないが、英国とスカンジナビアの降海ブラウン、シートラウトと呼ばれるサケほどのサイズの魚は、フライフィッシングの対象として人気がある。アメリカでは、ブラウ

フライを追うニジマス。

ントラウトはもっともフライフィッシングで釣られているマスかもしれない。この魚は西部の川ではオンコリンクス属と、東部ではブルッキーと一緒に泳いでいる。ニューイングランドとニューヨーク州北部でさえ、釣り人は在来種のブルックトラウトよりブラウンを釣って喜ぶことが多い。私は一度、バーモント州マンチェスターのフライ釣り師が愚痴を言うのを聞いたことがある。バッテンキル川にあまりブラウンがおらず、「ブルックトラウトが多すぎる」というのだ。ブルッキーはその川で唯一の在来魚だというのに。

英国人は、ブルッキーは簡単に釣れすぎ、より大きくて狡猾なブラウンの水準に達していないという信念をずけずけと口にするが、アメリカで最初に移入されたマスは、カリフォルニアに持ち込まれたブルックトラウトで、そのきっかけは移住した東部人の中に、故郷のマスを恋しがる者があまりに多かったからだ。アメリカ初のブラウンは英国ではなくドイツ産、黒い森(シュワルツワルト)からの贈り物だった。

どのマスも、その日その日の状況次第で簡単に釣れたり、条件が違うとなかなか釣れなかったりすることがある。ブラウントラウトもたぶん、アメリカの川のほうがイングランドの川より釣るのが難しい。イングランドの有名な「チョークストリーム」は、石灰分を多く含むのでそう呼ばれるが、アメリカの急流に比べるとはるかに穏やかで、適応力の高いマスは、流れの激しい川ではより手強くなる。レッド・スミスは言う。ブラウントラウトはイングランドの川で「荒削りで原始的な形」に「生み出された」が、ニューヨーク北部のビーバーキル川で「斑点をつけられ、泳ぎを教えられた」。
ブラウントラウトは人気があるのだろうが、多くの釣り人は、私を含め、あらゆるマスの中でニジマス釣りを好む。一九世紀アメリカにおけるフライフィッシングの偉大な先駆者の一人であり、ビーバーキル川での釣りで知られるセオドア・ゴードンはこう書き残している。「ニジマスはくり返し跳躍し、常に下流へ走る（下流に走るほうが速い）……ニジマスは、空中に飛び出すと、死にものぐるいで下流へと突進する。そうしたら魚がいかなる大きさであれ、ついて行かねばならない……それは最後まで闘い、取り込んだときには力はほとんど残っていない」

このためニジマスは西部から東部の川に移植され、今ではブラウンと同様にどこにでもいる。ブラウンを愛好する英国人でさえ、自分たちの川にニジマスを欲しがったが、移植はうまくいかず、今日イングランドの川でニジマスがいるのはごくわずかだ。

一八七〇年代には、東部でのニジマス需要は西部でのブルッキーをはるかにしのぐものになることに、水産計画の立案者たちは気づいていた。カリフォルニア州のマクラウド川にある有名な孵化場で、のちに養殖の第一人者となるボストン出身のリビングストン・ストーンは、マクラウド川でサケを繁殖させようと奮闘しながら、ニジマスで大成功を収めた。

ニジマスの自然生息域は、メキシコからアラスカを経てロシアのカムチャツカ半島にまで達するが、アメリカでは主にカリフォルニア、オレゴン、ワシントン、アイダホなど数州にしか天然には見られない。だが今日、この魚はアメリカの全州と、南極を除くすべての大陸の四八カ国で見られる。数千年かけて、羊、犬、その他の家畜も、栽培穀物やその他の作物も、同じようにして世界中に広まったが、ニジマスには同じことがわずか一〇〇年で起きたのだ。

悪影響がなかったわけではない。チリではニジマスが巨大に育ちすぎ、カエルの個体数が減っている。カエルはニジマスが好んで食べる生物の一つなのだ。この侵略者は南半球の水生昆虫の個体数にも、きわめて大きな影響を与えている。

それでも、誰もがニジマスを愛している。南アフリカはニジマスを「名誉在来種」にしようと提案している。これは奇妙な勘違いに思えるかもしれないが、ニジマスはかつてコロラドとユタで、いずれの州でも在来魚ではないのに、州魚に指定されていたのだ。一九九〇年代にこの誤りは修正された。

川の魚、海の魚

世界中で釣りをしてきたフライフィッシャーにとって、フライで釣れる最高のサケ科の魚はタイセイヨウサケだ。これは一つには、この魚がもっとも釣るのが難しいからだ。ゼイン・グレイは、タイヘイヨウサケはタイセイヨウサケと比べると、ファイトもよくないし姿も美しくないと書いている。ブリティッシュ・コロンビアの人気釣りライター、ロデリック・ヘイグ゠ブラウンでさえ、タイヘイヨウサケはタイセイヨウサケほど釣って楽しいものではないと、しぶしぶ認めている。同様に、タイヘイヨウサケ生息地の中心にあるアラスカ州バルディーズ出身のリー・ウルフは、こう述べている。「タイセイヨウサケ釣りは、おそらく、この大陸で知られているさまざまな釣りの中で、もっとも高度なものだ」

こうした釣り人たちはこだわりが強すぎる。というのもタイヘイヨウサケをフライで釣るのはすばらしい経験だからだ。彼らのタイセイヨウサケびいきは、一つにはタイセイヨウサケが釣れる確率がタイヘイヨウサケよりもはるかに低いことからくるのではないかと私は見ている。地球上にタイセイヨウサケは一五〇万匹しか残っていない。だから、もし一匹釣れば、慎重に扱って川に戻さなければならないのだ。ウルフは、カナダ東部で一日に七五匹のタイセイヨウサケを釣ったことがあると言っており、それは七五匹の魚を川に戻さなければならなかったということでもあるが、それでもタイセイヨウサケ釣りをタイヘイヨウサケよりも好んでいた。

初めてタイセイヨウサケを釣るまでに、私はタイヘイヨウサケを何度も釣ったことがあったが、いずれも取り立てて騒がれることはなかった。だが、比較的小さなタイセイヨウサケを、スコットランド高地地方のサーソー川で釣ったときには、スコットランドじゅうの知り合いから、おめでとうのEメールがたくさん届いた。高地地方では噂はあっという間に広まる。そしてタイセイヨウサケを釣るのは事件なのだ。

サケ科の魚がフライにかかると、たちまちエネルギーがほとばしる――釣り人も同じだ。それは糸の先についた怒れる野獣を抑え込もうとするようなものだ。魚の力は人の力と互角だ。こちらが引き寄せようとすれば相手は逃げようとする。あまり強く寄せると、ラインは切れ魚は逃げてしまう。しかし少しでもラインがたるむと、魚は針をはずしたり、リーダーを切ったりできる。だからちょうどいい張り具合を保たなければならないのだ。

天然魚はまっすぐに引くだけではない。空中に跳び、右へ左へ走り、岩の後ろに回り込んでラインを切ろうとし、そのあいだじゅう、釣り人が糸を送り出すより速く逃れようとする。そしてこの駆け引きがタイセイヨウサケほどうまい魚はいない。サケはあきらめない。たくましい身体に持てる力を残らず使い果たすまで、釣り上げられることはない。その頃には釣り人も力を搾りつくされているだろうが、興奮すぎてそのことに気がつかない。

フライフィッシングの人気が高まるにつれ、その技術は他のさまざまな魚種、たとえばバス、ソトイワシ、ターポン（イセゴイ）、バラクーダ、マグロ、バショウカジキ、マカジキなどに応用されるようになった。一八八一年、オハイオの人気フライフィッシング作家ジェームズ・A・ヘンシャルは、サケ・マス用フライを使ったブラックバス釣りの本を書いた。バス、特にラージマウスバスは、突然フライを丸飲みにする獰猛さで釣り人から好まれている。ラージマウスバスはコウモリ、鳥、カエル、その他いろいろなものを飲み込むことができ、したがって大きく常識はずれなフライに食いつく。

ソトイワシ、マカジキ、マグロのような海水魚のフライフィッシングは新しいものではない。古代ローマのクラウディオス・アイリアノスは、羊毛をカモメの羽と共に巻きつけた針による海釣りについて書いている。一八四三年の記事で、ある英国の作家は、四〇年以上海でキャスティングをしていると述べた。しかし海水魚は昆虫を食べないので、海のフライは本当はフライではない。川のフライも常にフライであるわけではない。マス用と海用のフライは、小魚や小エビに似せられていることが多い。

海のフライフィッシングは二〇世紀後半になって初めて本格的に軌道に乗った。おそらくこの頃から、多種多様な合成素材が出回り始めたからだろう。海用フライは必ず合成素材で作られる。大型のフライが水を吸って重くなるのを防ぐためだ。

ソトイワシ釣りはバハマ諸島とフロリダで愛好者を増やしている。ゼイン・グレイはソトイワシを「自分が調べた魚の中でもっとも賢く、臆病で、用心深く、奇妙なものだ」と描写した。個人的にはサケ科ほど賢いかどうかは疑わしいと思うが、ソトイワシは力強く、泳ぎが速い。この釣りの面白さは、フライを食わせることよりも、食ってから取り込むまでにある。

ソトイワシは、この魚が餌にしている小魚に似せたフライを使って干潟の浅瀬で釣る。一九七七年、ビーズの目がついた明るい黄色のフライが「クレイジー・チャーリー」の名前で、ソトイワシ用フライとして人気になった。しかしこの魚は、キャストする前に居場所を見つけなければならない。フライが魚の気を引く位置に落ちなければ食いつかないからだ。だからソトイワシ釣りは、干潟をばしゃばしゃと歩いて魚を探すのに相当な時間を取られる。これは苦行だ。たいていかなり暑い中これをやるので特にそうだ。本当にソトイワシ釣りが好きでなければ、そんな日にはやっていられない。

私は西アフリカでバラクーダを釣ったことがあるが、人の顔を見ようと浮かび上がってくる好奇心の強い魚だった。近づくと後退して、常に同じ距離を保とうとする。針にかかったら、慎重に扱う必要がある。その顎は強力だが、同時に非常にもろくもあるのだ。

釣り人はターポン、マグロ、マカジキを釣りたがる。主に大きくてファイトが激しいからだ。ターポンとマカジキは、いずれも熱帯性の魚で、見事なジャンプを見せる。マグロはきわめて引きが強く、そしてターポンやマカジキとは違い、不運なことにその身は大変美味だ。たいていの人はマカジキやターポンを、少なくとも写真を撮ってから上機嫌で海に返してやるが、いいマグロは持ち帰りたがる。キハダマグロは重さ一三〇キロ、全長一八〇センチを優に超え、ブラジルからマサチューセッツまでのアメリカ大西洋岸に生息する。この魚は海面で捕食するので、フライフィッシングに非常に向いている。だが、ひと

クレイジー・チャーリー・フライ

たび針にかかれば、時速八〇キロで泳げるたくましい動物が、釣り上げられまいと二時間以上抵抗するのだ。そのため最高のフライフィッシング対象魚の一つとも言われている。

それでも純粋主義者にとっては、海の獲物は数々あれども、冷たい川の中に立ち込んでサケ科の魚を釣るのに勝るものはない。ジミー・カーターも、バスやブリーム、ナマズなどの温かい水に棲む魚を子どもの頃から釣ってきたし、今も楽しんでいるが、マスのフライフィッシングは何か特別だと言っている。

そう、何か特別なのだ。

4　フライフィッシングの始まり

釣り糸は絶えず垂らしておくがいい。
こんなところにまさかと思う淵にも
魚はいるだろう。

——オウィディウス『恋愛指南』（沓掛良彦訳）

ビッグボーイ・フライ

引用したオウィディウスによる詩の一節は、フライフィッシャーの決まり文句「フライが水の中になければ、魚は釣れない」の、知られているかぎりもっとも古いバージョンだ。この詩は紀元前一世紀の最後の年に書かれたものであり、古代のフライフィッシングの意外な姿がわかる。特に、それがもっとも進んだ釣りの形である、少なくともフライフィッシャーがそう言い張っていることを考えれば。フライフィッシングの歴史を理解するためには、古代人の気質と、たぶんフライフィッシングそのものについて再考する必要がある。

私たちは古代人が、発明、建築、食料の確保、征服に際して実利主義者だったと考えがちだ。そしてもちろん、フライフィッシングを、単に魚を捕らえるもう一つの方法として考え出したというのも、十分にありうることだ。現代に至るまで、フライフィッシングしかしないという人はほとんどいなかった。他の方法で魚を釣ろうとは夢にも思わない釣り人や、他の漁法が許されない川は、魚が減っているという認識に対する主として現代的な反応なのだ。本来それは、魚を捕らえる方法の一つにすぎなかった。

古代人も詩を作り、哲学的な思索をし、とりわけローマ人は、ほとんど取り憑かれたような食への傾倒を示していた。だから、釣りにはただ魚を捕る以上の何かがあると、彼らは思っていたかもしれない。一部の書物から判断すると、彼らは自然を理解することに大きな関心を抱いており、そしてフライフィッシングは自然を模倣する試みである。それは、自然がいかにしてはたらくかの研究のようなものなのだ。最古の漁法が何であったかを歴史学者は議論している——網か、銛か、釣りか。この三つすべてに裏づけとなる証拠がある。

数千年にわたり、釣りは「ゴージ」という両端がとがった火打ち石、骨、貝殻、角（つの）などの小片で行なわれていた。古代の人類は、魚にゴージ（その語源であるラテン語のグルガの意味の一つは「喉」である）に餌をつけて飲み込ませる方法を心得ていた。糸がぴんと引かれると、ゴージは魚の喉で横向きになる。七万年前の、石器時代のゴージも見つかっている。しかしやがて、ゴージが曲がっているほうが魚がしっかりかかることに漁師は気づき、考えつくあらゆる素材の釣り針が作られだした。マオリ族は針を人間の骨で作った。ニューギニアの先住民は大きな昆虫の爪で作った。針はワシのくちばしやサボテンのとげからも作られた。そして古代エジプト人は初めて、逆向きのとげ、つまり返しがあれば、針は魚の口によりしっかりかかることに気づいた（すでに銛には使われていた）。

古代の釣り

古代中国の神話によれば、人類に火を使うことを教え、犂（すき）を発明し、薬草の目録を作ったとされる皇帝神農は、カイコの繭から紡いだ糸をとげのある棒の端に結びつけ、とがらせた鉄片を棒の反対の端につけて、ひき割りの穀物を餌にすることも人間に教えた。これは、私が子どもの頃に使った釣り方とそれほど変わらない。

約三五〇〇年前、黄河流域を支配していた商王朝時代に書かれた文書には、毛鉤を使って魚を釣る記述がある。幅が広く流れの速い砂利底の黄河（春には含まれるミネラルのために文字通り黄色くなる）を私は何度も渡ったが、たしかにこの川はフライフィッシング向きに見える。ただ一つの難点は、水が濁っていることだ。しかし商王朝時代の釣り人は、本当にフライフィッシングをしていたのだろうか？

孔子の孫、子思が黄河での釣りについて語ったことが伝わっているが、その記述はフライフィッシングとはほとんど正反対である。子思の話に出てくる釣り人は、魴（おしきうお）を餌に使っていたが、まったく釣れなかったので子豚の半分（どっち半分かは特定されていない）に変えると、すぐさま「荷車いっぱいの大きさの」魚が釣れた。子思はどうやら、餌が大きいほど大きな魚が釣れるという、よくある神話を信じていたようだ。現代のフライフィッシャーもしばしば同じ間違いをする。

竿を使った釣りが初めて登場する中国の歴史的文献は、紀元前一一世紀から七世紀のあいだに書かれた『詩経』だ。この文献は竹の釣り竿について述べている。英国人が「発明」する二〇〇〇年以上前から、それは使われていたということだ。竹竿に結ばれた糸は絹糸だった。

古代の西洋の記録にも、ホメロスの作品など、やはり竿を使った釣りに触れているものがある。しかし、フライフィッシングについての最古の記録は、クラウディオス・アイリアノスによるものだと、一般に考えられている。アイリアノスが活躍した二世紀後半から三世紀初め頃には、竿、糸、針を使った釣りはすでに定着していた。その著書 *Peri zōōn idiotētos*（動物の特性について）では、マケドニアの釣り人をこう描写している。

私はマケドニア式の魚の捕り方について耳にした。それはこのようなものだ。ベレヤとテサロニケのあいだをアストラエウスという川が流れている。そこには皮に斑点のある魚がいる……。この魚はこの国に特有の、川の上を漂う羽虫を食べている。魚は水面の羽虫を見つけると、頭上の水をかき乱さないよう、獲物が驚いて逃げないように静かに泳ぎ上がってくる。それから羽虫のそばに浮上すると、音もなく口を開け、呑みこんでしまう。まるで狼が柵の中から羊を、鷲が農場から鵞鳥(がちょう)をさらうように。そのあと魚はさざ波立つ水の下へ消える。

釣り人たちはそれを知っているが、この羽虫を魚の餌としては一切使わない。人間の手が触れると、虫の自然な色が失われるからである。その羽はしなびて、魚の餌としては不適当になる……。

釣り人は赤い羊毛を針に巻きつけ、羊毛に二枚の羽を留める。この羽はニワトリの肉垂れの下に生えるもので、色は蠟(ろう)のようである。竿は一八〇センチで糸も同じ長さだ。それで仕掛けを投げ込むと、その色に惹かれ、興奮した魚は、そのきれいな見た目から、すてきなごちそうをいただこうとまっすぐ襲いかかる。しかし口を開けたとたん、魚は針にかかり、釣り上げられるという苦いごちそうを食べるはめになる。

この漁法はアイリアノスには初めて聞くものだったかもしれないが、マケドニア人にとっては目新しいものではなかったようだ。アイリアノスは他の作家から題材を取ってくることで知られており、時にそれは一世紀も前の作家であったり、著作が今では失われている作家であったりする。それでアイリアノスの手稿は、今日の学者にとって大きな価値があるのだ。

アイリアノスの一世紀前に活躍した、ヒスパニア生まれのローマの詩人マルティアリスも、フライフィッシングについて書き記している。

　スカルスが浮かび上がるのを見たことがない者があろうか
　まやかしのフライに騙され殺されるのを

スカルスは地中海産のブダイで、ローマ人が大変珍重したものだ。この二行は現存する最古のフライフィッシングへの言及かもしれない。しかしここでもまた、フライフィッシングは新しいものではなく、よく知られた行為として提示されているので、おそらくすでに普及していたのだろう。

ギリシャの偉大な伝記作家、プルタルコスは、当人もフライフィッシャーだったとみえ、釣りに関してきわめて的確なアドバイスをしている。竿は大きな魚をかけたときのために太くなければならないが、影が魚を脅かさないように、太すぎてはならない。これは現代のフライフィッシャーへのアドバイスにも通じるものがある。プルタルコスは、糸には馬の尾の毛（馬素（ばす））を使い、結び目は、魚から見えてしまうので、できるだけ減らすべきだとも言っている。白い種馬の尾で作った糸が最高で、なぜならもっとも強いからだとも言う。雌馬と去勢馬の尾は尿で弱くなっている（これは事実ではない）。プルタルコスは、ケーン（訳註：竹など、茎が硬く丈の高いイネ科植物の総称）の竿を使うといいとも述べている。今もなお、ケーンで作った竿は最高だと、多くの釣り人が信じている。

ヨーロッパで記された記録

アイリアノスの話には印象的な要素が二つある。第一に、それがマスのフライフィッシングを正しく描写しており、当時だけでなく現代でも有効なものであること。第二に、アイリアノスが描写した釣り人は、釣りをより難しく、あるいはスポーツ要素を持つようにしようとしていたわけではないことだ。彼らはただ、マスを捕るために、そこにあるもっとも実用的な方法を使ったにすぎない。これは、フライフィッシングは純粋に実用的な理由から発達したとする理論を支持している。おそらく、アメリカフライフィッシングの父セオドア・ゴードンが言うように、マスが浮上して羽虫を捕まえるのを古代の釣り人が見て、餌にミミズより羽虫を使うべきだと考えたことから始まったにすぎないのだ。そこから、本物の羽虫を捕まえてくくりつける代わりに人工的に作るようになるまでに、大きな飛躍はない。

ローマ人がフライフィッシングを、スポーツではなく実用的な理由から考え出したとしても、やはり驚くにはあたらないだろう。ギリシャ人やエジプト人とは違い、ローマ人はあまり漁が得意ではなかった。魚を食べるのは好きだが、魚を捕るために大きな労力を費やしたくなかったのだ。マルクス・アントニウスとクレオパトラが一緒に釣りに行ったときの有名な逸話がある。エジプト人のクレオパトラは真剣に釣りをした。ローマ人のマルクス・アントニウスは不真面目で、潜水夫を使って大きな魚を針につけさせ、クレオパトラを感心させようと手はずを整えていた。クレオパトラは、ずるいローマ人に騙されることなく、潜水夫と示し合わせてマルクス・アントニウスの仕掛けに燻製した塩魚をつけさせた。アントニウスがそれを釣り上げたのを見て、誰もが笑った。

ローマ人は常に新しい漁法を求めていた。ワインと香料を半分入れた瓶を水中に落として、魚を酔っぱらわせようとした。雌ヤギの皮を身にまとってもみた。雌ヤギが涼もうと浅い淵に入ると、周囲に魚が群がってくることがわかっていたからだ。魚が、人間の女性も含め、雌に引き寄せられるという発想は、今日でも一部の漁師のあいだに根強く残っている。

ローマ人は「魚くすぐり」も行なっていた。おそらく彼らが取り入れるはるか昔から使われていた漁法だ。魚が水面近くに見えるとき、漁師はそっと手を魚の下に入れ、腹を撫でる。すると魚は催眠状態に入ってしまう。そうしたら魚を掴んで岸に投げる。シェイクスピアの『十二夜』にはマスのくすぐりの記述がある。植民地時代のアメリカ人はこれを「ナマズつかみ（ヌードリング）」と呼んでいた。

アイリアノス以後、ヨーロッパではフライフィッシングへの言及がほとんどなく数世紀が過ぎたが、この行為がとぎれることはなかったと考えられる。ローマ人は日常生活をこと細かに記録したが、中世ヨーロッパ人はそうではなかった。読み書きのできるヨーロッパ人は、貴族の間でさえ少なかったのだ。読み書きは主として教会の活動だった。一五世紀の終わりになってやっと、ヨーロッパの識字率は二〇パーセントに達したが、ほとんど貴族の男性に限られていた。

イングランドの釣りに関する著作で、わかっている最古のものは、九九五年の *The Colloquy of Aelfric*

（エルフリックの問答）だ。この本で、カンタベリー大司教だったエルフリックという名の一〇世紀の修道院長（古英語での著作で知られている）は、釣りは職業であってスポーツではないことを明らかにした。彼の問答に登場する漁師は、釣りの目的は「食べ物、服、金」だと言っている。また、海より川で漁をするほうが好きだと述べ、捕鯨について「自分で殺せる魚を捕るほうが、自分を殺せるものを捕るよりもいい」と言う。漁師は船を漕ぐのが嫌だとも口にしている。

エルフリックは、この漁師が捕る魚の種類についても詳しく書いているが、あいにくどのような漁法が使われたかについては、ほとんど述べていない。網と釣りの両方について書いているものの、針と糸に言及しながら、漁師が竿を使ったか手釣りだったかを明確にしていないのだ。

ドイツでフライフィッシングについて書かれたものが現れ始めたのは、一二世紀のことだ。*vederangel*、つまりマスやグレイリングを釣るのに使われる羽付きの針に言及したものは数多くある。ドイツの多くの地方では、庶民が一四世紀からこの針を使って、売るためではなく自分で食べるためや趣味として釣りをしていたようだ。これは庶民のスポーツフィッシングに関するもっとも古い言及だ。

一四八六年、印刷業者のウィンキン・デ・ワードは *The Book of St Albans*（セント・オールバンズの本）を出版した。ウィンキン・デ・ワードは、ウィリアム・キャクストンによってイングランドに呼び寄せられた移民だった。キャクストンはイングランドで最初の印刷機も導入していた。オランダ人ともアルザス人とも言われるデ・ワードは、経験豊かな印刷職人で、英国印刷産業の生みの親であり、ロンドンのフリート街に最初に印刷業を根づかせた。*The Book of St Albans* は、編纂された修道院の名前にその題名をちなみ、狩猟、鷹狩りなど一五世紀のスポーツについて書かれた概説書だった。

『釣魚論』

同書には一風変わった *A Treatyse of Fysshyng wyth an Angle*（釣り針による漁についての小論。邦題は『釣魚論』）が収録されていた。フライフィッシングの入門書であるそれには、適切な針の作り方、フライの巻き方（一二種のフライを巻くための綿密な説明を含む）、キャストのしかたなどが書かれていて、乱獲の戒めまであった。それは現代でもなお通用するフライフィッシングのマニュアルなのだ。

歴史家の中には、この論文は *The Book of St Albans* に収録される五〇年も前に書かれていたと考える者もいる。一四五〇年頃にさかのぼる肉筆版も存在する。どちらの版も、失われた原版の不完全な複製であるようだ。

当初、『釣魚論』は匿名の作家により書かれたと言われていたが、その後の数世紀で、著者が生み出された。のちの版ではデイム・ジュリアナ・バーナーズ、さらに新しい版ではジュリアナ・バーンズ著とされている。

これはすごいことだった。「最初のフライフィッシングの本は女性が書いた」との評判が広まった。それもただの女性ではなく、修道女が。

もちろん、この論文が決して初のフライフィッシングの本だったわけではない――それどころか、その内容の多くは引用だったようだ。しかしそれは、その時点ではもっとも完成したフライフィッシングの本であった。

やがてデイム・ジュリアナの話は大きくなっていった。一世紀後、ジョン・ベールという教会史家は、彼女はただの修道女ではなく貴族出身の修道女だったと書いた。ベールは彼女のアウトドア・スポーツへの造詣の深さを讃え、こう述べた。「彼女は傑出した女性であり、精神的にも人格的にも優れた資質に抜きんでて恵まれていた」。ベールがこれを書いたのは一五五九年のことだ。その二十数年前に、国王ヘンリー八世は修道院を解散していたが、この頃いくつかは再開を許されており、教会は英雄を必要としていた。ジュリアナ・バーンズはその要求を満たした。彼女はまさしく教会史家たちが探し求めていたものだった。

だがあいにく、現代の歴史学者がいくら調査しても、この女性が存在した証拠は見つからない。彼女は架空の人物であるらしく、論文の本当の著者は――そもそも男か女かも――わからないままだ。

一五世紀の女性が本を書くのはありえないことではない。一四三八年にマージェリー・ケンプは、初の英語による女性の自伝を口述筆記で著した。さらにさかのぼって一三七三年には、ノリッジのジュリアンが、自分の見た幻視を『神の愛の啓示』に書いた。これはわかっている最古の女性が英語で書いた本である。しかしこうした本は狩猟や釣りについてのものではなく、また男性聖職者はアウトドア・スポーツについてよく書いていたが、修道女がフライフィッシングについて書くことはありそうにない。『釣魚論』に女性についての記述はないのに、男性には絶えず言及しており、また女性がフライフィッシングをしている、あるいは著者がそれを奨励したがっている様子は一切ない。ほとんどの歴史学者は、この本が女性により書かれた可能性はきわめて低いと考えている。

『釣魚論』は未だに間違って、最初のフライフィッシングの本と呼ばれ、未だにデイム・ジュリアナの著作とされることが多い。女性フライフィッシャーについて書いた本は、フライフィッシングは彼女から始まったとしばしば主張している。これは新聞業界の古い格言「事実でいい話を台無しにするな」の見事な実例だ。ジョーン・ウルフによる女性フライフィッシャーの本は、『釣魚論』を全文転載し、中世のやり方でフライフィッシングをする修道女のイラストを載せている。ウルフは、この本は女性の手で書かれたに違いない、なぜなら餌のウジ虫を「ローブなど暖かいもの」の下に持っているようにと言うのは女性だけだからだ、と苦しい主張までしている。ウルフは言う。「こんなことを言う男性はいないだろう」。これには私が反論しよう。一五世紀の衣服を見てみるといい。

『釣魚論』は *The Book of St Albans* 所収の他の著作とは傾向が異なるように思われる。一五世紀から一六世紀にかけて、フライフィッシングはイングランドでは身近で人気のある娯楽だったことが、そこからわかるのだ。*The Book of St Albans* に描かれた他のスポーツは、貴族の遊びのようだが、『釣魚論』は富裕層のためだけに書かれたとは思えない。著者はこう書いている。「釣りというゲームは人にとって有益なものである。その人を豊かにするからだ」。高級フライフィッシング・ロッジみたいなものを持っている人は別にして、これが本当だったためしを私は知らない。また、収録作品の紋章学、鷹狩り、狩猟、その他のスポーツの項目は、ノルマンフランス語で書かれていた。ノルマンフランス語は一〇六六年以降イングランドの公用語となり、一五世紀にもまだ宮廷で使われていた。しかし『釣魚論』は労働者階級の英語で書かれていたのだ。

活字本は当時まだ刺激的な珍品であり、フライフィッシングについての活字本があることで、このスポーツのイングランドにおける地位は大いに上昇した。本自体は、少なくともそれから二世紀、フライフィッシングに関する権威ある書物となり、一九世紀まで高く評価されていた。この本に書かれたフライタイイングのパターンは、一七世紀までイングランドのフライフィッシングにおいて支配的であり、現在もなお重要とされている。

だが『釣魚論』は、一五世紀に書かれた数あるフライフィッシングの本の一つにすぎない。当時はヨハネス・グーテンベルクと出版印刷の始まりの時代だった。初めて印刷されたフライフィッシングの本は、わかっているものとしてはヨーロッパ大陸で初めてのフライフィッシングの本でもあるが、ドイツ・ハイデルベルクで一四九三年に刷られた。やはり匿名の著者による、やはり手引き書のそれは、当時の著名な作家のものを含めたさまざまな記事の概説だった。同書は魚を捕るのに、餌釣りと共に毒の使用を薦め、毒を使えば餌よりもずっと多く魚が捕れるとまとめている。同様に一五世紀から残っているのが、バイエルンのテーゲルンゼー修道院にある手書きの写本で、絹からできた人工のフライの巻き方が載っている。

一五世紀から一六世紀のフライフィッシャーが使っていた竿と糸は、強い向かい風などの悪条件の下では現在使われている道具よりもはるかに扱いづらいものだった。しかし当時の釣り人はとても腕がよかった。彼らの竿はテーパーがつき、針は強い素材で作られ、また目の前の状況に応じて、沈む糸と浮く糸を使い分けた。

『釣魚論』をはじめ初期のフライフィッシング書の著者は、本を書く前に調査を行なったと称している。これは、失われてしまったフライフィッシングの本が、他にあったことを暗示している。そうしたものの一部は二〇世紀になって見つかっている。一九五四年に、一五七七年発行の英国の本『釣魚道』（*The Arte of Angling*）が、イングランドのカントリーハウスの屋根裏部屋で見つかった。一九八〇年には、ベルギーの歴史学者W・L・ブラークマンが、英国の文書館で、一四世紀から一五世紀に書かれ、忘れられていたフライフィッシングについての写本を多数発見した。だから、『釣魚論』は最初のフライフィッシングの本ではなく、何冊かのうちの一冊、イングランドでの流行の一部だったのだ。フライフィッシングは大衆化していたに違いない。

書籍で語られるフライフィッシング

さらに最近、ロンドンの稀覯本業者マッグズ・ブラザーズが、オーストリアのフライフィッシングについての手稿 *The Haslinger Breviary*（ハスリンガー祈禱書）を発見した。一四六〇年にさかのぼるこの本は、現在イェール大学のバイネッケ稀覯書写本図書館にある。著者のレオナルドゥス・ハスリンガーはオーストリアの聖職者で、もともとは従来通りの祈禱書、つまり聖職者向けの祈りの本を書くつもりだったのだろう。その右ページには装飾的な書体のラテン語が、赤と黒のインクで書かれているからだ。しかし白紙になっていた左ページには、もっと素人くさい筆跡の古ドイツ語で、フライのパターンを説明したものが書き込まれている。それを読みながら、釣りの情報を祈りの書にはさみこまずにはいられなかったハスリンガーはどのような人物だったのか、想像するのは面白い。ほかに考えなければならないことがあるのに、釣りのことに没頭していたのだろうか？　ハスリンガーはこのメモを自分だけのために書いたのではないようだ。フライの巻き方の説明は詳しく充実しており、『釣魚論』に書かれていたパターン以前のものかもしれない。針の作り方の説明と共に、ハスリンガーは二一のフライのパターンを書き込み、それがちょうど適した月ごとに分類されている。

フライフィッシングがヨーロッパで盛んになるにつれて、それについての本も増えていった。その中の一つ、そしてヨーロッパの狩猟本の伝統から生まれたものが、一五三九年にスペインのサラゴザで出版されたフェルナンド・バスルトの*Diálogo del Cazador y del Pescador*（釣り小論）だった。狩猟本は多くが問答形式を取っていたが、この本は釣り人を加えた問答のある最初の本だった。実は同書は、釣り人と狩猟家が、どちらがよい趣味かを議論するもので、釣り人は釣りのほうが道徳的に優れていると主張する。その後、この議論がイングランドに取り入れられると、釣りは狩猟より安全でリラックスできる平穏なものであるという主張がなされた。

バスルトの問答はフライフィッシングを詳細に説明している。著者はフライのボディを、絹糸を巻いて作ること（これが『釣魚論』との違いだ。同書では、アイリアノスのものに似たパターンで、重いウールの糸を使うことを薦めている）、ハックルとウィングに羽を使うことを薦めている。何の羽を使い、どのように付けるかについては、具体的に述べていない。著者はキャスティングについても、的確な助言を加えている。流されてくる昆虫をマスが食べていることはすでにわかっているので、上流にキャストしてフライを下流へと漂わせるようにというものだ。これは現代のフライフィッシャーもやっていることだ。

この時代になると、フライの性質はしっかりと確立された。本物の昆虫に似せて作られ、針の軸は糸を巻いたボディに隠された。通常は鳥の羽でできたウィングと、羽毛か動物の毛で作られる、脚を模してフライから突き出たハックルが付いた。のちには他のパーツ、たとえばテールが加えられた。

一六〇〇年代には、フライフィッシングについての著作の数と、おそらくフライフィッシャーの数は増えた。われわれが知るエリザベス朝時代の人物の多くはフライフィッシャーであり、その一人、サー・フランシス・ベーコンが科学的方法を発展させたことは、たぶん偶然ではない。劇作家で詩人のベン・ジョンソンも、英国国教会の牧師でロンドンにあるセント・ポール大聖堂の主任司祭アレクサンダー・ノーウエルも、フライフィッシャーだった。ノーウェルは自分の時間の一〇分の一をフライフィッシングに割き、釣った魚を貧しい者たちに与えた――こんな十分の一税（訳註：中世ヨーロッパで賦課された貢租。教会が教徒の収穫物の一〇分の一を徴収した）なら悪くない。風刺とセックススキャンダルの暴露が三度の飯より好きな牧師、トーマス・バスタードは、一五九八年の時点でどうやら乱獲を心配していたらしく、フライフィッシングについてこう書いている。

だが今やそのスポーツは汚れてしまった、なにゆえか君は知るか？
魚が減り、釣り人は増えすぎたのだ。

イングランドの作家レナード・マスコールが記した趣味の釣りに関する本 *A Booke of Fishing with Hooke & Line*（針と糸による釣りの本）は、その死から一年後の一五八九年に出版された。マスコールはコイをイングランドに導入した人物とされることもあるが、それは事実ではない。コイはマスコールよりも前にイングランドに持ち込まれている。マスコールは果樹園、動物の罠、家畜、薬といったテーマで多数の本を書いた。こうした著作のほとんどは実用的な性格のものだったが、釣りの本は完全に趣味のためのものだった。

エリザベス朝時代の傑出した詩人、劇作家、作家のジャーバス・マーカムには、農業、料理、フライフィッシングなどさまざまな題材の著作がある。マーカムはフライタイイングのパターンをいくつか示し、その通りにすれば水生昆虫の完全な模倣ができると言っている。また、魚は視力がよいことを初めて指摘した一人でもある。フライフィッシャーは魚から見えにくいような服を着る必要があると、マーカムは述べた。

ジョン・デニーズの著作として知られているものは、初の英語で書かれた釣りを題材とする長編詩、*The Secrets of Angling*（釣りの秘訣）だけだ。この詩は、エーボン川の支流で「その澄んだ流れには斑(まだら)のマスが遊ぶ」ボイド川での釣りを描いたものだ。フライフィッシャーではなく餌釣り師だったデニーズは、釣りを事細かに描写している。デニーズは本格的な釣り人で、魚から見えないように竿を暗い色で塗り、魚の鋭い目から隠れるために釣り人は地味な色の服を着たほうがよいと述べた。「服装は茶とすべし、もしくは灰色に」と彼は書いている。詩は一五一節からなり、各節に八行ある。初版が出たのは一六一三年、デニーズの死から四年後のことだった。この本は有名になり、一六五二年までにさらに四版を重ねた。

英国文学で一番出版された釣りの本

デニーズの詩に影響を受けた者の中に、作家のアイザック・ウォルトンがいた。一六五三年に出版された有名な『釣魚大全』（*The Compleat Angler: or, the Contemplative Man's Recreation*）の著者だ。同書は新鮮みに乏しく、前に触れた一五七七年の『釣魚道』（それ自体もさらに以前のバスルト著 *The Little Treatise on Fishing* に負っているらしい）に依拠している。『釣魚道』は、釣り師と猟師との問答だ。いい味を出しているのが釣り師の妻、シスリーで、たびたび会話に割り込んでは夫の趣味をくさすのだ。

それまでの著作と同様、『釣魚大全』も釣りに関する対話だが、三十数篇の詩と歌（そのうち一つは曲付き）、多数の小話、冗談のようなものをいくつか脈絡なく集めたものでもある。困ったことに、ほとんどの詩は釣りと関係がないのだ。なぜウォルトンは、たとえば、クリストファー・マーロウの愛の詩をもじったジョン・ダンの詩をパロディにした乳搾りの娘についての詩を収録したのだろう？　乳搾りの娘がフライフィッシングと、どう関係があるのだろう？　私には疑問だし、ほかの釣り人たちも同じように思っている。

釣りのメリットに関する釣り師と猟師の問答もある。イースト・ロンドンでテムズ川に合流するのどかなチョークストリーム、リー川流域への釣行のあいだ、彼らはジョン・ダン、モンテーニュ、ジョージ・ハーバートがみなフライフィッシャーであることを論じ、その詩を引用する。また新約聖書のペテロ、パウロ、ヨハネが漁師であったことを指摘する。

"Izaak Walton teaching his scholar how to land a fish—"

弟子に魚の取り込み方を教えるアイザック・ウォルトン。ルイス・リード（アメリカ、1857-1926）画。

まったく独創性を欠き、しばしば釣り人からは嫌われたが、『釣魚大全』は今も版を重ね、英国文学史上もっとも多く出版された本の一つになっている。これより多く版を重ねたのは、聖書、『聖公会祈禱書』、シェイクスピアだけだ。なぜこんなことになったのだろう？　それは説明しようのないことの一つであり、カーリングがなぜオリンピック種目になったのかと問うようなものだ。読者がウォルトンの作品に失望したと言い続ける一方で、本は出版され、売れ続けている。それは本棚の飾りで、読まれることはめったにないのではないかと言う者もいる。

息長く版を重ねているにもかかわらず、同書や著者の批評研究は、エディンバラ大学英文学教授ジョン・クィル・ベバンによるもの一つしかない。ベバンはオックスフォード大学出版局発行の同書一九八三年版の編者でもある。その研究書、*The Complete Angler: The Art of Recreation*（釣魚大全：レクリエーションの技術）で、ベバンは、ウォルトンへ学術的関心が向けられないのは不思議だと述べている。最大のファンの一人として、彼女はウォルトンの著書を「大きな魅力を持つ本」だと呼ぶが、「その魅力は、一見したところ技巧がないように見えることによるもの」だと認めている。ベバンがその文学的価値を高く評価するのももっともなことだろう。異彩を放ちながらも、それはたしかに英文学の一角を占めているからだ。ウォルトンが生きた時代は、イングランドがフライフィッシングでもフライフィッシング文学でも覇権国になろうとしていたとき――ある意味でフライフィッシングの黄金時代――であり、ウォルトンのあとに続く多くの作家が彼を模倣した。

『釣魚大全』の初版は豪華な本ではなかった。それは羊皮で装丁されていた。さほど高価ではない本に使われる素材だ。しかし中身に目を通せば、そこには多彩な魚種を描いた質の高い銅版画の挿絵が入っている。作者は不明だが、きわめて腕のいい銅版画家だったことは間違いなく、また一六五五年版では同じ作者による挿絵がさらに四枚つけ加えられている。一九世紀の版の前書きではニューイングランドの詩人ジェームズ・ラッセル・ローウェルが、もし読者がこの本の文章を楽しめなければ、絵を楽しめばいいと言っている。当時第一級の詩人だったローウェルは、ウォルトンを「足の曲がった詩人」とも描写している(訳註：足に先天的障碍があった詩人ジョージ・ゴードン・バイロンになぞらえている)。

ウォルトンはエリザベス朝ロンドンで出世街道を進んでいた。一五九三年にスタッフォードに生まれたウォルトンは、労働者階級の出身で、仕立屋として働いていた。ウォルトンの姉婿は、裕福な服地商で、さまざまな労働者組織のギルドだった金物商組合を通じて、自由市民にしてロンドン市民に出世していた。この義兄のつてで、ウォルトンも自由市民にしてロンドン市民――たいそう立派な地位である――となった。詩に興味を持ったウォルトンは、ジョン・ダンをはじめ何人かの錚々(そうそう)たる詩人たちと近づきになることができた。ウォルトンの出世は、時代と場所を考えればきわめて例外的だった。ジェームズ・ボズウェルの『サミュエル・ジョンソン伝』には、ジョンソン博士のこのような言葉が引かれている。「非常に低い身分だったウォルトンがこれほど大勢の有力者に親しく受入れられたことは、今日より遥かに厳格に社会の位階の区分が行なわれていた当時にあっては驚くべきことだ」(中野好弘訳)

ウォルトンは最初、伝記作家として評判を得た。当時の伝記は、古代ギリシャ・ローマ時代の紀元一世紀の作家プルタルコスに強く影響されていたが、ウォルトンは画期的な手法を取った。一六四〇年に執筆したジョン・ダンの初の伝記に、ウォルトンはダンの手紙のような一次史料を織り込んだ。当時としては異例のことだった。彼はまた、会話も大胆に再現した。そのようなわけでウォルトンによる伝記は、その時代の読者が期待していたものより、はるかに生き生きとして人間味があった。伝記、特にダンの伝記は、ウォルトンの文学的名声を高める主力だった。その作品の大部分は国教会員の大物のことを書いており（ダンはただの詩人ではなく、きわめて敬虔なセントポール大聖堂首席司祭であった）、そうすることでウォルトンは、一七世紀英国国教会の歴史をも書いていたのだ。

これを書くにはこの上なく向いていない世紀に、ウォルトンは生まれてしまった。一六四九年一月三〇日、王政を支持する王党派とオリバー・クロムウェル率いる聖教徒（ピューリタン）との内戦は、国王チャールズ一世の斬首で幕を閉じた。その後、ピューリタンの支配はきわめて抑圧的になった。『聖公会祈禱書』を読むような国教会の宗教的儀式は、家庭内の私的な場であっても許されず、国教会の聖職者をかくまった者には重罰が科された。国教会の聖職者は地下に潜り、暗号でやり取りした。著名な国教会員の伝記を書いた作家には、投獄のおそれがあった。

このとき、ウォルトンはフライフィッシングのことを書こうと決めた。ウォルトンが実際どれくらい熱心なフライフィッシャーだったかは明らかでない。そのフライフィッシングの本の題名にある「Angler（釣り人）」は実は「Anglican（英国国教会）」を指しており、この本が脈絡のない事柄がごたまぜになった理解しがたいものであるのは、国教会員に向けた反政府的メッセージが、何らかの形で隠されているからだとまで示唆する者もいる。そうだったとしても、ウォルトンはそれを明かすことはなかった。一六六〇年に王政が回復したあとでさえも。

『釣魚大全』が出版された一六五三年、ウォルトンは六〇歳で、政治活動家ではなく、詩人に転じた愛想のよい仕立屋だった。この頃、クロムウェルは議会に乗り込んで解散させていた。ウォルトンが最初の改訂版を執筆した一六五五年には、時代は王党派にとってさらに生きづらいものとなっていた。しかし王政復古後、ウォルトンは伝記作家に戻る一方、定期的に『釣魚大全』の改訂と加筆を行なった。この本は、彼にとって意外なことに、最高傑作となろうとしていた。

ウォルトンにはフライフィッシングの技術や知識が特にあったわけではないと、昔から言われている。しかし、この本を注意深く調べると、本物の知見がいくつか見つかる。ウォルトンは、サケが生まれた川に帰ってくること、したがって川にいる普通の大きさのサケは、小魚として川を去ったものたちが成長したものであることを最初に理解した人物の一人だった。これは重要な知見だが、ウォルトンがどのようにしてそこに達したかははっきりしない。彼は、産卵を終えて海に戻るサケの尾にリボンを結び、またその川に産卵のため戻ってくるかどうか実験したという。実際戻ってくるのだが、この実験はありえそうにない。サケの尾に結んだリボンが、北大西洋で一年以上のあいだついたままだとは考えられないからだ。

ウォルトンは熟練したフライフィッシャーではなかったかもしれないが、餌釣り師であったのはたしかだ。彼はウジ虫、小魚、ミミズ、地虫、バッタ、果てはカエルを使った釣りについて書いている。釣り餌について膨大なリストがあって、中には奇妙だったり不快だったりする案もある。生きたカエルを針に刺す描写に憤慨する人もいた。ウォルトンが生きていた時代、餌釣りはフライフィッシングよりおそらく一般的であり、フライフィッシャーが、今日よくあるように、餌釣りをずるいことのように思って軽蔑してはいなかったことはたしかだ。

一七世紀中、釣り人の中には特殊な練り餌で魚を寄せようとする者がいた。ジェームズ・チェザムによる一六八一年の本 *The Angler's Vade Mecum*（釣り入門）は、人間の脂肪、猫の脂肪、クミンシードで作った練り餌を使うことを提唱している。別の作家は、墓荒らしで手に入れた人間の頭蓋骨を粉に挽いたものから練り餌を作るように提案する。また、子犬を使ってパイクを誘うという記述もあったが、幸いイングランドでは、犬は常に釣りよりも愛されてきた。

料理法が載っているフライフィッシングの本もあった。ウォルトンの友人で、マスの特製料理で知られる名シェフ、トーマス・バーカーは、一六五一年にフライフィッシングの本 *The Art of Angling: Wherein are Discovered Many Rare Secrets, Very Necessary to be Knowne by All That Delight in That Recreation*（釣りの技術：すべての釣り愛好家が知るべきここだけの秘密満載の本）を書いた。長々しいタイトルとは裏腹に、この本はわずか一六ページにすぎなかった。同書でバーカーは、餌釣りとフライフィッシング両方について教示し、イングランド風、フランス風、イタリア風マスのシチューのレシピを紹介している。以下はイングランド風シチューだが、現代の調理器具にあわせてアレンジしても十分すばらしい料理になる（ただし、可能なら炭火で焼いたほうがいい）。

最初に魚を炭火で焼く。まず気をつけなければならないのは、焼き網が熱いときは未精製の獣脂で冷ますことだ。次に、魚の皮が破れないように慎重にひっくり返す。だいたい焼けたら焼き網から下ろす。卓上コンロに点火し、シチュー鍋か皿をかける。無塩バターをたっぷり、風味づけに適量の酢、シナモンを少々加える。そこに先ほど焼いた魚を入れて、とろ火で煮る。半時間ほどでひっくり返す。皿にクルトンを飾り、魚をシチュー鍋から取り出して盛りつけ、必ずレモンを搾る。すばらしい一品となること請け合いだ。

バーカーは、当時も今も、マスのレシピを提案している数少ない料理人の一人だ。これはマスが商業的に流通する魚ではないからだ。ほとんどの魚市場では買うことができない。天然のマスを手に入れられるのは、普通は釣り人だけだ。しかしマスのレシピはたいていサケでも作れる。やはりウォルトンの友人のロバート・メイによる一例がある。フランスで修行したイングランドの料理人のメイは、*The Accomplisht Cook*（料理の達人）をクロムウェル臨時政権時代の一六六〇年に著し、王政復古後の一六八五年に改訂している。ウォルトンと同様、そしてバーカーとは対照的に、メイは王党派で、バーカーがクロムウェルのために料理を作る一方、メイはカトリックと王党派のために料理した。以下はメイによるシチューのレシピで、小型のサケでもマスでもどちらを使っても作ることができるという。

サケを用意し、はらわたを抜く。背に切れ目を入れて丸ごとシチュー鍋に入れ、白ワインで煮る。そこに丸ごとのクローブ、メース大、しょうがスライス、ローリエ一〜二枚、太くしっかりと巻いた香草の束、ペッパーホール、塩、バター、酢、オレンジ一個（半分に切る）を入れる。すべて煮込み、煮えたらきれいに洗った皿に砕いたクルトンと共に盛りつけ、スパイスとレモンスライスを載せる。泡立てたバターと煮汁をかけ、すり下ろしてふるいにかけた白パンか、おろししょうがを添える。

ウォルトンにはほかにも作家で釣り人の友人が、クロムウェル派と王党派の両陣営にいた。中でも有名なのが、クロムウェルの下で戦った軍人のロバート・ベナブルズと、ウォルトンと同じ王党派のチャールズ・コットンだ。一六六三年にウォルトンは、ベナブルズに手紙を書き、その中で自分は釣りを始めてから三〇年しか経っていないと言った。ということはウォルトンが釣りを始めたのは四〇歳近くになってからのことだ。

ベナブルズはクロムウェルのアイルランド侵略に従軍し、どうやらそこでサケのフライフィッシングに熟達して、釣法の詳しい解説書を書いた最初期の一人となった。ベナブルズは、気を引くためのサケ用フライを、小さく本物そっくりなマス用フライとは異なるものとして説明した最初の一人でもある。「サケは、あらゆるものの中でもっとも派手で光沢のある羽を好む……長いテールとウィングがあるものだ」。またベナブルズは、ダブルフックにフライを巻くこと（現在、サケを釣るフライフィッシャーがまさしくやっていることだ）を提唱し、キャスティングを詳しく指導している。その一六六二年の本『熟練した釣り師――改善された釣り』（*The Experienced Angler, or Angling improved, being a general discourse of angling, imparting many of the aptest wayes and choicest experiments for the taking of most sorts of fish in pond or river*）（邦訳書『完訳　釣魚大全Ⅱ』第三部）は、たぶん今でもウォルトンの本よりはるかに実用的だろうが、それほどには読み継がれていない。

ウォルトンはベナブルズの著作を絶賛し、こう書いている。「この種の本は数多く読み、実践してきたが、それでも貴著に示されたような最高の見識と理性が見られるものはなかった」。ウォルトンは慎ましく心の広い人物で、他人をねたむようなことがなかった。それがこれほど慕われた理由の一つだった。

ウォルトンのもう一人の親友、チャールズ・コットンは、ウォルトンより三七歳年下で、すでに詩人として認められていた。ウォルトンよりも優れた詩人で、釣りも彼のほうがうまかった。二人は一緒にダブ川で釣り、この穏やかな川のほとりにコットンが建てた小さな家で何時間も歓談した。ベナブルズやウォルトンのように、コットンも餌釣りをすることがあったが、明らかにフライフィッシングに熱中していた。

コットンとベナブルズはさまざまな面で対照的だった。政治的にだけでなく、釣りにおいても。ベナブルズはアイルランドの急流でサケを釣り、コットンはイングランドの緩やかな流れでマスを釣った。

コットンはキャスティングについて、ただフライを落とすのではなく、上流に向けて慎重に投げたほうがよいとの見解を述べ、細い糸を使って離れたところから釣ることを提唱している。また、六〇を超えるフライの巻き方を伝授している。コットンが言うには、すべて生きた昆虫の実物そっくりなものだ。コットンはウォルトンを敬愛して、「父ウォルトン」と呼び、『釣魚大全』のウォルトンの存命中に出版された最後の版（一六七六年）では、フライフィッシングに関する補足の項目を執筆している。

チャールズ・コットンが追加した『清らかな川でのマスとグレイリングの釣り方』（*Being Instructions How to Angle for a Trout or Grayling in a Clear Stream*）（邦訳書『完訳　釣魚大全Ⅱ』第二部）こそが、ウォルトンの本を、フライフィッシングの役に立つマニュアルと呼ぶに値するものにしているのだ。コットンは、印刷の締め切りに間に合わせるため一〇日でひねり出した一二の新しい章を寄稿した。彼の――ウォルトンのではなく――著作は、現代のフライフィッシャーから好意的に評価されている。ロデリック・ヘイグ＝ブラウンは、コットンの意見は「明快で実用的」だといい、「そのほとんどは現代でも通用する」と書いている。ヘイグ＝ブラウンはコットンを真の「フライフィッシングの父」だと考えた。一家の財産を同時に相続した膨大な負債のために失った快活で愛想のよい男、酒を飲むことと笑うことをやめなかったヘイグ＝ブラウンは、かつてこう言った。「コットンほど友達になりたいと思う男を考えつかない。彼は作家が惚れる作家、釣り師が惚れる釣り師だ」

『釣魚大全』への釣り人の反応

このような息の長さからくる問題として、ウォルトンにはファンも多いが、批判者も多いことが挙げられる。たとえばバイロン卿だ。もっともバイロンの批判は、釣りの残酷さに対する一般的な非難という色合いが強いようだが。

それから釣り、アイザック・ウォルトンが
何歌おうが述べようが、
孤独な悪徳にちがいはない、
あの釣りもまた、そうだったのだ。
あの風変わりで、残酷な、
老いた伊達男は、その咽喉に
釣り針ひっかけ小さな鱒に
引っぱらせるがいいのである。

(『ドン・ジュアン』第十三歌、小川和夫訳)

釣り人は常に、ウォルトンのもっとも辛辣な批判者だった。クロムウェルの下で戦い、おそらく国教会員の作家とはほとんど気が合わなかったであろうリチャード・フランクは、スコットランドでフライフィッシングをした最初のイングランド人の一人だった。一六九四年刊行の『スコットランド釣行記』（*Northern Memoires*、邦訳書『魚釣りの愉しみ』〔のちに『魚釣論』に改題〕に収録された。左の訳は本書訳者による）で、フランクは釣り人に経験から学ぶように説き、ウォルトンはそうしていないことをほのめかした。フランクはウォルトンについてこう書いている。「ドゥブラヴィウスや何かから引用した格言を自著に散りばめるだけで、自分の実体験に基づく手本など一つもしめしていない」

経験豊富な釣り人であれば、この本についてこのような感想を持たずにいるのは難しい。私がもっとも共鳴する考えは、私が知るほとんどのフライフィッシャーも言っていることだが、ノーマン・マクリーンの『マクリーンの川』の登場人物がうまく表現している。二人の兄弟が、冷たく流れが速く、両岸を岩に囲まれ、滝、瀬、マスの棲む深い淵のあるモンタナ州のビッグブラックフット川で釣りをしながら成長する。それはリー川やダブ川のようなイングランドのチョークストリームで釣るのとはまったく違い、同じスポーツとは言いがたい。兄弟の一人は言う。「ビッグ・ブラックフット川にゃ牛飼い女なんていやしないだろう」

「あいつに、一日、ビッグ・ブラックフット川で魚釣らせたいもんだ――金を賭けさせりゃ、小遣いかせぎになるぜ」（以上、渡辺利雄訳）

どれほどの人が今でも実際に『釣魚大全』を読んでいるのかわからないが、それは今でもよく売れており、みんなぱらぱらとめくっては気に入った文句を探すのを楽しんでいる。ハーバート・フーバーは、釣り人にはみなお気に入りのウォルトンの引用句があると言った。フーバーのものはこうだ。「バトラー博士がイチゴについて、『きっと神はもっとよいイチゴを造ることもできただろうが、そうはされなかった』と言っていますが、釣りについても同じことが言えるかもしれません。私の判断に誤りがなければ、神は釣り以上に穏やかで静かな、罪のないレクリエーションは造られなかったのです」（飯田操訳。以下同様）

この引用句は、本当に何も言っていない、私がウォルトンの困ったところだと思うものの代表だ。ジミー・カーターが好きなウォルトンの引用のほうがいい。

生まれつき気難しい顔をしているために思慮深いと思われている人たち。まずは稼ぐこと、次にそれを手放さないように心を砕くことに時間のすべてを使い金儲けに奔走する人たち。金持ちになるよう運命づけられ、そのためにいつも忙しく心の安まることのない人たち。富はあるけれどもこのような意味で貧しい人たちを、私たち釣り師は心から気の毒に思うのです。私たち自身を幸せだと思うために、何も彼らの考えを借りる必要はないのです。私たちは、そのような気質の人たちのはるかにおよばない満足を享受しているのです。

私はウォルトンのファンなどではないので、お気に入りの引用などないと思っていたが、驚いたことに、小さな真珠に出くわした。これはウォルトンに特有のことだ――そのまとまりのない本に埋もれているが、底をさらうと、真珠が何個か出てくるのだ。私のお気に入りは、釣人のこの言葉だ。「いや、マスはなくしたわけではありません。持っていないものをなくすなんてあり得ないでしょう」

世界中の川を求めたイングランド人

何世紀ものあいだ、イングランド人はフライフィッシング文学だけでなく、フライフィッシング自体を支配していた。彼らはマス釣りとサケ釣りをあらゆる釣りの上に引き上げ、静かなチョークストリームにいつまでも甘んじていなかった。それどころか、彼ら（特にイングランド貴族）はより人手の入らない川を、まずスコットランド、次にアイルランド、それからノルウェーで求めるようになった。

イングランドのフライフィッシャーを遠くへと誘ったのは、クロムウェルの軍人たち、アイルランドではベナブルズ、スコットランドではフランクであり、この慣習はビクトリア朝時代まで続いた。王族はスコットランドのディー川沿いに土地を所有し、ジョージ五世（若い頃にはノルウェーで釣りをしたこともある）はディー川でのフライフィッシングに没頭するようになった。エリザベス王太后、エリザベス女王、エディンバラ公フィリップ、チャールズ皇太子、その他王室のほとんど全員がスコットランドで釣りをしている。

サケとマスのフライフィッシングは昔からスコットランドの伝統でもあった。古いスコットランドの料理本には、どちらの魚のレシピも載っている。スコットランドで出版された二番目に古い料理本、エリザベス・クレランドによる一七五五年の*New and Easy Method of Cookery*（新しい簡単な料理法）には、四つのマスのレシピ、マスのシチュー、ポッテッド、マリネ、パイが含まれている。彼女のトラウトパイのレシピを見てみよう。魚の頭とひれを切り落とすとしかいっていないが、おそらくすでに内臓を抜き、

タイセイヨウサケの川、スコットランドのディー川。

うろこを落としてあるのだろう。私なら尾びれも切り落として三枚に下ろすが、骨は調理すれば柔らかくなり、食べると身体にいい。

ひれと頭を切り落とし、［魚に］黒こしょうとジャマイカペッパー［オールスパイス］、メース、塩で味付けする。バターを適量皿の底に敷き、マスを載せる。肉汁と少量のクラレット（訳註：フランス産赤ワイン）を注ぐ。パイ生地をかぶせる。生地が焼けたらできあがり。

一九世紀初め、英国海軍提督の家系の第八代準男爵サー・ハイド・パーカーは、スウェーデンでフライフィッシングを始め、その後一八二八年、ノルウェーのアルタ川へ目を向けた。国の最北を流れるこの幅の広い川は、以来英国のサケ釣り師のあいだでよく知られるようになった。それは、大魚は大河に棲むという格言の実例だった。アルタ川のサケは二〇キロ以上になることもあり、世界最大のタイセイヨウサケとなっている。

サー・ハイド・パーカーら裕福なイングランド人は次に、別のノルウェー北部の大河、ナムセン川とターナ川に手を広げた。ノルウェー人はこれら貴族の訪問者を「殿様」と呼んだ。彼らは大型の快走船で到着し、現地で馬車を買うと、持参の馬具を装着して連れてきた御者を乗せた。そして互いに言葉の通じない地元の釣りガイドを伴って行動した。

殿様は環境保護になどまったく頓着せず、釣り上げた魚を食べ、そして大量に捨てた。一八三七年にウィリアム・ベルトンはナムセン川で釣りをし、三〇日で五三二キロのサケを釣った。こうした話を聞いて、さらに多くの殿様たちが快走船で押し寄せた。しばしば男女が共にフライフィッシングをした。水は冷たく、ウェーダーはなかったので、ボートか川岸から釣った。

アルタ川で釣りをしたイングランド人の話の中で、私が知っている一番の傑作は、小説家のトーマス・マッゲインがフライフィッシングの本 *The Longest Silence*（もっとも長い沈黙）に書いているものだ。マッゲインはノルウェーでイングランド人と出会い、その母親の話を聞く。彼女は釣りに興味がなかった。だがある日、彼の父親が彼女を説き伏せてアルタ川へ釣りに連れていった。母は五〇ポンドのサケを釣り、その後二度と釣りをしなかった。月日が経ち、そのイングランド人は母の臨終を看取っていた。死のまぎわ、意識が薄れゆく中、母は目を見開き、息子を見て言った。「お前には五〇ポンドのサケは釣れないよ」。それから目を閉じ、息を引き取った。

北部の川沿いに住むノルウェーの農家は、網漁の権利を持っていたが、漁をするより殿様に川を賃貸ししたほうが儲かることにすぐ気づいた。また殿様はガイドに気前よく料金を払い、フライフィッシングをするあいだ滞在するために、大きな邸宅を建てた。邸宅の調度は重厚で豪華なイングランド調で整え、釣った獲物のペン画で壁を飾った。殿様は年に二、三カ月しかノルウェーにおらず、不在中は地元のノルウェー人に邸宅を使わせてやることもよくあった。こうした邸宅には廃屋となってしまったものもあるが、一部は今でもノルウェー人が住み、今も一九世紀のフライフィッシング用具が飾られている。

ノルウェーの川を賃借し始めたのとほぼ同じ頃、イングランドのフライフィッシャーは世界中を旅して、フライで魚を釣っていた。地元の釣り人もすぐにこの釣りを取り入れた。スカンジナビア人、オーストラリア人、ニュージーランド人、ほか多くの国の釣り人が、イングランド人の影響でフライフィッシャーになった。

一時期、フライフィッシングは英国官僚にとって、ほとんど必須のもののように思われていた。ウィリアム・グラッドストンやネビル・チェンバレンは熱心なフライフィッシャーで、英国でのフライフィッシング人気は第二次世界大戦後、さらに目覚ましく高まった。イングランドとウェールズにおける入漁許可証から来る政府歳入は、一九四九年から一九五九年のあいだに二倍以上に増えた。

しかし二〇世紀後半になって、かつてイングランド貴族が支配した土地では、アメリカの富裕層が取って代わった。一九六四年には、ある裕福なアメリカ人がアルタ川全域を六月二四日から七月二四日まで三万五〇〇〇ドル（現在の二八万ドルに相当する）で借りた。皮肉なのは、アメリカのフライフィッシングを生み出したのが、ほかならぬイングランド人だったことだ。

5　アメリカのフライフィッシング

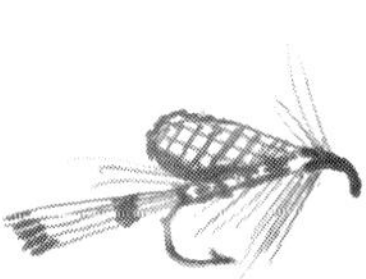

一〇ポンドのカワカマスを上げることに比べれば、
二〇〇〇万ドルや三〇〇〇万ドルの儲けなどなんだっていうんだ！

――アンドリュー・カーネギー
まとまったばかりの鉄鋼取引交渉についてインタビューされたときの言葉

バカ言え、私が寝たことになっている女たち全員と本当に寝ていたら、
釣りに行っている暇なんかなかったよ。

――クラーク・ゲーブル、ホーギー・B・カーマイケルによる引用

クイーン・オブ・ザ・
ウォーターズ・フライ

アメリカ初の毛鉤による釣りの記録は、南北カロライナのものだ。一説によると、その地域のネイティブ・アメリカンが、毛がついたままのシカの脚の皮を固めて作った毛鉤で釣りをしていたという。皮は針の軸に、毛が外側に突き出すようにして巻きつけられた。流れに逆らってフライを引くと、毛がハックル

のようにこわばって、魚が興味を示す動きをする。針は骨か、銅を叩いて作った。

この釣法は、著名な博物学者の息子で、自身も博物学者のウィリアム・バートラムが記録している。その著書、一七九一年に刊行された*Travels through North and South Carolina, Georgia, East and West Florida*（南北カロライナ、ジョージア、東西フロリダ旅行記）は、ネイティブ・アメリカンの生活の記録として、もっとも初期のもっとも有名なものの一つだ。バートラムは一七六〇年代に南西部を旅行し、セミノール族、クリーク族、チェロキー族、チョクトー族を訪れて、彼らが魚を捕るのを見た。バートラムはそれをマスだったというが、地域を考えると、獲物は実はラージマウスバスだったのではないかと考えられる。

以下はバートラムによる自身が見たものの描写である。

［魚は］釣り針と糸で捕らえられるが、餌は使わない。二人で小さなカヌーに乗り、一人が船尾に座って舵を取り、もう一人が船首付近で長さ一〇〜一二フィート（三〜三・六メートル）の竿を手に座る。竿先には長さ二〇インチ（五〇センチ）ほどの丈夫な糸が結びつけられている。そこに三本の大きな針が背中合わせに結ばれる。針ははずれないように固く取りつけられ、シカの尾の白い毛、赤いガーターの切れ端、まだら模様の羽数本で覆われて、全体で握り拳ほどもある房になる。そして完全に針を覆い隠しており、これがボブと呼ばれている。舵取りは静かに漕いで、岸に沿ってカヌーをゆっくりと進める。岸とは平行に、漁師が岸辺の浮き草の端にちょうど届く距離を保つと、漁師は器用にボブを水面すれすれで前後に振って、ときどき水を叩く。すると不運なマスは騙されてたちまち草

の下から跳び上がり、獲物に食らいつく。

これはよくできた話だ。イングランドのフライフィッシングの始まりとなった修道女の話と同じくらいよくできていて、同じくらいありえそうにない。だがデイム・ジュリアナとは違って、この漁師たちは実在したのだ。

アメリカ初のフライフィッシャー

ネイティブ・アメリカンはヨーロッパ人が到着するかなり前から、すでにカヌーに乗って釣りをしていたが、フライを使い始めたのはおそらくヨーロッパ人が来てからだ。それ以前はフライフィッシングの記録も、絵も、伝説すらもなく、ネイティブ・アメリカンはこの技術をイングランド人から学んだらしい。バートラムが記述した釣法には、イングランドのフライフィッシングとの共通点が相当多い。

それでも、この件についてはいくらか不確かなところがある。ネイティブ・アメリカンは世界初のフライフィッシャーであり、その釣法がヨーロッパ人との接触によって結果的に洗練されたのかもしれない。いくつものフライがネイティブ・アメリカンの発想を取り入れており、また彼らが時にルアーを使っていたことはたしかだ。この問題は未解決だが、インディアンがフライフィッシャーだったとしても、ヨーロッパ系アメリカ人は彼らから技術を学ばなかったようだ。

ほとんどの歴史家は、アメリカで最初のフライフィッシャーはイングランド人だったと考えている。イングランド人はバートラムの観察より一五〇年前にこの大陸にやってきた。しかし当初、イングランド人は単に食料のために釣りをしていた。ポカホンタス（訳註：ポーハタン族族長の娘で、英国人と結婚、渡英した）に洗礼を施したと言われるバージニア会社のアレクサンダー・ウィタカーが、一六一二年、南部の川には魚が豊富であり、入植者が網で捕っていることを本国に書き送っている。

おそらくアメリカ人初のフライフィッシャーの一人は、クロムウェル派の退役軍人から釣りの権威へと転じたリチャード・フランクだ。フランクは、宗教的、政治的に志操堅固な頑固者だった――要するに、釣りに興味を持ちそうだとウォルトンやフーバーが考えるような性格ではない。しかし、「釣り仲間」からもて余されていたかもしれないが、フランクはウォルトンをはるかにしのぐ知識と経験を持つフライフィッシャーだった。彼はどこへ行ってもフライフィッシングをした上、アメリカに来たという有力な証拠もある。イングランドでの生活は、一六五八年にクロムウェルが死んでから、困難なものであっただろう。

フランクはクロムウェルの死後、遅くとも一六八〇年までのどこかでアメリカに到着したと、歴史家は考えている。*A Philosophical Treatise of the Original and Production of Things; Writ in America in a Time of Solitude*（ものごとの起源と創出に関する哲学的論文：孤独の時にアメリカにて執筆）とこなれていない題名のついた著書は、一六八七年にロンドンで出版され、*Admirable and Indefatigable Adventures of the Nine Pious Pilgrims: Written in America in a Time of Solitude and Divine Contemplation*（九人の敬虔なる巡礼者による輝かしくも不屈の冒険：孤独と宗教的瞑想の時にアメリカにて執筆）という著書は一七〇八年、没年にロンドンで出版されている。いずれの本も一七世紀のアメリカの生活に相当精通していることを示しており、フランクがそこでフライフィッシングに行っていた可能性が高い。

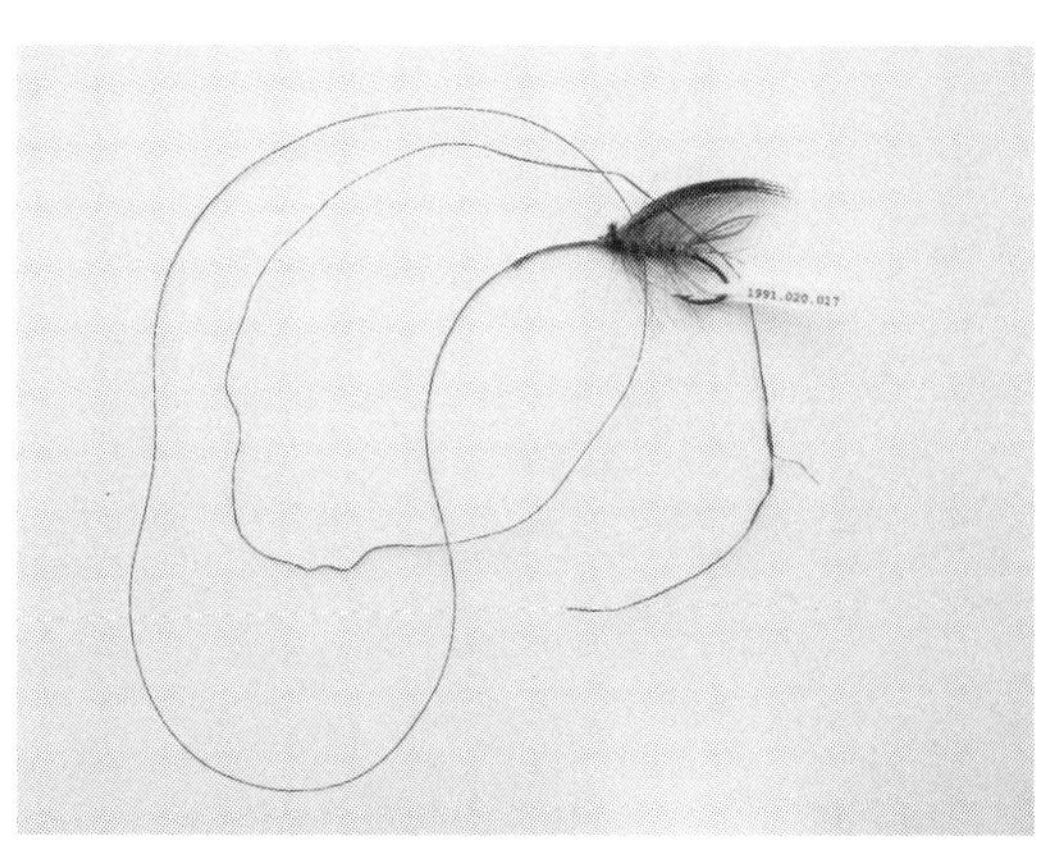

ピーター・オハレランのフライ。J・R・ハリス・コレクションより。1791年。ダビング材、ガチョウの羽、ハックルが、絶滅種の草である可能性がきわめて高い植物素材のより糸で巻かれている。

記録のある二人目のアメリカのフライフィッシャー（おそらくその前にもたくさんいただろうが）は、博物学者であり医学の権威として尊敬されたリチャード・ブルックスかもしれない。一七二一年から一七六三年のあいだに、ブルックスは自然と医学の本を数多く書いたり翻訳したりして、広く読まれていたが、評判になったことではフライフィッシングの本 *The Art of Angling*（釣りの技術）に並ぶものはないだろう。一七四〇年から一八〇〇年のあいだに同書は一〇版を重ねた。一八世紀の後半、ブルックスはウォルトンより広く読まれたのだ。

The Art of Angling にはアメリカでの釣りについて何も書いていないが、ブルックスの一七六三年の著書、*A New and Accurate System of Natural History*（博物学の新しく正確な体系）は、その年以前のある時点で彼はアメリカにいたことを示しており、そこにいるあいだフライフィッシングをしていたことだろう。

北米のフライフィッシングは、一八世紀半ば、英国人がケベックでフランス人を徐々に圧倒していた頃に初めて確立した。英国陸軍の士官が、ケベックの大物サケの川と大西洋岸で、余暇をフライフィッシングをして過ごすようになったのだ。

英国陸軍士官サー・ウィリアム・ジョンソンは、のちにアメリカ合衆国となる土地で初めてフライフィッシングをした人たちの中の一人かもしれない。英国のインディアン問題監督官だったジョンソンは、アディロンダック山地に住み、一七七〇年までには家の近所のサカンダガ湖へフライフィッシングに行ったと言われているが、フライを使ったかどうかははっきりわかっていない。

一七六六年、のちにジェームズ・クック船長の航海に同行して数々の発見で名を馳せるサー・ジョゼフ・バンクスは、ニューファンドランドで英国のタラ漁区を守る任務を帯びた軍艦に、博物学者として乗り組んでいた。このような遠征に科学者を伴うことは一般的な習慣だった。その航海日誌（一九七一年になって初めて公開された）に、バンクスは、当時世界の最果てだったラブラドール島とニューファンドランド島でのマスのフライフィッシングについて書いている。

一九世紀初めには、フライフィッシングはカナダ大西洋岸に定着していた。アメリカ独立戦争後、英国支持派が多数、カナダに亡命を強いられたことも寄与しているだろう。

独立戦争と釣具市場の拡大

初めからアメリカのフライフィッシングはレクリエーションの一環であり、このスポーツは常に、荒野の無骨な開拓者よりも、フィラデルフィアのような人口密集地の裕福なアメリカ人の興味を引いた。ジョン・スミス大尉は一六一六年、名づけたばかりの「ニューイングランド」について書く中で、竿釣りをレクリエーションと見なした。「そして釣り以外のどのスポーツがこれほど多くの楽しみを、これほどわずかな苦労と出費で生み出すだろう」

ニューヨーカーはアメリカで最初のスポーツフィッシャーの中に数えられる。初期のヨーロッパからの移民はマンハッタン南端部の大きな湖、コレクト・ポンドで魚を釣った。やがてそれは、ニューヨークの双子の悪徳、汚染と土地開発によって破壊されてしまった。その後、ニューヨーカーは釣りのために市外へと遠出するようになっていった。

一七三二年、アメリカ初の釣りクラブであるスクールキル・フィッシング・クラブがフィラデルフィアで結成され、ほぼ同じ頃、ニューヨークとニューイングランドの地図には、軍用地図でさえ、しばしば「マスの小川」と表示された曲がりくねった筋が載っていた。裕福な入植者の日記には、釣りに行くために休みを取ったことが書かれているが、フライフィッシャーはそのうちのごく一部だった。ジョージ・ワシントンは、釣りに熱中していたが、フライに興味を示すことはなかった。

初期のフライフィッシャーの多くはイングランド生まれだった。その中の一人が裕福なボストンの商人、ジョン・ローだ。その名が歴史に残っているのは、一七七三年に現在ロー埠頭（ローズ・ワーフ）と呼ばれている場所からボストン港に投げ込まれた茶の一部が、彼の持ち物だったことによる。革命家だと思っている者もいるが、ローは密輸業者で、奴隷商人でもあり、英国が取引の邪魔をすることに腹を立てていた。ローは二本継ぎのフライロッドをイングランドから持ってきていた。彼の日誌によれば近所の川でマスを、時にはフライで釣り、そのうちケープ・コッドのマシュピー川では、四五センチのブルックトラウトを何匹か釣ったと言っている。ブルックトラウトにしては大きいが、マシュピーは当時も今もブルックトラウトが海へ下り、平均的サイズよりもずっと大きくなって帰ってくる数少ない川の一つなのだ。

ニューイングランドのピューリタンは、フライフィッシングを強く非難した。なぜか？　あまりに楽しすぎるからか？　二〇世紀初めのジャーナリスト、H・L・メンケンは、ピューリタニズムを「どこかで誰かが幸せにしているかもしれないという執拗な不安」だと定義した。ニューイングランド・ピューリタニズムの宗教的支柱の一人、コットン・マザーは、あらゆる種類のスポーツフィッシングに反対した。マザーは友人と一度「気晴らしに有名な釣り堀へ」行ったことを認めているが、この逸話を語るのは、ただ自分が水に落ちて溺れかけ、その後めったに釣りには行かなくなったと言うためだ。ピューリタンのあいだでマザーはとてつもない影響力があり、魚を捕るときには網を使うべきだと彼が書くと、人びとは従った。魚を捕ることには、ピューリタンの生活活動のほとんどがそうであるように、楽しみのためでなく、何かを達成するための実用的な目的がなくてはならなかった。だからフライフィッシングは考えられないものだった。竿釣りを「餌垂らし待つこと長し、獲物は少し」と言い表すマザーには、それは理解の外にあった。

一七三三年、マサチューセッツ州メドフォードの貧しい家庭に生まれながら、ニューハンプシャー州キングストンで牧師になっていたジョゼフ・セコムは、釣りについての説教をし、その中で「職業」としての漁と「娯楽」としての釣りを区別した。娯楽のための釣りは受け入れられないと、セコムは説いた。「下等な動物の痛みと死の苦しみに楽しみを感じる者は、愚かで浅ましい人間であるか、心の中では殺人者なのだ」。説教は匿名で出版され、広く行きわたった。

それでもなお、一八世紀を通じて、スポーツ・フィッシング全般と、特にフライフィッシングの人気は高まり続けた。一七六二年にはマウント・リゲイル・フィッシング・カンパニーが設立され、ペンシルベニア植民地副総督で植民地設立者の孫、リチャード・ペンもメンバーだった。他のクラブも同じ頃に始まり、いくつかのクラブを掛け持ちする者もいた。

イングランドへの旅行の最中に、リチャード・ペンの娘もフライフィッシングに夢中になって、イングランド製の竿を手に入れた。独立戦争期以前に使われていたほとんどのフライロッドはイングランド製——長い二本継ぎの木製の竿——か、アメリカ製の模倣品だった。ベンジャミン・フランクリンでさえ、人民にアメリカ製品を買うことを奨励しながら、英国製の釣り道具を使っていた。しかし独立戦争後、それまで英国から輸入していた他の多くの製品と同じように、アメリカ製の道具が市場を支配し始めた。

一七七〇年代には、アメリカのフライフィッシングはもはやイングランドのスポーツではなかった。独立戦争前でさえ、ロッドメーカーとフライタイヤーが、すでにいくつか店を構えていたことを示す記録があちこちにある。一七七〇年にはペンシルベニアの宿屋の主、デービス・ヒュー・デービスという名のクエーカー教徒が、自分で巻いたフライを売っていた。このため一部でデービスがアメリカ初のフライタイヤーと呼ばれるようになったが、間違いなくほかにもいる。

フライフィッシング用具を売る釣具店が、港町にでき始めた。一七七三年にジェレマイア・アレンという詳しくはわかっていない人物が、フライフィッシング用具の宣伝を『ボストン・ニューズレター』紙に掲載し、一七七〇年代のどこか、おそらく独立戦争前に、フィラデルフィアのマーケット・ストリートで釣具店が開店している。この店は、自称「釣り道具メーカー」のエドワード・プールが所有していた。プールはジョン・ダンラップの『ペンシルベニア・パケット』紙で一七七四年に宣伝を始め、ハシバミ、ヒマラヤスギ、ミズキの竿、おそらくは輸入品のさまざまなリールをはじめ釣り道具を幅広く売った。また多彩な「人工のフライ、蛾、羽毛」なるものと、釣り糸にするいろいろな馬の毛を商っていた。

プールは、自分の店はフィラデルフィア一品揃えがいい釣具店だと常々言い張っていたので、きっとほかに何軒かあったに違いないが、そのうちわかっているのはウィリアム・ランステッドただ一軒だけだ。プールは人気のフライフィッシングの川、スクールキルのほとりに、フライフィッシャーの隠れ家、ウィグワムという宿屋も所有していた。

一七八八年、プールは事業をジョージ・ロートンに売却した。ロートンの店は、広告から判断すると、プールよりさらにフライの品揃えがよかった。その中には今日でも使われている水生昆虫でないタイプの擬餌針、ミノー（小魚）、マウス（ネズミ）、グラスホッパー（バッタ）、フロッグ（カエル）などが多数あった。ロートンの店がいつまで続いたかはわかっていないが、一八〇三年に彼はルイスとクラークの遠征の装備を調達している。もっとも遠征隊はロートンからフライフィッシングの道具を買わなかったが。

一九世紀初め、ワシントン・アーヴィングをはじめ多くのアメリカ人が、フライフィッシングはきわめてイングランド的な行為であり、英国の穏やかな川には適しているが荒々しいアメリカの川には向かないと考えていた。

しかし、釣り欄のあるアメリカのスポーツ雑誌が出現し始め、釣りがアメリカにおいて重要なレクリエーション活動となったことをうかがわせた。そのような雑誌の一つ目が、一八二九年に刊行された『アメリカン・ターフ・レジスター・アンド・スポーティング・マガジン』だった。主に競馬の記事を掲載していたが、狩猟と釣りの記事もあった。フライフィッシングの記事は英国の出版物からの転載だったが、それは初期のアメリカのスポーツ雑誌ではよくあることだった。一八三三年に『ニューヨーク・アンド・アナルズ・オブ・ジ・アメリカン・アンド・イングリッシュ・ターフ』誌は、フライフィッシングに関する長文のエッセイを掲載したが、それは歴史家のポール・シュレリーによれば、ロンドンの『アングラーズ・ガイド』に一八二三年に掲載された記事の丸写しだった。

やがて、アメリカ人フライフィッシング記者が登場しだした。初期のライターの一人、ジョージ・ギブソンは、フライフィッシングの釣り場として現在でも人気のペンシルベニア州カンバーランド郡で一七九〇年代にフライフィッシングを始めた。人気ライターになった一八三〇年代から一八四〇年代には、ギブソンはきわめて熟練のフライフィッシャーだった。

ギブソンは、幅広く多彩なフライを使い、たびたび交換することを信条としていた。淵ごとに適切なフライがあると彼は言う。ギブソンはアメリカ・フライフィッシングの導師（グル）であり、ロデリック・ヘイグ＝ブラウン、リー・ウルフ、レイ・バーグマンら、膨大なフライフィッシングの文献を生み出してきた二〇世紀のライターの先駆者だった。ギブソンをはじめ初期のアメリカのフライフィッシング・ライターは、イングランドで書かれていたことを、それに同意するにせよしないにせよ、よく知っており、それだけでなく自分自身の釣り経験に基づいて独自の理論を開陳していた。

南北戦争前の数十年間、ほかにも多数のフライフィッシング・ライターが、フライフィッシャーが増えるにつれて出現した。中でももっとも人気があった英国生まれのアメリカ人フランク・フォレスターは、本名のヘンリー・ウィリアム・ハーバートで恋愛小説も書き、こちらを本業と考えていた。フォレスターは、フライフィッシングについて書くことを低級で恥ずかしい仕事だと思っていたが、フライフィッシングに関する著作は小説よりはるかに広く読まれ、記事の多くは本にまとめられて人気を博した。

北米で人気のサケ釣り場

メイン州では早くも一八三〇年代に、州外から来た大勢のフライフィッシャーがサケを釣っていたにもかかわらず、その住民は長年、メイン州のサケはフライを食わないと言い張っていた。これはアメリカ人のあいだでくり返され、しばしば同じ見方をする英国人によって助長されていた信念だった。サケがフライに食いつくことが、そもそもありそうにないことなので、多くの人はそのような現象を、ヨーロッパの川で起きる珍しいできごとであって、未開拓のアメリカには当てはまらないと考えた。

その後一八八五年、バンゴーの住民フレッド・W・エアが、バンゴープールで六匹のサケを釣った。この淵はペノブスコット川にあり、サケがバンゴー・ダムを跳び越える準備のために集まる場所だった。ペノブスコット川のサケのフライフィッシングの記事がスポーツ雑誌に載るようになり、メイン州のサケ釣りは流行になった。だが悲しいことに、その後の七〇年でペノブスコット川にサケはほとんどいなくなってしまった。さらに二五〇基のダムが建設されたのと、工場排水が川に流されたからだ。

皮肉なことに、フライフィッシング人気が南北戦争後のアメリカで上昇する一方、タイセイヨウサケはアメリカの川から姿を消していった。メイン州だけでなくニューイングランド全体でだ。ニューイングランドは産業の中心地となり、工場で使う電力のために主要な川にはダムが建設された。さらに北部の川は木材産業と製紙業に破壊された。

一九世紀後半に始まる、金に余裕のあるアメリカのフライフィッシャーにとっての大冒険が、カナダで

メイン州のフライフィッシング。

のタイセイヨウサケ釣りだった。これは彼らにとってのノルウェーだった。裕福なアメリカ人はカナダの川の一区画を賃借して、フィッシング・キャンプを設置した。ラブラドール、ニューファンドランド、ケベック、大西洋沿岸地域には有名なサケの川がいくつもあった。たとえばニューブランズウィック州のアパラチア山脈北部を源流に一九〇キロを流れてケベック州セントローレンス湾内のシャルール湾に注ぐレスティグーシュ川、ケベックのグラン・カスカペディア、プチ・カスカペディアなどだ。すべて今も世界最大級のタイへイヨウサケの棲む川に含まれるとされている。

一八七五年、ジェニオ・C・スコットは、その百科事典的な著書 *Fishing in American Waters*（アメリカ水域の釣り）で、国境のカナダ側での釣りについてこのように記した。

ケベック州グラン・カスカペディア川で
タイセイヨウサケのフライフィッシング。

「魚もこちら側よりずっと大きい。概して、風景はより雄大で川は大きい」

一九世紀には、ニューイングランドの住人がカナダのよいサケ釣り場へ行くのに、少なくとも一カ月はかかった。旅は延々列車か船に乗り、それからかなりの距離をカヌーで行くことを必要とした。時間と金のある一握りの者のためのフライフィッシングだったのだ。

一八七六年一〇月、『スクリブナーズ・マンスリー』誌に掲載された「サケ釣りについての覚え書き」という長文の記事は、レスティグーシュ川では、英国兵がカナダにいた頃から相変わらず、今も主にイングランド人が釣りをしていると述べている。記事は他に多くのサケ釣りができる川、たとえばケベックのラバル川やゴドブー川、ラブラドール沿岸のモワジー川、ブレトン岬のマルガリー川なども推薦していた。この記事は、カナダで最高の釣り場の一部はケベックのガスペ半島にあるが、この地域はあまりに人里離れた「未開の地であるため、そこからの情報はごくたまに、小さな商船か長くのろい陸の郵便路で届くだけだ」と述べている。

カナダでは、カヌーがフライフィッシングにおいて特別な地位を得ている。ディーン・セージは一八八八年の名著 *The Ristigouche and Its Salmon Fishing*（レスティグーシュ川とそのサケ釣り）でこのように述べている。「バークカヌー（訳註：樹皮で作られたカヌー）が浮かぶ姿は、何よりも優雅で絵になるものだ。ミクマク族など地元部族はカヌーでサケを捕り、それはカナダの釣りの欠かすことのできない一部となっている」。ネイティブ・アメリカンは自分たちのカヌー作りの技術を神々の賜物と考え、手作りのカヌーは、かつて初めて作られたカヌーの正確なコピーだと信じていた。

船からの釣りは、川の真ん中に立ち込むのに一歩およばないが、カヌーを操れば釣り人は流れとの一体感を強く感じられる。デイビッド・ジェームズ・ダンカンは *The River Why*（川の謎）の中でカヌーをこのように描写している。「流れがうねり曲がるたびにそれに応え、釉薬をかけない素地の上に指先を走らせるように滑っていく、静かな水の生き物」。カナダ東部の大きなサケの川では、木の皮で作った伝統的なカヌーはきわめて繊細で、扱いに大変な慎重さを要求するので、フライフィッシングの過程に深く組み込まれた一部となっている。

釣り人の中にはカヌーを使いたがらない者もいる。カヌーを使うには、フライフィッシング自体と同じくらい要求の厳しい第二の知識体系を発達させることが必要だからだ。カナダのグラン・カスカペディアやボナバンチュールのような川は、岸が切り立った岩壁で、その上は深い森なので、岸にたどり着いてそこからキャストするのが難しく、魚を取り込む場所もほとんどない。カナダの川の多くは、立ち込むには深すぎ、流れが速すぎ、幅も広いので、長い竿が必要になる。だが長い竿はカヌーの上では使いにくく、釣り人は短い竿を使いカヌーを適切な位置へと誘導しなければ、魚が釣れない。上流側に乗った漕ぎ手が船を位置につけ、下流側の者が釣ることになる。

魚が当たると、カヌーを岸に近づけて、下流側の者が魚を遊ばせ、取り込めるようにする。だが魚が下流に向かったら、釣り人はあとを追うしかない。

一九世紀のマスレシピ

一九世紀後半、フライフィッシングは徐々にメイン州で定着していく一方、アメリカ全土にも広まっていた。そしてこのスポーツの普及には、多くの川にマスが放流されたことが大きく貢献している。一八八〇年に、釣りライターで熱心な水産養殖業者のフレッド・マザーは、八万個のドイツ産ブラウントラウトの卵を、記録的な短時間で大西洋を横断する最新型のドイツのオーシャン・ライナー、ウェラ号に乗せて、ドイツからアメリカに送る手配をした。マザーはロングアイランドのコールド・スプリング・ハーバーにある孵化場で卵を孵化させ、魚をペンシルベニアに持っていった。そこでブラウントラウトはすぐに知れわたった。この、在来種のブルックトラウトより元気のいいマスは、その後アメリカ東部一帯の、やがては西部の川にも移入された。一九世紀末には、アメリカでマスが棲む川のほとんどが、ブラウントラウトとニジマスの川になった。

マスはレストランと料理本にも登場し始めた。一八三七年から一八七〇年までに六〇版を重ねた一九世紀のアメリカでもっとも人気の料理本、エリザ・レスリーの*Directions for Cookery*（料理の手引き）には、マスのレシピが二つ、茹でたものとフライが載っている。まずはフライから。

魚の内臓を取り、ひれを切り落とし、小麦粉をまぶす。卵黄を溶いておき、別の皿にパン粉を用意する。魚を卵黄に浸してからパン粉をまぶす。バターか牛脂をフライパンに入れ、火にかけて熱する。それから（不純物を取り除いてから）魚を入れ、揚げる。

次は茹でたもの。

水に塩をひとつかみ入れ、沸騰したらマスを入れる。大きさにもよるが二〇分ほどグラグラと煮る。ソースには、魚を溶かしバターの中に入れ、醤油を適量入れるか、ケチャップで風味をつける［原註：ここではおそらくトマトケチャップではなくマッシュルームケチャップ］。

マスの塩茹でのより洗練されたレシピはニューヨークで生まれた。南北戦争後、ニューヨーカーがマスを食べることに執心したため、膨大な量の新鮮な（まあ、そこそこ新鮮な）マスがバーモント州とメイン州からニューヨークへと輸送されるようになった。ニューヨーク料理アカデミーを開いたフランス人、ピエール・ブロは、一八六九年に執筆した*Hand-Book of Practical Cookery, for Ladies and Professional Cooks*（女性とプロ料理人のための実用料理ハンドブック）で、さまざまなソースを添えたマス料理を提案している。以下はブロお勧めのマスの茹で方だ。

焼き魚などの場合と同様に約一・五キロの魚の内臓を抜き、処理する。魚の大きさにより一尾あるいは数尾を使う。魚を魚鍋（魚がまるごと楕円形の鍋）に入れる。水と一ジル（訳註：四分の一パイント、約一二〇cc）の酢、または水とワインを半々に混ぜたものをひたひたに注ぐ。パセリ三、四枝、タイム一枝、ローリエ一枚、クローブ一粒、タマネギ一個、ニンジン半分（スライスする）、ニンニク二かけ、塩、コショウ、あればタラゴン少々で味付けする。火にかけ、火が通るまで静かに煮る。皿に盛りつけ、ケーパーかアンチョビソースの小皿、またはスグリのゼリーを添える。

むろん、こうしたレシピは、釣行中に獲物を料理して食べようと思っているフライフィッシャーのニーズに対応したものではない。アウトドアで魚を料理するときの第一のルールは、数世紀にわたり何度となく言われ続けてきたが、魚を傷つけないことだ。切り身にしてはならない。丸のままの魚は、理想的に密閉された天然の包装なのだ。だが魚が大物のサケで、一回の食事で食べきれないほどだったら、二つに切り分けて一つを取っておく。

ディーン・セージは、魚を背開きにして焼くことを勧めている。あるいは、二四時間以上キャンプするのであれば、スモークしてしまう。ヘミングウェイはいつもマスをフライパンを使って多量のバター、塩、コショウで料理していた。そしてできあがってからレモンを加えるのでなく、なかば取り憑かれたように、必ず焼いている最中にマスの上から搾りかけた。ヘミングウェイがキャンプにバターを持っていくほど都会派だったことに、私は驚いた。個人的には、私が網焼きした魚に加えるのは、塩ひとつまみだけだ。ただしその塩は、ただの食卓塩であるべきだ。フランス産のフルール・ド・セルのような気取った高級塩を使う者は、自分に釣り人失格の烙印を押しているのだ。

軍人とフライフィッシング

一九世紀半ばには、アメリカのフライフィッシングはもはやエリートだけのものではなかった。当時随一の釣りライター、ジョン・ブラウンは、一八五一年の著書*Angler's Almanac*（釣り師暦）の中でこのように報告している。

> 四月から五月にはデラウェアから来た筏師と樵が、ニューヨークの釣具店で、美術教師のような目で赤、黒、灰色のハックルのフライを選んでいるのが見られる。これらを木の茂るペンシルベニアの川で使うと、驚くほど効果があるのだ。

しかしブラウンは主にマス釣りのことを言っている。サケがフライに食いつくかどうかについては、アメリカ人のあいだにまだすさまじい疑念があった。サケのライフサイクルや、どこに棲んでいるのかすら、わかっている者はほとんどいなかった。ジョン・ブラウンはいかにも権威ありげに、サケがミシシッピ川にいると主張したが、まったく事実と異なる。

一八世紀中頃まで、太平洋にサケがいることや、それが別の属であることはわかっていなかった。科学界との接点がほとんどない貧しい出自から博物学者となった、ドイツのゲオルク・ウィルヘルム・シュテラーは、一七三七年にロシアのカムチャツカ半島沖でタイヘイヨウサケを見つけた。この地域で彼がもたらした重要な自然科学上の発見の一つだった。一七四一年にシュテラーは、ロシアのために働いていたデンマークの地図制作者、ビトゥス・ヨナセン・ベーリングが率いる太平洋探検に参加した。この探検を生き残った者はわずかで、シュテラーも熱病で死んだ。貧しい地元住民が、埋葬の際に彼を包んだ赤いケープを手に入れるために遺体を掘り起こし、骸(むくろ)は犬の群れに食い尽くされた。墓はやがて川に流された。カムチャツカで、通信や交通の手段のない原野に降ろされて、一週間釣りをしたときには、私はときどきシュテラーの悲惨な最期を思った。

一七九〇年代初め、現在のブリティッシュ・コロンビアで、英国海軍の探検家ジョージ・バンクーバーは、河口に魚がうようよと群れをなして泳いでいることに気づいた。船に積まれていた釣り道具の種類から判断すると、バンクーバーと乗組員たちはきっとこの魚を釣ろうとしており、それはおそらくサケであっただろう。

一七九二年、ドイツの博物学者ヨハン・ユリウス・ワルバウムはタイセイヨウサケについて、*Artedi Piscium*（アルテディピスキウム）と題する本に記述している。ワルバウムはロシア語の通称を使って、この属の五種に命名しており、これらの名前は現在も残っている。だが残念ながらワルバウムは、自分が新しい属を発見したことに気づかず、それをサルモ（タイセイヨウサケ）属、ヨーロッパ人がすべてのサケを含むと考えていた属に含めることに甘んじてしまった。一八六六年になってようやく、大英博物館のドイツ人動物学者アルベルト・ギュンターが、この属にオンコリンクス（タイヘイヨウサケ）属と名づけた。この名はギリシャ語で鉤を意味する *onkos* と鼻を意味する *rynchos* に由来する。

アメリカで初めてタイヘイヨウサケをフライで釣ったのが誰かはわかっていない。恋愛小説も書いていたフライフィッシング・ライターのフランク・フォレスターは、一八四九年のカリフォルニアのゴールドラッシュのさなか、金鉱労働者が暇つぶしにサケを釣ったと言っている。またヘイグ＝ブラウンはすてきな物語を語っているが、おそらくは出所の疑わしい「ほら話（フィッシュテール）」だ。

ヘイグ＝ブラウンの話はこうだ。ブリティッシュ・コロンビアで最初にフライフィッシングをしたのは、軍艦アメリカのジョン・ゴードン艦長である。ゴードンは、英国とアメリカのオレゴン境界紛争のさなか、一八四八年にフォート・ビクトリアに到着した。北西部のもっとも有力な商社であるハドソン湾会社のビクトリアにおける代表は、ロデリック・フィンレイソンだった。この人物がある朝、ゴードンを朝食に招待して、地元で穫れたサケを供した。魚を見たとたん、ゴードンはフライフィッシングができると考えて興奮し始めた。このできごとを記録したフィンレイソンによると、「艦長がフライでサケを釣るために釣り竿を用意しているとき、私は、サケはフライを食いません、このへんでは餌で釣るのですと言った」。ゴードンのような根っからのフライフィッシャーにとって、これは本当にがっかりな知らせだった。

フィンレイソンはゴードンにちょうどいい道具と餌を用意し、ゴードンは小さなボートで出かけて港口で釣った。数時間後、ゴードンは良型のサケを何匹か釣って戻ってきたが、その口から出たのはこの言葉だけだった。「なんて国だ。サケがフライを食わないなんて」

この話はここまではしっかり記録が残っており、疑いもなく事実だ。だがそれから、憤懣（ふんまん）やるかたない件（くだん）のフライフィッシャーはロンドンに戻ると、地元の人間からの誤情報に基づいて、委員会に、自分は境界紛争をオレゴン準州を放棄することで解決しようとしている、なぜならそこは価値がないから——そこに棲むサケはフライを食わないからだと言った。一八四〇年代に、船がブリティッシュ・コロンビアから南アメリカ南端を回ってロンドンまで航海するのに要する時間を考えれば、ゴードンが交渉が終わるまでに帰り着けたとは考えにくい。もちろん、サケがフライを食わないからという理由で英国がオレゴン準州を放棄することもありそうにない。しかし現に英国はオレゴンを手放しており、少なからぬ人びと、おそらくすべてのフライフィッシャーがこの話を信じていたことは意味深い。

フライフィッシングはアメリカ西海岸で定着し始めていたが、釣具店はそうではなかった。西部の釣り人はまだ竿を作ることや、フライを巻くことすら習得していなかった。一八五七年のあるスポーツ雑誌の記事は、西部人は釣具店がないために餌釣りをせざるを得ないと主張していた。だがこれは必ずしも事実ではない。西部にはマス、サケ、スチールヘッドのフライフィッシングが、遡ること一九世紀半ばには存在した。書き残された記録、多くは英国からの訪問者によるものが、これを証明している。巨大で引きの強いサケ、おそらくはキングサーモンを釣ったと述べている者もいた。フライにはイングランドから持ち込んだものも巻いたものもあった。

一九世紀半ば、西部の政府機関職員は地元住民がフライフィッシングをするのを目にしだした。一八六〇年代のスー戦争（訳註：先住民族スー族とアメリカ政府間の戦争）のまっただ中、政府のある博物学者は、ミズーリ川源流部で兵士たちが大きなマスをフライで釣るところを目撃している。この政府職員は、将兵が川岸に群がって、全部隊に食べさせるだけの魚を釣ったと記録している。彼はこの魚を、ルイス・クラーク探検隊のメリウェザー・ルイスにちなんで「ルイス・トラウト」と呼んだ。ルイスとクラークの日誌から判断すると、ルイスは釣りの名人というわけではなかったようだが、熟練のフライフィッシャーであるサイラス・グッドリッチが探検に同行し、食料を手に入れた。ルイスは、グッドリッチの釣った魚を日誌に書く中で、初めてカットスロートトラウトを記載した。

一九〇四年のアグネス・クリスティーナ・ラウトの著書*Pathfinders of the West*（西部の探検者たち）によれば、名高くも不運な第七騎兵隊はフライフィッシャーを擁していたという。フレデリック・ベンティーン大尉とその部下は、フライフィッシングの好機をほとんど逃すことがなかった。モンタナの手つかずの川では、それはいくらでもあった。部下によれば、大尉はたびたび馬を下りて川に入り、何匹か魚を釣ったという。

ベンティーンは自分の上官、ジョージ・アームストロング・カスター将軍をおおっぴらに非難していた。カスターは自惚れが強く、権力欲に取り憑かれ、部下の命に無頓着だとベンティーンは考えていた。この反抗的な士官にうんざりしたカスターは、ベンティーンと彼が率いるH中隊を重要性の低い副次的な行動に送り出し、自分は部下を連れてシッティング・ブルと戦士たちとの「栄光ある」戦いに出発した。

一方、総司令官アルフレッド・テリーは、ジョージ・クルック将軍麾下の別の騎兵隊を派遣した。クルックはイエローストーン川近郊のローズバッドの戦いにうっかり突入してしまい、一八七六年にスー族の戦士クレージー・ホースにより大敗を喫した。そのクレージー・ホースはリトル・ビッグ・ホーンへと進撃し、クルックはグース・クリークに退却した。そこはクルックと部下たちが以前マス釣りを大いに楽しんだ川だった。戦いに傷ついた一行は、一週間の休暇を取って川でフライとバッタの餌で釣りをし、少なくとも五〇〇〇匹のマスを釣り上げたとされる。

ベンティーンは一八七七年九月一三日、退却するネズ・パース族を追撃する中隊を率い、手にしたフライロッドを振って部下を叱咤していた。インディアン戦争の最後の敗戦となったネズ・パース族の敗北後、部族のチーフ・ジョゼフは、釣り竿を持って突撃したおかしな士官に会いたいと言った。会見の段取りは整えられたが、彼らが何を話したかはわからない。マスの話だろうか？

歴史家はよく、ベンティーンはフライロッドを持って戦場に行った最後のアメリカ兵だという。どうやら彼らはジャック・ヘミングウェイを、第二次世界大戦中にドイツ軍の戦線の後方に、フライロッドを持ってパラシュート降下した男を知らないようだ。

商業漁業から観光資源へ

数十年のあいだ、アメリカ西部のフライフィッシャーは、東海岸のフライや時には英国のフライを使っていた。ようやく西部独自のフライパターンが発達しだしたのは、一九世紀の終わり頃のことだ。

鬱蒼とした未開の自然の中に住むことが褒め讃えられた西部でさえ、フライフィッシングはもともとは大河のほとりに住む人びとが行なったことではなかった。むしろ、東部と同じように、田舎へ行きたがる都会人が熱中したものだったのだ。フライフィッシングと環境保護運動は融合を始め、いずれも魚を守るために戦ったが、そのためにしたのは、それをスポーツフィッシャーの独占的支配物とすることだった。釣り人と環境保護活動家にはある程度の政治的影響力があった。フライフィッシング観光は商業漁業よりも多くの収入を生むことがわかり始めていたからだ。フライフィッシングは金離れのいい富裕層を取り込んだ。一九二五年にフライフィッシャーの後押しを受けて、ワシントン州はスチールヘッドの販売を禁止し、一九二八年にはオレゴン州がスチールヘッドの商業漁業を厳しく制限した。

この動きはネイティブ・アメリカンを怒らせた。スチールヘッドの商業漁業は彼らの伝統的生活だった。

一九三五年、オレゴン州のフライフィッシャーは、スチールヘッドが商業漁業に不適なマスであることを公布させようとした。マスはゲームフィッシュと見なされて、その商業漁業はアメリカ中ですでに少しずつ禁止されていた。フライフィッシングで有名なノーザン・ウィラメットバレー選出の議員という後ろ盾を得て、この法案は州下院を通ったが、州上院で否決された。魚類学者が議員に対して、スチールヘッドはニジマスの系統ではあるが、サケだと断言したためだ。

スチールヘッドはオレゴンでは一九七五年まで漁業対象魚のままで、タイヘイヨウサケの他の種も、西海岸の州全体で漁業とスポーツフィッシング両方の対象であり続けた。タイセイヨウサケの商業漁業は大幅に縮小し、今日カナダとヨーロッパのサケは、第一にスポーツフィッシュだ。

商業漁業からの利益が減る一方、スポーツフィッシングからの利益は着実に上がっている。これはフライフィッシングについて特に言えることで、なぜなら富裕層を多く呼び込むからだ。現在アメリカには三八〇万人を超えるフライフィッシャーがおり、その数は着実に増えている。フィッシング・ロッジ、釣りガイド、釣具店など釣り客相手のサービスの増加から、大きな経済効果がうかがえる。

州の魚類鳥獣担当部局もこの釣り産業の一部だった。最初の州機関は一八六五年、マサチューセッツ州で設置され、それから次々と他の州も、野生生物保護に従事する独自の部局を創設した。こうした機関は政府からほとんど、あるいはまったく資金を支給されなかった。その活動資金の大部分は、狩猟や釣りのライセンスを販売することで得られていた。これは、よかれあしかれ、当局が狩猟や釣りの奨励に積極的に働き、特に州外のハンターや釣り人を呼び込むことに関心を持っていたということだ。

当局が牽引力を増すにつれて、地元住民には低額で、外から来た客には高額のライセンスが法律により要求されるようになっていった。オレゴンで最初に釣りのライセンスが発行されたのは一九〇九年で、在住者は一ドル、州外居住者は五ドルだった。州当局は釣り人と共同して、スポーツフィッシングの振興と商業漁業の抑制に努めた。フライフィッシングはニューヨークからアラスカまでどこでも、州の魚類鳥獣担当部局の助けを借りて売り込まれていた。

フライフィッシングはアメリカで拡大すると同時に、さらに国際的スポーツにもなっていった。サケとマスのフライフィッシングは、現在ではオーストラリア、ニュージーランド、チリで重要な観光資源となっている。

アルゼンチンはフライフィッシング観光産業を、主に英国のガイドの力を借りて、二〇世紀初頭に始めた。南米大陸最南端にある群島ティエラ・デル・フエゴでのフライフィッシングは人気を博し、第一級の釣り場となっている。険しく人里離れた地域ほど、フライフィッシャーの興味をそそるようだ。今ではグリーンランドやロシアのカムチャツカ半島、コラ半島への釣りツアーがある。ロッジと無骨でくたびれたソビエト時代のヘリコプターによる輸送が、エキゾチックな釣り体験に喜んで何千ドルも払う釣り人に提供される。あるいは、同じくらいかもっと金を払えば、モンゴルで絶滅危惧種のアムールイトウを釣ることもできる。

南半球では、北半球が冬でアメリカやヨーロッパではほとんどフライフィッシングができないときに、夏の釣りができる。だから、金さえあれば、今では一年中フライフィッシングができるわけだ。

6　何と言ってもフライ

虫が落ちるとき（それは彼の確かな導き手）
彼は渦巻く流れからそれをそっと取り
その形を注意深い目で吟味する
華やかな色、羽、角、大きさ
それから針のまわりにしかるべき毛を巻く
そして背にはまだらの羽を結ぶ
すべての特徴が正しくあるように
それは自然の手が人の手でよみがえったものですらある

——ジョン・ゲイ、*Rural Sports*（田園の狩り）、一七一三年

クイル・ゴードン・フライ

私は以前、引退したニューヨーク・シティ・バレエ団のダンサーに、どうして幼い女の子はバレリーナになりたがるのかと聞いたことがある。彼女は言った。「何と言ってもチュチュ」。同じようにフライフィ

ッシングでは、何と言ってもフライだ。フライは奇抜で、創意に富んでいて、魔法のようだ。それは美しさと優雅さを醸し出してくれる。フライは釣りにおけるチュチュなのだ。

フライは何千何万とあり、形と大きさは数限りなく、さまざまな素材と色からなる材料は、枚挙にいとまがない。釣りをしない人でも、いい釣具店でフライをじっくりと眺めていれば、時が経つのを忘れることだろう。もしフライの選択肢が、一五世紀の『釣魚論』に出てくる一二のフライのように、今でも薄汚く毛羽立ったものがいくつかしかなければ、フライフィッシングはこれほど人の心を捉えなかったかもしれない。もっとも魚は同じように釣れただろうが。フライは実に美しく神秘的で数が多いので、魚以上に人間にとって魅力的なのだ。中には釣りに行ったことのない名毛鉤職人もいた。彼らはただフライが好きだったのだ。

一日中、あるいは一週間続けて同じ信頼するフライを使う釣り人がいる。またある者は、三回キャストするたびにフライを替える。私はその中間のどこかにいる。魚の関心には限りがあると私は考えている。明るい色のフライを使っていて釣れなければ、暗い色のものに取り替えるかもしれないが、ひんぱんに替えることはない。

フライの魅力と伝承の一部は、つけられた奇抜な名前にもある。その名前とは「水の女王（クイーン・オブ・ザ・ウォーターズ）」「小ずるい（ラット・フェイス）マクドゥーガル」「クレイジー・チャーリー」「殲滅者（アナイアレーター）」「炎の竜（ファイアリー・ドラゴン）」「王の御者（ロイヤル・コーチマン）」といった具合だが、とうとう発想が尽きてしまうと「名無し（ノーネーム）」と呼ばれたりもする。

ヘイグ＝ブラウンは、「確認されている」フライは三万種あると考えており、ほかに「未確認」のものも多数あると指摘する。ある特定の淵に通う釣り人が、その釣り場のためにフライを開発することもあり、

ロシア、カムチャツカ半島、オゼルナヤ川。

それが有名な淵でなければ、他のほとんどの釣り人はこのフライのことを知りもしないのだ。

食うフライ、食わないフライ

なぜ魚が特定のフライを食い、別のものを食わないのかは誰にもわからない。マスが鼻先をフライに近づけてから、食うのをやめにして行ってしまうのを、澄んだ水の中で見ることがある。魚はネコのように、そして犬とは違い、食べるものには慎重だ。彼らは偽物の羽虫が危険であることを知っているかのようだ。針にかかったが逃げることのできた魚の多くは学習するのだろう。経験は魚をより用心深くする。一度フライが魚の口を引っかけて、水から引っぱり出すと、その魚は昆虫を前と同じようには見ないのだ。

だから釣り人にとって、それまであまり人が入っていなかった川は、大いに有利だ。カムチャツカ半島北部のオゼルナヤ川のような原野の川に棲む魚はすれていないようだが、ロシア人が裕福な外国人をたくさんヘリコプターで送り込むようになれば、いつまでもそうではないかもしれない。

魚は何を欲しがるのか、なぜそのフライを選ぶのか、多くの人が答えを出そうとしながら、誰もはっきりしたことを言えない。そしてそれが醍醐味なのだ。私はいつも、自分が魚を言いくるめようとしているような気がしている。私は悪徳セールスマンで、インチキ商品を売りつけようとしているのだ。私の投げたものを食えば、彼らは後悔するだろう。

川で魚を観察すれば、ありとあらゆるものを食べ物だと考えているのがわかる。おそらく木の葉などでもそうで、あとで吐き出すのだ。もし何かもっと奇妙な、鋭い針のついたものを口にしてしまうと、魚は吐き出そうとし、たいていの場合、成功するだろう。だから釣り人は「合わせ」の名で知られる行為をするのだ。特にマスの場合、これは竿を強くあおってやるだけのこともある。とはいえこれが早すぎると、フライを魚の口から抜いてしまうことになる。サケの合わせでは、魚から抜けずに刺さる正しい方向であることを願いながら、糸をゆっくり一方に引くことが望ましい。

サケ、特にタイセイヨウサケの場合、合わせる前に二、三秒置くとよい。アイルランドのゴールウェイのある釣り人は、合わせる前に「女王陛下万歳(ゴッド・セーブ・ザ・クイーン)」と唱えろと私に言った。これは英国式のアドバイスであり、私がこれをアイルランドのコークの釣り人に伝えたら、彼女は、まさかアイルランドの釣り人がそんなことを言うなんてと言った。

実は、フライの選び方や操作法の発想のほとんどは科学に基づいたものではない。それは主に個人の経験の問題にすぎないのだ。アドバイスを与えるガイドや作家は、非常に経験豊富な釣り人で、魚が釣れたり釣れなかったりということが長年あって、そのように信じるに至ったのだ。

　だが釣り人は、だんだん科学に目を向けるようになっている。彼らは水のミネラル成分や酸素濃度を研究している。どの種がどの色を好むかの研究も行なわれている。わかったのは、一部の種は紫外線に引き寄せられるということで、釣り人の中には釣り場に紫外線ペンライトを持っていき、フライボックスの中をざっと見て紫外線フライを選べるようにしている者もいる。恐ろしいのは、科学の力で、われわれが魚についてわかっていないことをすべて明らかにしつくしてしまい、フライフィッシングから秘密がなくなってしまうことだ。論争は終わるだろう。だがそんなことはありそうにない。科学はいつも答えたのと同じだけ疑問を投げかけるのだから。

　フライには二種類ある。イミテーターとアトラクターだ。イミテーターは偽物の虫で、魚が水に浮いている本物の虫と間違えるように作られている。アトラクターは「虫っぽく」見えるが、既知のどの虫にも似ていないフライだ。アダムズ・フライは、もっとも人気のあるフライの一つで、昆虫のように見えるが、

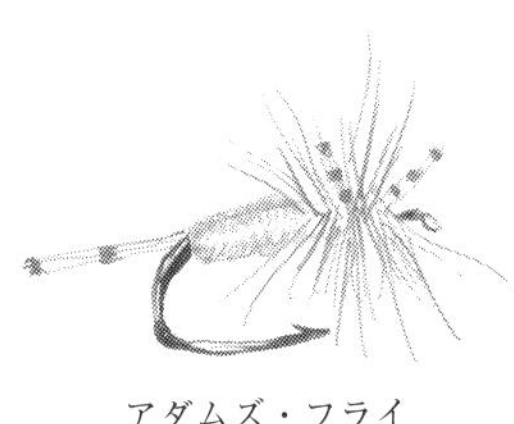
アダムズ・フライ

現在知られている虫にアダムズのように見えるものはない。紫色のアダムズで魚を釣ることに成功した釣り人がいるが、これはいかなる自然の昆虫にも一切似ていない。私が巻いたアダムズは、私のフライタイイング技術不足のため、普通より毛羽立っているが、魚が気にするとは思えない。
　アダムズ・フライには尾がある。このような尾は、普通は昆虫の特徴を示すものではないが、水の中で動きを作り出して魚の気を引く。毛鉤が文字通り魚に尾を振るのだ。同時に、尾は針先を隠すことができる。ほとんどのフライは針の軸

に巻くので、針先は露出しがちなのだ。

サケやスチールヘッドのフライには、針が本体ではなく尾についているものがある。そのようなサケ用フライの一つが、大きくて羽に覆われたダライ・ラマ・フライだ。この名前は冒瀆を意図したものではないかと私は考えている。というのはチベット仏教徒は、指導者ダライ・ラマを含め、釣りはよくないことだと信じているからだ。だが私が間違っていて、何の皮肉も意図していないのかもしれない。このフライはドリー・ラマとも呼ばれている。この自然界の何者にも似ていない、小刻みに揺れる針がついた奇妙なからくりで、私はソッカイとシロザケの両方、さらにはニジマスの大物も釣ったことがある。

ヘイグ＝ブラウンは、三万かそれ以上の確認されたフライがあるのに、マスが食べる昆虫はわずか一〇〇種類かそこいらであることを指摘して、イミテーション・フライという考え自体に異議を唱えている。そして昆虫食動物でありながら、マスは他にもいろいろなもの、小エビ、カニ、カエル、ハツカネズミ（これもある種の昆虫のように岸から川に落ちる）なども食べる。フライタイヤーはこうしたものも模倣する。爆撃機（ボマー）というフライがある。リスの尾の毛とシカの毛を束ねて巻いたもので、葉巻の吸い殻に見えるようにデザインされている。釣り人は以前ほど葉巻を吸わない。もっともその煙は蚊を追い払うし、火のついた先は糸を整えるのにちょうどよい。だが、頻繁に吸っていた頃は、サケはたびたび捨てられた葉巻の吸い殻を飲み込んでおり、だからこのフライが発案されたのだ。ボマーはよく釣れ、吸い殻らしく落ちるように、軽くぽいいっと投げられることが多い。この雑な着水のしかたが、その名前の発想のもとになった。

フライにはストリーマーと呼ばれるものがある。普通は軸の長い針に巻かれるそれは、小魚を真似て水中で動かされる大型のフライだ。ミノーと名づけられているものもあるが、小魚のイミテーションをミノーと呼ぶのはある種の婉曲表現だ。実は、マスがよく食べているもの、この「ミノー」を追う原因となっているものは、ミノーではなくマスやサケの幼魚なのだ。

毛鉤はたしかに、別のタイプの釣りに使われる木や金属やプラスチックでできたルアーよりも写実的だ。バスはフライ、特にミノー・フライを食うが、サケは決してバスプラグを食わない。ゼイン・グレイは、バスプラグは魚の知性への侮辱だと主張した。それはグレイにとって不快だった。彼はサケ類をもっと敬意を持って扱うべきだと考えていた。

釣り人の中にはフライを買う者もおり、これにはもっともな理由がある。市販のフライはたいてい品質が優れているし、釣具店の店主は、地元でそのときよく釣れているフライを教えてくれるからだ。アダムズのような小型のドライフライは、あまりに小さく繊細で、多くの釣り人には巻くのが難しいが、どのフライフィッシング用具店でもうまく巻いたものを見つけることができる。

ボマー・フライ

ヘイグ＝ブラウンは、たった六つのフライパターンで釣ることを勧めているが、私自身も含め多くの釣り人は、これより少ないもので釣果を上げている。リー・ウルフは、サケは数あるサケ用フライの見分けがつかないと考えた。魚はフライを下から見上げるだけなので、その美と技巧を満足に識別できないのだ。われわれ人間がフライを魚の視点で評価したら、もっと単純な構造のものを作っただろうが、それの何が面白いのだろう？

一九六〇年代のカルト的名作『アメリカの鱒釣り』で、アメリカの偉大な不条理作家の一人であるリチャード・ブローティガンは、釣り人のフライへの執着を見事に風刺している。ブローティガンの夢の中に、レオナルド・ダ・ヴィンチが出てくる。この画家は釣具店で働いていて、努力の末に究極のフライを完成させ、「最後の晩餐」と命名する。雇い主たちはそれを見て気を失い、フライの噂はたちまち広まった。ブローティガンはこう書いている。「ほんの数か月もすると、その鱒釣り用擬餌鉤は、原爆とかマハトマ・ガンジーとか、そういう浅薄な業績を遙かに凌ぐ、二十世紀最大のセンセーションとなった。アメリカで、何百万という『最後の晩餐』が売れた。ヴァチカンなどは一万ほどの注文を発したが、あそこには鱒などいないのである。ぞくぞくと、感謝状・表彰状の類が届いた。合衆国前大統領三四名は、口を揃えて、「わたしは『最後の晩餐』で見事に釣った」と声明を発表したほどだった」（藤本和子訳）

フライタイイングに夢中な人びと

フライフィッシングは極端な人物を引き寄せがちだが、その最たるものがフライタイヤーだ。

初期の釣り人は自分で自分のフライを巻いていた。彼らは針も自分で鍛造し、竿を自作し、自分で糸を撚（よ）った。こうした工作技術が要求された当時、フライフィッシングは今とはまったく違う趣味だった。今日、必要なものは何でも買うことができ、釣り人は釣りだけに専念できる。ほとんどあらゆる種類のフライは買うことができる。それほど高いものでもない。

ではなぜフライを巻くのか？　自分で針や糸を作る者はもはやほとんどいないし、竿を作る者もごくわずかだ。一般的な口実は、フライを巻くことでシーズンオフにやることができるというものだ。冬にもフライフィッシングに関わる方法を見つけなければならないという発想が、すでに強迫的だ。実際はみんなフライを巻くのを楽しんでいるのだ。そうでなければ、有名なフライ釣り場周辺に住みながら釣りをしない有名タイヤーが多数いることを、どう説明するのか？

地元の釣具店が個性的なご当地タイヤーからフライを仕入れることもある。カナダ、ニューブランズウィック州のフライタイヤーで父が釣具店を営むジェリー・ドークは、ご当地タイヤーに興味を持っている。ジュディス・ダナム（訳註：*The Art of the Trout Fry*［マス用フライの技術］の著者）のインタビューを受けたとき、赤茶と黒の羽に覆われたサケ用フライ、コッパーキラーを作った往年のフライタイヤー、バート・マイナーのことを述懐している。「彼はヘビースモーカーで、自分でタバコを巻いていた。部屋は煙がもうもうと立ちこめて、バイスのフライが霞んで見えた。片手でタバコを巻き、もう片方の手でコッパーキラーを巻いていた」。優れたご当地フライの多くがこうしたご当地タイヤーによって巻かれているが、釣具店で手頃な価格で売られているスタンダードなフライは、パターンを渡された生涯おそらく釣りとは無縁なアジアの女性によってたいてい巻かれている。しかし多くの有名タイヤーも釣りをしない。彼らはただフライを巻くのが好きなのだ。

いつもフェンウェイ・パーク（訳註：ボストンにある野球場。レッドソックスの本拠地）で驚異の反射神経を見せていた野球の名選手テッド・ウィリアムズは、フライフィッシャーであり、たぶん名人であった。ベーブ・ルースもフライフィッシャーで、間違いなく相当な腕前だった。ウィリアムズは自分でフライを巻くことを楽しんだ。試合のあとでくつろぐためにするのだという。「そうするとリラックスするんだ」とウィリアムズは言った。「よくシーズン中にフライを巻いたものだ。試合のあと緊張でぴりぴりしながら帰って、フライを二、三個巻く。するとバタン、すぐ寝てしまった」

みんなフライが好きだ。飾りとしてぶら下げるだけで釣りはしない人がたくさんいる。有名なフライタイヤーもこれをわかっている。イングランドのタイヤー、スチュワート・カンハムはこう言った。「私が巻いたフライの大部分は額に納まっている。それでもいい。肝心なのは私がフライを巻くのを楽しんでいるということだ」

あらゆる中毒がそうであるように、フライタイイングへの執着はゆっくりと始まる。まず試しに一つフライを巻いてみる。もっとうまくやろうともう一つ巻く。それから、このフライに赤いヘッドをつけたら、もっとかっこいいかもしれないと考える。あるいは、きらきら光る細長いメタリックな何かをつけてみようと思う。すぐに箱はいっぱいになる。

現代の名フライタイヤーの一人、ポール・ジョーゲンセンはフライタイイングを、子どもの頃に音階を奏でることを覚えた経験になぞらえている。単純なものから始めて、どんどんうまくなっていくのだ。

フライタイイングは作家に向いている。というのは作家は常に机を離れる気晴らしを探しているからだ。少し書いたらテーブルへ行って、ちょこちょこっとウーリーバガー（一九世紀のウーリーワームのシンプルな改良型）を巻き、また仕事に戻る。あるいは、もっと長く気分転換をしたいなら、もっと複雑でクリエイティブなサケ用フライを巻いてもいい。サケ用フライにならば、遠慮なくほとんど何でもできる。もちろん、こうしたフライをどれでも買ってもいいが、自分で巻けばシーズンが始まる頃にはうまくなっているだろう。自作のフライで釣るのは市販のものを使うよりも満足感が大きいと言う者もいる。自分自身で魚を騙したとわかれば、楽しさもひとしおだ。自分のフライを巻くとき、既成のパターンであっても、フライはどうあるべきかという自分の理論を試しているのだ。

フライタイイングでは厳密にはタイイング（結ぶこと）をしない。鋭敏な指先で複雑な結び目を作る必要はないのだ。ほとんどのフライには結び目が一つもない。フライタイイングとは主に、針の軸に材料をラッピングスレッドで巻きつけることだ。夢中になりやすい人にとっては、糸を巻くプロセス自体が非常に満足感の大きなものでもある。

素材の手引き

フライフィッシングに関する最初期の記述は、古代のものでも、ほとんどがフライについて説明している。だからわれわれは、その進化がゆっくりだったことがわかる。古代ローマのフライでも、軽く上手に巻いてやれば、今も魚が釣れるだろう。また、一五世紀の『釣魚論』で勧められているフライの中には、多少の変化はあるが、今でも使われているものがある。

古代からエリザベス朝時代まで、フライには普通、ウールのボディがついていた。これは間違いであり、今でも多くのフライフィッシャーが同じ間違いを犯している。人間はフライが乾いた状態で判断しがちだが、魚は濡れた状態を見ている。濡れたウールと乾いたウールは、それぞれ見かけがまったく違う。『釣魚論』の一二のフライは、すべてボディがウールでできている。それらは一年の一二カ月の順番に並べられている。以下は五月のフライとして勧められているものだ。

イエローフライ：黄色いウールのボディ、赤い雄鶏の首の羽（ハックル）と黄色に染めた雄アヒルの羽のウィング。

ブラックリーパー：黒いウールのボディにクジャクの尾の枝羽根を巻く。ウィングは赤い去勢雄で、ヘッドは青。

『釣魚論』と同じ世紀に書かれたオーストリアの *Haslinger Breviary*（ハスリンガー祈禱書）は、二一のフライ・パターンを掲載し、やはりすべて月ごとに並べている。こうすることには現代のフライフィッシャーにも理解できる理屈がある。私は、一〇月のビッグウッド川では、三月とまったく違うフライを使う。羽化する水生昆虫が違うからだ。三月のユスリカは、一〇月にはもういない。

オーストリアの釣りシーズンは五月から一一月までだ。ある月では、『祈禱書』はフライパターンを変えることを勧めている。またある月では、同じ月の途中でフライパターンを変えることを勧めている。しかし不思議なことに、七月には何のフライパターンも勧めていない。この本は、異なる大きさの針にフライを巻いて、水の透明度が低いときは大きな針を使うように助言している。これには現代の釣り人の多くが同意するだろう。

『祈禱書』のフライはマス用のフライだが、もしかするとグレイリングにも使われていたかもしれない。描写されている羽は色でしか特定されていないが、オーストリアの地理的条件を考えると、それらはおそらくヤマウズラ、サギ、ヨーロッパアオゲラ、オオアカゲラのものであろう。

『祈禱書』はウールでフライを巻くことを勧めるのをやめた、最初の本である。同書は代わりに黄色、赤、茶、青、金、銀、灰色、黒などの絹糸を使うよう助言している。そうしたフライには、ウールより軽くて水が浸み込みにくいという利点がある。オーストリアには養蚕業はないが、近隣のイタリア北部にはあり、糸の供給源になっていたのだろう。

フライを巻くのに絹を使うことを勧めたそれ以外の初期の本には、バイエルンのテーゲルンゼー修道院にある手書きの写本があり、一五のフライが載っている。また、スペイン人フェルナンド・バスルトが著した *Diálogo del Cazador y del Pescador*（釣り小論）もそうだ。いずれの書も詳しい説明は載っておらず、使用する羽と絹糸の色についての情報だけだ。

一七世紀には、アイザック・ウォルトンの同時代人たちが、今日でも有益なフライタイイングへの的確な助言をしていた。ロバート・ベナブルズは、沈むフライと浮かぶフライのどちらを使うかを決めるには、魚がどのように餌を摂るか日々研究することが必要であると述べ、水に少し沈んだところで留まるように針を重くする方法を考案した。ベナブルズは、釣り人は川沿いの昆虫を調べてどのフライを使うかを決めるべきであり、また昆虫の腹に特に注意を払うべきだ、なぜならそれこそがマスが見ているものだからだとも述べている。

ベナブルズは革新的なフライタイヤーだった。ときどき彼は、針先が下ではなく上を向き、羽毛のウィングがテールではなくヘッドを向いたフライ――つまり逆さまのフライ――を巻いた。なぜこんなことをしたのか、効果があったのかは明らかではない。今日、同じことをする釣り人は多くはないが、クレイジー・チャーリーやクラウザー・ミノーのような逆さまのフライはいくつかある。ベナブルズは、フライフィッシングはサケ科の魚だけではなく、ローチ、ブリーム、パイクなどの魚にも効果的であることも示唆している。

ウォルトンはフライにほとんど触れていないので、どの程度使っていたかは疑問視されている。確かにウォルトンは釣りについて「マスを疑似餌のフライで騙すのは術でなくて何でしょう」と言っている。しかし彼は明らかにフライタイヤーではなかった。ウォルトンはこう記す。「正直に申し上げて、口でどんなに教えてもらっても、不器用な人は上手にフライを作ることはできません」。彼の本にあるフライについてのわずかな記述は、一六五一年に友人のトーマス・バーカーが出した*The Art of Angling*（釣りの技術）からの盗用だ。真の釣りのエキスパートであったバーカーは、十数種のフライパターンの巻き方を解説している。そのほとんどはマスのフライパターンだが、一つはサケ用だ。バーカーがサケ用フライのパターンを載せているのは重要である。釣り史研究者はたいてい、三〇年後の一六八一年に出版されたジェームズ・チェザムの著書*The Angler's Vade Mecum*が、明確にサケ用のフライについて述べた最初だとしているからだ。

バーカーの非凡な点は、フライの巻き方を初めて詳しく解説したことだ。あるパターンで、彼はパーマリングという今日なお行なわれているテクニックを使っている。羽毛を逆立てて毛をつき出させ、ハックルとして知られるものを作ることだ。バーカーのフライのいくつか、たとえばメイフライは今も広く使われている。

以下はパーマー・フライのバーカーによる解説である。

パーマー・フライ作りに取りかかることにしよう。針に糸を巻きつける。それからはさみでマガモの羽の茶色いところを、ウィングを作るのに必要なだけ切る。羽の外側部分を針に添え、次に羽毛の先が針の軸側に来るようにして、針に巻きつけたのと同じ絹糸で三、四回巻いてから、糸をきつく締め

郵便はがき

料金受取人払郵便

晴海局承認

7422

差出有効期間
2024年 8月
1日まで

1 0 4 8 7 8 2

9 0 5

東京都中央区築地7-4-4-201

築地書館 読書カード係 行

お名前	年齢	性別	男・女
ご住所 〒			
電話番号			
ご職業（お勤め先）			

購入申込書

このはがきは、当社書籍の注文書としてもお使いいただけます。

ご注文される書名	冊数

ご指定書店名　ご自宅への直送（発送料300円）をご希望の方は記入しないでください。

tel

読者カード

ご愛読ありがとうございます。本カードを小社の企画の参考にさせていただきたく存じます。ご感想は、匿名にて公表させていただく場合がございます。また、小社より新刊案内などを送らせていただくことがあります。個人情報につきましては、適切に管理し第三者への提供はいたしません。ご協力ありがとうございました。

ご購入された書籍をご記入ください。

本書を何で最初にお知りになりましたか？

□書店　□新聞・雑誌（　　　　）□テレビ・ラジオ（　　　　　）
□インターネットの検索で（　　　　）□人から（口コミ・ネット）
□（　　　　　）の書評を読んで　□その他（　　　　　　　）

ご購入の動機（複数回答可）

□テーマに関心があった　□内容、構成が良さそうだった
□著者　□表紙が気に入った　□その他（　　　　　　　）

今、いちばん関心のあることを教えてください。

最近、購入された書籍を教えてください。

本書のご感想、読みたいテーマ、今後の出版物へのご希望など

□総合図書目録（無料）の送付を希望する方はチェックして下さい。
＊新刊情報などが届くメールマガジンの申し込みは小社ホームページ（http://www.tsukiji-shokan.co.jp）にて

る。次に雄鶏か去勢鶏の首の羽毛かチドリの頭の羽毛を用意する。羽毛、絹糸かクルーエル（原註：滑らかに伸ばした羊毛の撚り糸）、金か銀の糸をすべて、針の曲がった部分にきつく結び、それからまずクルーエルと銀糸から巻き始め、ウィングまで巻いていく。一巻きごとに止めて持ち替え、クルーエルと銀糸が正しい位置になるようにする。それから留め、同じところに首毛を巻く。首毛を留める。次に左手の指で縫い針か待ち針を使ってウィングを二つに分けてつまむ。これまでに巻いた絹糸で軸に一周巻き、分けたウィングのあいだを交差させる。それから親指で羽毛を、釣り合いを考えながら、針の曲がりに向かって立てる。

バーカーは「ダビング」の発案者ではなかったにしても、初めてそれについて書いた人物である。このテクニックは、動物の毛を撚り合わせて瘤（こぶ）をつけた糸を針の軸に巻いて、フライのボディを作るというものだ。バーカーはこう記している。「つやのない黒か白の豚の毛、熊の毛、二歳の去勢牛の毛で下地を作るなら、下地はすべてワックスを塗った絹糸に巻くべし」。フライのボディを今でも動物の毛や毛皮から作ることもあるが、ダビングをすると、ダビングをしていない毛のボディのフライに比べて、フライがキャスティングに際して軽くなり、色が暗くなったり、平板になったりもしにくい。光が透過して半透明に光るからだ。ダビングは今日でも、主に合成素材を使って広く使われているテクニックだ。アダムズ・フライはダビングを用いてボディを作る現代のフライの一例だ。

若き詩人でウォルトンの釣友のチャールズ・コットンは、フライタイイングの偉大なパイオニアの一人だ。彼はウォルトンの著作に付け足した一二の章で、六〇を超えるフライの巻き方を指南している。そのすべてが、実在する昆虫のイミテーションだ。コットンはアトラクター・フライを信じていなかった。彼が釣りをしたのがごく狭い範囲であることを考えると、六〇種もの水生昆虫を見つけて模倣したことは驚嘆に値する。もっとも彼のフライのいくつかは、識別が可能などの昆虫とも似ていないのだが。

コットンは昆虫学者の先がけであったと見え、自分が再現している昆虫の習性やライフサイクルを熟知していた。自分が記述したフライのいずれも、自分で発明したとは主張しておらず、したがってそのリストは、一七世紀の英国で一般に使われていたフライを集めたものだと考えられる。コットンはあまり珍奇な素材を使わなかったが、たとえば犬、熊、豚の耳、ツバメ、牛、牛の胎児（ハラコ）の革、どこからか手に入れたラクダの毛皮まで、身の回りの材料にきわめて恵まれていた。コットンはこうした材料を用いてダビングを行ない、そのテクニックをバーカーよりはるかに詳しく説明した。フライを巻き終わったら、針を使ってダビングの毛を立たせることをコットンは提唱しており、このテクニックは現在も使われている。

遡上するサケが釣れる謎

何世紀ものあいだ変わらない技術だったフライタイイングは、一九世紀に入ると変化し始めた。過去数世紀をはるかにしのぐ多数の本が出版され、その中にはフライフィッシングの本もあった。新しい考え、それに伴って新しいフライが提示されていた。

ウィリアム・C・スチュアートの一八五七年の著書 *The Practical Angler: or, The Art of Trout-fishing, more particularly applied to clear water*（実践的釣り師：またはマス釣りの技術、特に清流での応用）は、釣りとフライタイイングに絶大な影響を与えた。自著の中でスチュアートは、上流（アップストリーム）へ向けてのキャスティングという概念を世に広めた（ただし発案したわけではない）。このようなキャスティングにより、フライは強い流れに捉えられて、きわめて自然な動きをしているように見える。アップストリームキャストに適した、テールと長いウィングとハックルがあるフライが作られ始めた。

しばしば「アメリカのフライフィッシングの父」と呼ばれるサディアス・ノリスに、スチュアートがどの程度影響を与えたかはよくわかっていないが、ノリスもまたアップストリームキャストの支持者だった。ノリスは、アメリカの川と魚はイングランドの川と魚とは異なるという思想を広めた。その一八六四年の著書 *The American Angler's Book*（アメリカの釣り人の本）は、アメリカのフライフィッシングを定義し、キャスティングとフライタイイングを含めた釣り具に関する新しい考え方を示した。ノリス以前、アメリカ人は英国のフライで釣っていた。今や彼らはまぎれもないアメリカのフライを巻き、それで釣り始めたのだ。この新しいアメリカのフライは英国のフライよりも創意工夫に富み、実物の昆虫を真似ていないものが多かった。

一九世紀のもう一つの大きな変化は、交通が発達してサケ釣りがいっそう大衆化したことだ。よりよいラインと竿が開発されると、サケ釣りはさらに身近になった。これがきっかけで未解決の論争に火がついた。なぜサケはフライに食いつくのか、どのようなフライがサケにアピールするのか？

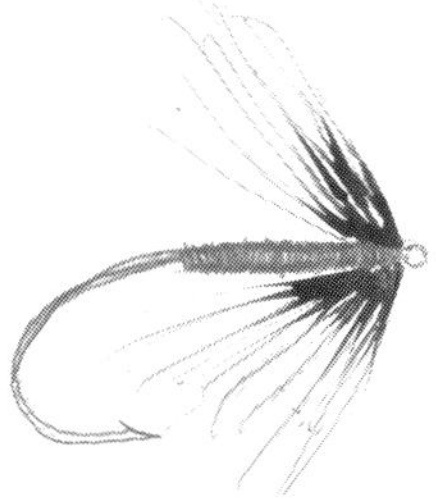

スチュアーツ・ブラック・スパイダー・フライ

何世紀にもわたり、多くの科学者と好奇心旺盛な釣り人が、海から川に帰ってきたサケの腹を裂いてきた。例外なく、彼らは胃の中がからっぽなのを見た。川に帰ってくると、サケはもう餌を摂らないのだ。

これは自然の設計の一つだ。サケは海に出ると、数年かけて、川を離れた若魚のときの何倍にも成長する。最大に成長したときのサイズの九五パーセントが、海にいるあいだに増えたもので、そんなことができるのは貪欲な捕食者として、エビ、カニ、小魚、動物性プランクトンと何でも手当たり次第に丸飲みにするからだ。このような動物が川にいたら大変だ。ほとんどあらゆる生き物、もちろん魚もすべて食べてしまい、マスや次世代の若いサケまで全滅してしまうだろう。肉食の哺乳類や鳥は餓死する。こんなサケの群れがいたら、ものの数週間で川を一掃してしまいかねない。

だがこんなことは起きない。サケは川に戻ってくると、食べるのをやめてしまうからだ。海の豊富な餌のおかげで、彼らは十分な脂肪とタンパク質を溜め、エネルギーを蓄えている。流れに逆らって上流へとさかのぼり、滝を跳び越え、早瀬を突っ切り、産卵のために生まれた場所まで戻る過酷な旅のために。産卵が終わると持てるすべてを使い果たして、サケは死ぬ。例外は一部のタイセイヨウサケで、産卵後も生き残って海へ戻り、また産卵のために戻ってくる。このようなものはケルトの名で知られる。だがケルトは非常に少ない。タイヘイヨウサケの場合はスチールヘッドを除いて、ケルトとして戻ることはまれだ。

それでは、サケが実物の虫を食べないのなら、なぜしばしば毛鉤に食いつくのか？　これにはサケのフライ釣り師の数だけ理論がある。ある者は、サケが川で虫を食べていた頃のことを記憶しているからだと言う。しかしそれが事実だとしたら、生きた昆虫を食わないのはなぜだろう？　ある者は、フライが大きく派手で奇妙だと、サケはいらだって食いつくのだと言う。またある者は、そうしたフライはサケの好奇心を刺激すると言う。また、うまいフライタイヤーは毛鉤をたまらなく魅力的に作れると言う者もいる――自然界にあるあらゆるものより魅力的に。リー・ウルフは、サケが毛鉤に食いつこうとする衝動を、

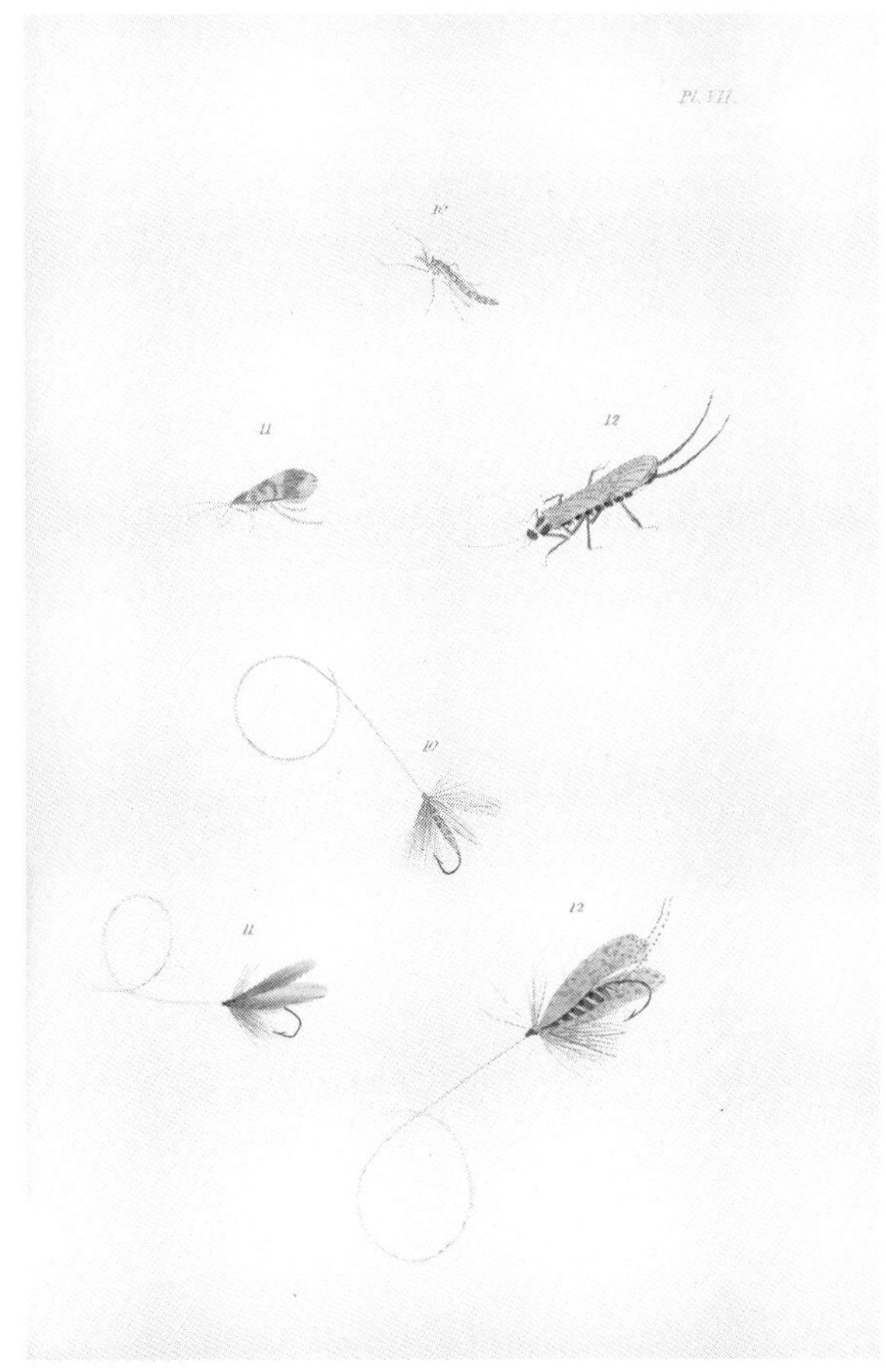

四月のフライ、図版 VII、*The Fly-Fisher's Entomology*（邦訳書『フライフィッシャーの昆虫学』。ただし分類が異なっているため、ここでは本書原著に掲載された分類に準ずる）, Ronalds, Longman, Brown, Green, and Longmans, London, 1856.
No. 10：ゴールデン・ダン・ミッジ　目：ハエ目　科：ガガンボ科　属：ユスリカ属　種：オオユスリカ
No. 11：サンド・フライ　目：トビケラ目　科：トビケラ科　属：キリバネトビケラ属　種：*flavus*
No. 12：ストーン・フライ　目：アミメカゲロウ目　科：カワゲラ科　属：カワゲラ属　種：*bicaudata*

男の子が空き缶を蹴るために、道路の反対側に渡ろうとする衝動に喩えた。アイルランドのブラックウォーター川での私のガイドは、グレンダ・パウエルという少しぽっちゃりした女性で、いつもダイエット中だ。彼女はこんなことを言っていた。「私はチョコレートを食べちゃいけないことになっているのに、チョコレートを目の前に出されると、どうしても手を出してしまう」

二〇世紀スコットランドの偉大なフライタイヤー、メガン・ボイドは言った。「何を言ったって、なぜサケがフライを食うのかは誰にもわからない」

サケ用フライは「派手」であれ

理由はともあれ、サケ用フライは本物の昆虫に似ている必要はないが、派手で目立つ必要があることをほとんどの釣り人が認めている。一八世紀以来、サケのフライは大きくなければならないとも考えられている。バーカーは、サケ用フライは大きな針に巻き、普通なら二つのウィングを六つつけるべきだと書いた。一八世紀半ば、リチャード・ボールカーはこう述べている。「サケは、普通より大きければ、マスに使うフライをほとんどどれでも食う」。サケのフライは大きくなければならないという考えは、二〇世紀になっても残っていたが、その理屈——大きな魚は大きなものに食いつこうとする——は間違いだ。その後、最大級のサケでも小さなフライを食うことは明確に実証されている。

もう一つの一八世紀の認識は、もっと根強いことがわかっている。ボールカーは、サケのフライは「派手」であるべきだと書いており、一八世紀を通じて、さらには一九世紀に入ってもなお、サケ用フライはどんどんけばけばしくなっていった。初めてサケ用に大きく派手なフライを巻いたのはアイルランド人だが、すぐにイングランド人とスコットランド人があとに続いた。現代のフライは以前のものと比べていくぶん派手派手しさが抑えられているが、それでも非常にカラフルだ。

サケ用フライは他のフライに比べて大げさでクリエイティブなので、本に掲載したいという欲求が強く、こうしてある種のフライはよく知られ、何度もコピーされるようになった。ジョージ・ベインブリッジは、サケ用フライのカラーイラストが入った初めての本、*The Fly Fisher's Guide*（フライフィッシャーのガイド）を一八一六年に出版した。この本の中でベインブリッジは、五種類のサケ用フライを手彩色の版画で紹介している。この世紀の後半の基準からすると、これらはきわめて地味なフライで、ボディは染色したウール、ウィングは七面鳥、おそらくはフライタイヤーに羽を供給する目的で育てられたものから作ら

スコットランド高地地方で滝を跳び越えるタイセイヨウサケ。

キングフィッシャー・フライ。J・R・ハリス・コレクションより。1791年。

れていた。

一八四二年、ウィリアム・ブラッカーの*Art of Fly Making*（フライ作りの技術）が出版される頃には、サケ用フライは相当な変化を遂げていた。ブラッカーはフライ用にニワトリや七面鳥を飼ってはおらず、南米のイワドリとコンゴウインコの羽、インドのカワセミの羽、ヒマラヤに棲む虹色の鳥ニジキジの冠羽を使っていた。

ブラッカーはタイイングを細かく説明し、自分のフライのそれぞれが英国のどの川に向いているかを示した。しかし、フライの色は正確でなければならないと注意を促している。青なら青を使えばいいというものではなく、プルシアンブルーであったりシナモンブラウンであったりくすんだオリーブ色であったりしなければならないのだ。この時点で疑い深い性格の人なら、ブラッカーが何をたくらんでいたのか、見当がついただろう。彼は著書とフライを売っていただけでなく、外国産の鳥の羽を売る商売をしていたのだ。ブラッカーの時代、世界の果てに棲む珍しい鳥はほとんどが保護されていなかった。

外国産の鳥の羽を買えない者たちのために、ブラッカーは普通の鳥の羽を奇抜な色で染める方法も示してはいる――ターメリック、ミョウバンの粉末、酒石英で普通の羽がオウムの黄色になる。しかしブラッカーには、そのようなものが低所得層向けの解決策であって、フライフィッシャーの多くは高所得層に属していることがわかっていた。彼らは最高のものを求め、金離れがよかった。ブラッカーは、本気でフライフィッシングをするならぜひ持つべき三七種の鳥の羽をリストにした。これらの鳥のほとんどが、ケツァールやゴクラクチョウのように、今では絶滅が懸念されているのは偶然ではない。

中米の山地に生息し、今日めったに見られないケツァールは、フライタイヤーに人気の鳥だった。かわいらしい丸い頭の鳥で、その羽は虹色に近い緑色に輝いている。雄の二本の尾羽は長さが一メートル近くあり、飛ぶときに波打つ。ケツァールは最初期のメソアメリカ文化に見られる、羽を持つ蛇の神の起源である。

ゴクラクチョウは主にインドネシアとパプアニューギニアで見られる。見られるとすればだが。西洋人は遅くとも、マゼランの部下がスペイン王に献上した一五二二年からこの鳥を捕っている。スペイン人はしばしば羽を取るために皮を剝ぎ、その際に足を切り落とした。だから西洋人が目にするこの鳥には、華やかな羽があり、足がなかった。ここから多くの西洋人が、ゴクラクチョウには足がなく、一生を空中で過ごし、卵さえ飛んでいる他の鳥の背中に生むのだと信じるようになった。こうしたことで、この鳥は余計に異国情緒溢れる生き物だと考えられた。一九世紀半ばに博物学者が研究を始めるまで、ヨーロッパではこの鳥について何一つわかっていなかったが、教皇たちや国王たちはゴクラクチョウと一緒にポーズを取り、レンブラント、ブリューゲル、ルーベンスらはそれを描いた。

雄のゴクラクチョウは、繁殖期になると頭から長く華麗な綿毛状の飾り羽が生える。だがこの鳥は長いあいだ狩られ続けたので、自然は進化によって彼らに防御装置を与えた。雄の中には飾り羽が生える前に交尾して、種の存続を守るものがいるが、完全に守られるわけではなく、今もかなり危機的な状況にあるとされている。

一九世紀に全世界でフライタイイングが発達したのは、より大きな文化的現象、つまり大英帝国の拡大のごく一部にすぎない。当時、帝国は偉大な英国の誇り――自分たちが世界の大半を所有しているという思想――の源泉だった。この誇りの表れが、記念品の獲得だった。すべての英国臣民は、世界に数多くある英国の富の一片を所有することができたのだ。コレクションは大いに流行し、多くの裕福な英国人のリビングには、世界中から来た石、甲虫、蝶、羽を並べた箱が置かれていた。

外国産羽ブームの襲来

一九世紀の軍艦は、ごく普通に科学者や博物学者を乗せて帝国中を探検した。中には偉大な科学的精神の持ち主もいた。チャールズ・ダーウィンはその一人だ。あとは、一つでも多くの種を同定して自分にちなんだ名前をつけようとしていた、王立学会の有力者たちだった。またある者は、カムチャツカでのゲオルク・シュテラーのように、航海を指揮する士官たちから哀れにも無視された。しかしこうした人たちの中に、標本の山を持ち帰り、時に名声を築いた者もいた。熱に浮かされたように羽を集めた中には、大英博物館もあった。

こうしたものの副産物の一つが、羽ブームで、それはイングランドからヨーロッパ、アメリカへと広がった。婦人物の帽子の羽飾りに、富裕層の女性たちは夢中になった。羽毛がそっくりそのままついた鳥の皮が帽子に飾られることもあり、あまりの大きさに着用者は、馬車に乗り込むのに難儀した。

パリの市場では、羽は量り売りされていた。猟師は一キロの羽を売るために八〇〇羽以上の鳥を殺した。一七七五年にマリー・アントワネットは、高く盛り上げた複雑なヘアスタイルにダイヤモンドを飾ったシラサギの羽を結いこんで姿を現した（この頃はまだ頭があったのだ）。当時すでに二五の羽飾りの店がフランスにはあり、プルマシエと呼ばれていた。一世紀ののちにそれは三〇〇店近くに増えていた。

羽ブームについてのロビン・W・ダウティの著書 *Feather Fashion and Bird Preservation*（羽飾りと鳥の保護）によれば、憂慮した鳥類学者が一八八六年にニューヨークのお洒落なショッピング街を歩いたところ、鳥の羽を飾った帽子は七〇〇個を数え、その四分の三は鳥の皮が丸ごと張ってあったという。そういうものが流行っていたのだ。それはまるで外国の鳥が女性の頭に止まっているようだった。

一九世紀末までに、大量の羽がフランス、イングランド、アメリカへと輸入されるようになっていた。それはつまり、大量の鳥が殺されていたということだ。アメリカ合衆国だけで、推定で毎年二億羽の北米の鳥が羽を取るために殺された――そしてその羽は、もっとも需要があるものですらなかったのだ。

同世紀の終わりには、特に人気のあった羽は乏しくなっていた。それはとにかく価格が極端に高騰し、したがって大きなステータスシンボルだったということだ。

フライタイヤーも羽ブームの影響を受けないわけがなかった。カゲロウやトビケラのフライを巻くマス釣り師は、異国情緒のある羽に用はなかったが、サケのフライを巻く者たちは、考えうるかぎりもっともとんでもない取り合わせを思いついた。サケが何を好むか、誰も知らないにもかかわらず。

このような新型のサケ用フライで特に影響力があったのが、ギリが考案したものだった。ギリ、より正確にはギリ・ドゥは、本来ゲール語で木々の守護霊を意味した。物語の中のギリ・ドゥは、優しいが荒っぽい生き物であり、内気で木の葉やコケを身にまとっている。だが現実には、特に英国では、それは労働者階級の地元民であり、ツイードのスポーツジャケット、ベスト、ネクタイ、鹿撃ち帽（ディアストーカー）を身につけている。フライフィッシャーはギリを雇って、彼らの受け持つ区画（ビート）を案内させる。ギリは貴族や有力者家族の求めに応じ釣りをさせるが、その際の最終決定権を握る。川ではギリの言うことは絶対だ。ギリはフライを選び、巻きもする。

一八四五年、ギリのジョックと雇い主の釣り師スコットは、釣行のためイングランドからノルウェーまで船旅をしていた。その途上、ジョックは大きく派手なサケ用フライを、オオハシの羽、ティンセル、絹糸で巻いた。これには白鳥などの羽で作ったきわめて複雑なウィングがついていた。

今日、この組み合わせはジョック・スコットの名で知られる標準的なサケのフライである。フライタイヤーによって少しずつ違い、三〇以上の素材で作られることもある。以下はより現代的な型の基本的な二〇の材料だ。

あらかじめワックスを塗った黒糸
細い銀のオーバルティンセル
ゴールデンフェザントクレスト（キンケイの羽冠）とインディアン・クロウ
黒いダチョウの羽枝（うし）

山吹色のフロス
オオハシの羽
斑点のあるホロホロチョウ
先が白いシチメンチョウの尾羽
ピーコックソード
ピーコックウィング
黄、鮮紅色、青に染めた白鳥
スペックルドバスタード
フロリカンバスタード
ゴールデンフェザントテール（キンケイの尾羽）
青緑と黒線入りオシドリ
茶色のマラード（マガモ）
ヤケイの雄
ブルーチャテラー
ゴールデンフェザントクレスト（キンケイの冠羽）
ブルーとイエローのマコー

一九世紀にはもっと凝った複雑なフライがあったが、ジョック・スコットはフライ

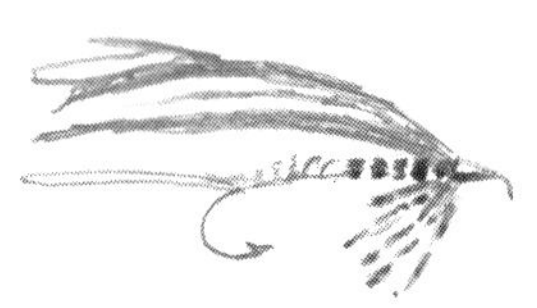

ジョック・スコット・フライ

タイイングの野心的な伝統の始まりだった。それでサケが釣れたに違いない。なぜなら釣り人たちはそれを信頼しきっていたからだ。しかし、ジョック・スコットは、釣り人の見るフライが、魚が見たときとどれほど違っているかのこの上ない見本だった。リーダーに結ばれた濡れていないジョック・スコットは、まばゆいほど鮮やかなものだが、濡れてしまうと地味な色になってまったく冴えなくなる。そして魚は下から見上げるので、横から見たときよりもはるかに目立たなくなる。

大胆にして華麗なジョック・スコットは数多く作られた。それはヨーロッパのサケ釣りを特徴づけた。一九世紀イングランドで出版されたノルウェーの川のガイドブックは、細流ごとにフライを変えることを勧めているが、ジョック・スコットはほとんどすべての細流で、第一か第二の候補に挙げられている。

第一級のサケ用フライとして知られるようになった精巧でけばけばしいフライの急先鋒が、ジョージ・モーティマー・ケルソンだった。一八三五年に生まれたケルソンは、裕福な貴族で、馬の障害競走やクリケットのような紳士のスポーツを主な目的にして人生を送っていた。クリケットについてはアマチュア選手として世に知られるほどだった。しかしやがて、ケルソンはフライタイイングへの関心をつのらせ、クラシック・サーモン・フライの熱烈な伝道者、ほとんど教祖のようになった。一八九五年の著書 *The Salmon Fry: How to Dress It and How to Use it*（サケのフライ：その巻き方と使い方）はこの分野のバイブルとなった。

ケルソンは、自分のフライは「科学」（奇妙なことに、彼はこの語を引用符で囲んでいた）により開発されたと主張した。ケルソンはフライを持って川に潜り、それがサケの視点からはどのように見えるかを試した。水に潜っている時間があまりに長かったため、聴力が低下したとも言われる。また、サケは特定

人間と自然を考える本

旅する地球の生き物たち

ヒト・動植物の移動史で読み解く遺伝・経済・多様性

ソニア・シャー［著］夏野徹也［訳］

3200円＋税

地球規模の生物の移動の過去と未来を、生物学・分類学・社会科学から解き明かす。

深海学　**深海底希少金属と死んだクジラの教え**

ヘレン・スケールズ［著］林裕美子［訳］

3000円＋税

深海が地球上の生命にとっていかに重要かを研究者の証言や資料・研究をもとに語り、謎と冒険に満ちた、海の奥深く、不思議な世界への魅惑的な旅へと誘う。

冷蔵と人間の歴史

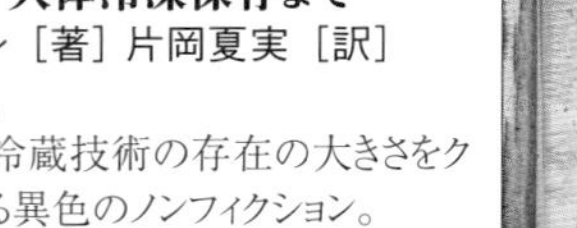

古代ペルシアの地下水路から、物流革命、エアコン、人体冷凍保存まで

トム・ジャクソン［著］片岡夏実［訳］

2700円＋税

生活に必須の冷蔵技術の存在の大きさをクローズアップする異色のノンフィクション。

極限大地　**地質学者、人跡未踏のグリーンランドをゆく**

ウィリアム・グラスリー［著］小坂恵理［訳］

2400円＋税

人間は、人跡未踏の大自然に身をおいたときに、どのような行動をとるのか。地球科学とネイチャーライティングを合体させた最高のノンフィクション。

太陽の支配

神の追放、ゆがむ磁場からうつ病まで

デイビッド・ホワイトハウス［著］

西田美緒子［訳］　3200円＋税

人々が崇め、畏れ、探究してきた太陽。神話、民俗学から天文学まで、太陽と人の関わりを網羅した1冊。

人類と感染症、共存の世紀

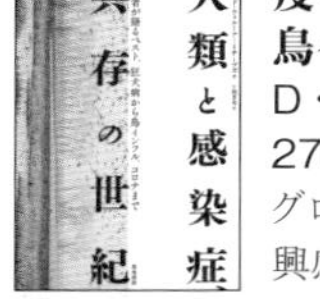

疫学者が語るペスト、狂犬病から鳥インフル、コロナまで

D・W＝テーブズ［著］片岡夏実［訳］

2700円＋税

グローバル化した人間社会が生み出す新興感染症とその対応を冷静に描く。

流されて生きる生き物たちの生存戦略

驚きの渓流生態系

吉村真由美［著］　2400円＋税

流れに乗って移動したり、絹糸で網を張ったり…。渓流の生き物とその生息環境について理解が深まる一冊。

採集と見分け方がバッチリわかるアンモナイト図鑑

守山容正［著］　2700円＋税

アンモナイト王国ニッポンの超レア化石をカラーで紹介！　写真とともに科ごとのアンモナイトの同定ポイントを詳しく説明。アンモナイトの見分け方がわかるようになる。

カニムシ　森・海岸・本棚にひそむ未知の虫

佐藤英文［著］　2400円＋税

古書以外にも木の幹や落ち葉の下など、私たちの身近にいるムシなのだが、ほとんどの人がその存在を知らない。

この虫一筋40年の著者が、これまでの採集・観察をまとめた稀有な記録。

苦しいとき脳に効く動物行動学

ヒトが振り込め詐欺にひっかかるのは本能か？

小林朋道［著］　1600円＋税

著者が苦しむ生きにくさの正体を動物行動学の視点から読み解き、生き延びるための道を示唆する。

先生、モモンガがお尻でフクロウを脅しています？

鳥取環境大学の森の人間動物行動学

小林朋道［著］　1600円＋税

先生！シリーズ第16巻！

イヌも魚もアカハライモリもワクワクし、キジバトと先生は鳴き声で通じあう。

海鳥と地球と人間　漁業・プラスチック・洋上風発・野ネコ問題と生態系

綿貫豊［著］　2700円＋税

海上と陸地を行き来し海洋生態系を支える海鳥の役割と、混獲、海洋汚染、洋上風力発電への衝突事故など、人間活動が海鳥に与えるストレス・インパクトを、世界と日本のデータに基づき詳細に解説する。

の状況で特定の色に引きつけられるとも主張した（当時から多くがこれを疑っている）。ケルソンはシンメトリーとバランスが重要だと説いたが、一方でサケはほとんど何にでも食いつくことがあると認めた。これが、ケルソンによれば、駄目なフライで釣れることがある理由だった。

さまざまな持論はフライフィッシャーの頭痛の種だ。いつ大きなフライを使い、いつ小さなものを使うか、いつ暗い色のフライを使い、いつ明るい色のものを使うか——この種の助言は何百という本に書いてあり、それがほとんど一致することがない。フライを水に入れなければならないことと、釣り人が水に落ちてはならないことを除いて。

しかしケルソンほどこの混乱に悩まされた者はいない。彼はフライについての理論を際限なく持っていた。金のティンセルは午後にもっとも効果があり、大きなフライは寒い気候でもっともよく釣れると、彼は言った。白いウィングのあるフライをいつ使うか、どの川ではどの色がよく釣れるかわかっていた。ケルソンの理論は「明らかに」「ほとんど言うまでもないが」というような言葉で始まっていた。

ケルソンは外国産の羽の使用を強く勧め、特に青と赤のコンゴウインコの羽を好んだ。しかし息をのむような青と紫色をした南米の鳥で、今では絶滅寸前のアオオビカザリドリ、東南アジアのハシブトゴイ、トキも大のお気に入りだった。染色した普通の羽を使うことは、珍鳥の本物の羽とは色が違うと言って認めなかった。サケがその違いを気にすると、本心から信じていたようだ。またケルソンは、さまざまな種類のフライを使うことを奨励していた。同じフライをあまり何度もサケに見せるのはよろしくないと信じていたからだ。ジョック・スコットはこの法則の唯一の例外だとケルソンは言う。ケルソンは約三〇〇の精巧なフライの巻き方を、きわめて詳細に記している——この教則を、一九世紀から二〇世紀への変わり目のサケ釣り師たちは熟読した。

けばけばしい古典的サケ用フライの初期でさえ、アメリカには疑念を抱く者がいた。カナダの奥地にまで分け入り、まだ公式な名前のない川で釣りをしていた作家のチャールズ・ランマンは、一八四七年にこのように述べている。「派手なフライが一般にもっとも効果的だと本には書かれているが、われわれは経験から、大きな茶色か黒のハックル、または何であれきちんと作った灰色のフライが、最高に凝った一品よりも好ましいと信じるに至っている」

高価な羽で巻いた手の込んだフライは、多くのアメリカのフライフィッシャーにとって、あまりに値の張るものだった。そこで彼らは飼い犬、熊、時にはセーターの毛まで使って間に合わせることがよくあった。狩猟もやる釣り人はシカ、エルク、ウサギの毛をいくらでも使えた。こうした材料を使っていて、彼らは意外な発見をした。サケはこのようなフライを、立派なものに劣らずよく追うのだ。にもかかわらず、ジョック・スコットはアメリカまでも席巻した。一八九二年の著書 *Favorite Flies and Their Histories*（人気のフライとその歴史）で、アメリカの作家メアリー・オービス・マーベリーはこのように書いている。「ジョック・スコットは、それについて書いたり話したりする者すべてに熱狂を巻き起こすようだ」

二〇世紀初頭、保護政策と国際合意により、外国産の鳥の羽の取引は、多くが終わりを迎えた。関税を引き下げ、連邦所得税を復活させた一九一三年歳入法も、アメリカ合衆国への羽の輸入を禁止した。英国では一九二一年に羽毛輸入禁止法が成立したことで、それまでフライタイヤーが使っていた材料の多くは手に入らなくなり、場合によっては違法となった。

ジョック・スコットは今日なお使われている、数少ない大きく派手な一九世紀のフライの一つだ。他にはシルバー・ドクター、レッド・ドクター、グリーン・ハイランダーなどがある。最後のものは一八八五年のフライで、スコットランドのネス川で初めて使われた。これら複雑なパターンの巻き方を知っているフライタイヤーは数人しかおらず、今も残っている昔の傑作サケ用フライは、壁に飾られている。

フライは鳥だけでなく、動物も脅かす。フライタイイングに毛皮がよく使われるからだ。牡鹿の尾の毛は簡単に手に入るが、以前は基本的なフライタイイングの材料だったアザラシ、特に生まれたてのアザラシの毛皮は、現在ではめったに手に入らず、またその使用は違法だ。

人工の毛皮と羽が今日ではフライ作りによく使われており、魚は気にしていないんじゃないかと私は思っている。染めたニワトリの羽は、鮮やかなオレンジ色をしたイワドリの羽の代わりになっている。それが棲む南米の熱帯雨林と同様に、少なくなっている鳥だ。深紅に染めたキジの羽は、インディアン・クロウ（南米の鳥で、実はカラス（クロウ）ではない）の鮮やかな赤と黄色の羽の代わりとなっている。

鳥類標本盗難事件

二〇〇九年、二〇歳のアメリカの音楽家、エドウィン・リストは、イングランドのハートフォードシャー州トリングにある自然史博物館に窓から押し入った。警備はさほど厳重ではなかった。学芸員は、その珠玉のコレクションの歴史的価値は大きいものの、金銭的価値はそれほどでもないと思っていたからだ。コレクションにはずっと昔に死んだ、古い外国の鳥が含まれていた。チャールズ・ダーウィンによる遠征をはじめ、一九世紀のきわめて重要な生物調査で採集されたものだ。逮捕されたとき、この若い盗賊は、自分はフライフィッシャーで、質の高いサケ用フライを作るのに、外国産の鳥の羽が欲しかったと供述した。供述が進むにつれて、警察は容疑者の人格に興味を持った。リストはアスペルガー症候群と診断され、そのため懲役刑を科されることはなかった。

この事件について、『大英自然史博物館珍鳥標本盗難事件――なぜ美しい羽は狙われたのか』を著したカーク・ウォレス・ジョンソンは、リストが本当にアスペルガー症候群だったのか、それとも司法を欺こうとしていたのか、はっきりさせるのは難しいと言い、のちに多くの人は後者だと結論している。彼らは、リストは金のために押し入ったただの泥棒だと言う。リストが盗品を少しずつフライタイイング業界の人間に売っていたことはわかっている。博物館から彼が盗んだ羽には約四〇万ドルの価値があり、捕まったときすでに一部を売ってかなりの利益を得ていた。その多くは回収できなかった。

フライの話を始めたら懲役を逃れられるなどと、たぶんリストは思ってもみなかっただろう。彼のレベルの執着は珍しいものではなく、一般的には臨床的障害とは考えられていない。フライに異様に熱中する人間もいるのだ。

皇太子にも愛されたフライタイヤーのこだわり

最後の偉大な古典的サケ用フライタイヤーの一人、メガン・ボイドは、二〇〇一年にスコットランドで八六年の生涯を閉じた。厳密に言えば彼女は、一九一五年にイングランドのサリーで生まれたイングランド人だが、三歳でスコットランドに移り住んだ。父はブローラ川の水上監視官、つまり密漁と規則違反を取り締まる官吏だった。ブローラ湖から北海に注ぎ、岩と早瀬と深い淵がそこここにある、サケが棲むすばらしい小川だ。父の友人で近所の屋敷の管理人だったボブ・トラスラーが、子ども時代の彼女にフライ

メガン・ボイドと犬のパンチ。

フィッシングの手ほどきをするようになった。そして言い伝えによれば、一二歳になる頃には売り物になるような立派なフライを巻き、その稼ぎを手にロンドンに行って父親のスーツを買ったという。

一九三〇年代、ボイドは農村の屋敷にある小屋を生涯無料で提供され、そこに移り住んだ。そしてそこから動くことはなかった。小屋には水道がなく、ようやく電気が通ったのは一九八〇年代のことだった。ボイドは五〇年間、窓から灰色の北海が見えるガレージに置いた小さな空豆型の化粧台で、ガスランプを頼りにフライを巻いた。

ボイドは典型的な変わり者で、いつも男物のツイードの服を着て、髪を自分で切った。特別な日にはネクタイを締め、そこにフライを飾った。サザランド郡の狭い道を、車体脇にステップが付きスポークホイールを履いた一九四四年製オースチンに乗って、とんでもないスピードで飛ばした。しかし女王エリザベス二世が大英帝国勲章を授与しようとすると、ロンドン行きを断った。犬のパンチを置いて行きたくなかったからだ。

六〇年近く、視力が衰えてできなくなるまで、ボイドはサケ釣り師と、買ったフライを飾るコレクターのためにフライを巻き続けた。電話はなかったが、ひっきりなしの手紙と訪問、ときたま届く至急電報によって注文を受けた。世界中からのそんな手紙が、彼女の作業台の端には山になっていた。しかし大変な需要があるにもかかわらず、ボイドはフライを一ポンドか二ポンド、高くてもせいぜい三ドルを少し超える程度で売った。もっと高く売れればいいのにと人から言われると、彼女は機嫌を悪くした。

メガン・ボイド・フライ

チャールズ皇太子はボイドのフライをたいそう崇拝しており、曇り一つなく磨き上げた靴と一分の隙もなく仕立てられたスポーティな服を着て、彼女の傾いた小屋でがたの来た椅子に座っているところが知られている。二人が何を話していたのかはよくわからない。ボイドは釣りについてはあまり語らないからだ。それに没頭することはついになく、あまり興味がなかったのだ。たぶん二人はボイドのお気に入りのフライ、ポパムの話でもしていたのだろう。一九世紀半ばにイングランドで発明された、ことのほか複雑な構成のフライのことを。
ボイドの仕事はだいたい注文から最低三年待ちだったが、常連客には便宜を図った。視力が衰えてついにフライタイイングからの引退を余儀なくされた一九八八年には、まだ一九七三年のバックオーダーを抱えていた。今日、幸運にもメガン・ボイドのフライを手に入れた者は、誰ひとりそれを使おうとはしない。サケごときのためになくすリスクを冒すことができないほど値打ちのあるものだからだ。
かつてボイドのフライを使ったことのある釣り人は、それが魔法のようにサケを誘ったと断言する。サケは美を愛するのだろうか？　かもしれない。ボイドは芸術家であり、自分の動機は美しいものを創造することだけだとよく言っていた。一九世紀アイルランドとスコットランドのすばらしいフライの名品をいくつか見たことがあるが、メガン・ボイドの作品ほど美しいものを見たことはないように思う。

ボイドは珍鳥の羽を使わなかった。それは彼女の頃には違法になっており、政治的にも許容されなかった。彼女は積極的な環境保護主義者で、特にタイセイヨウサケの保護を専門にする団体に関係していた。ボイドは高地地方北部で材料を探して歩いた。そのフライにはアンリ・マティスに匹敵する色調があり、また並はずれてバランスがいい。ウィングは、反対向きの針の曲がりをそっくり鏡に映したようにせり上がっている。テールはヘッドと釣り合っている。すべてが完璧に調和しているのだ。

下からフライを見上げる魚は、完璧なバランスを気にするだろうか？　濡れて黒っぽくなってしまってからも色に意味はあるだろうか？　ボイドは何を気にかけていたのだろうか？　彼女は釣り人、特に地元の釣り人が、彼女のフライで釣れたというと喜んだ。けれども本当にやりたかったことは、美しいものを創り出すことだった。

ドライフライの発明

フライはそのときの文化や政治につれて変わる。魚自体はおそらく、決して変わることがないにもかかわらずだ。彼らは二一世紀のフライが、他の世紀のフライと比べて好きでも嫌いでもない。フライは魚ではなく、人を喜ばせるためにデザインされている。

たぶんマスは嬉しくないだろうが、私も含めて釣り人を大いに喜ばせた一九世紀の進歩が、ドライフライの発明だ。発想は単純なものだが、気がつくまでには時間がかかった。マスはたいてい、われわれから見えない水中で餌を摂る。その状況に合わせて旧来のフライ、すなわちウェットフライはデザインされた。だがときたま、マスが水から飛び出して水面に浮いた昆虫を食べることがあり、まさにその状況に合わせてドライフライが発明されたのだ。

誰がドライフライフィッシングを思いついたのか、定かではないが、イングランドのチョークストリームの裕福な釣り人、フレデリック・ハルフォードがこの考えを発展させ、広めた。ハイマンから改姓して英国中部で財をなしたドイツ系ユダヤ人の織物業者の一家に、ハルフォードは生まれた。初めてフライフィッシングを経験したのは二四歳だった一八六八年で、ある友人からワンドル川の一区間(ビート)の所有権をもらったときのことだ。当時ドライフライは一部の釣り人が試していたが、ハルフォードはその考え——その頃は常軌を逸した発想だと思われていた——を受け入れ、新しいフライ、キャスティング技術、フローティングラインを開発し、昆虫を念入りに調べ、ドライフライフィッシングのすばらしさを著書で広めることで、誰もが知る洗練された形のフライフィッシングへと変貌させた。彼のおかげで、ドライフライフィッシングは今や、フライフィッシングの大きな分野となった。

取りかかったばかりの頃、ハルフォードは偶然、ウィンチェスターの釣具店でジョージ・セルウィン・マリアットと出会った。マリアットはドライフライの技術の開発と、一八八六年の著書*Floating Flies and How to Dress Them*(水に浮くフライとその作成法)の出版に手を貸してくれた。ただし本の表紙にはハルフォードの名前しかない。この本が大成功を収めた三年後、四五歳になっていたハルフォードは、家業の織物業から身を引き、専業のフライフィッシング作家になった。

ハルフォードの著書はセオドア・ゴードンの目に留まった。アメリカのフライフィッシングの父、サディアス・ノリスの著作を読んで独学していた、もともと南部出身のゴードンは、ニューヨーク州のキャッツキル山地に移り住み、隠棲しながら釣りに熱中した。彼が釣りをしていた一八八〇年代は、キャッツキル山地の釣り人にとって危機的な時代だった。在来種のブルックトラウトが姿を消しつつあり、ブラウントラウトが取って代わろうとしていたのだ。ブラウントラウトは、フライのえり好みがはるかに激しかった。旧来のブルックトラウト用フライはもうまったく役に立たず、ゴードンは何か名案はないかと探していた。ブラウントラウトは水面で羽化する昆虫を食う傾向があることに気づいたゴードンは、ドライフラ

EXPERT DRY FLY-CASTING ON THE STREAM
(Pencil Portrait of Mr. George La Branche)

ルイス・リード（アメリカ、1857 1926）画。流れにドライフライをキャスティングする名人。

イフィッシングについてもっと学ぼうと、ハルフォードに手紙を書いた。ハルフォードは情報だけでなく、フライのサンプルも提供した。

しかしゴードンは、ハルフォードのフライがアメリカの川とマスには向かないことに気づき、改良を加えた。ウェットフライも、英国の川からアメリカの川に移入されたとき、同じような進化を経験していた。荒々しく逆巻くキャッツキル山地の川にフライを浮かべるには、穏やかなイングランドの小川で使うよりもフライを軽くする必要がある。

ゴードンは自分なりのアメリカ式ドライフライを設計した。中でももっとも有名なのがクイル・ゴードンだ。これは非常に繊細な軽いフライで、縞模様の入った羽でできている。見かけはあまり昆虫に似ていないが、浮かびながら下流に向かう様子が、流される昆虫にとてもよく似ている。数あるゴードンのフライは今日なお広く使われており、クイル・ゴードンはその一つだ。ゴードンは、アメリカのドライフライフィッシングをキャッツキル山地の川――ビーバーキル川、ネバーシンク川など――に創り出した。そして世間との関わりをほとんど避けていたにもかかわらず、ゴードンは意外にもユーモア溢れる作家で、『フィッシング・ガゼット』のような雑誌に執筆記事が掲載されると、ドライフライフィッシングはアメリカに普及した。

二〇世紀初めになると、ドライフライの使用はタイセイヨウサケ釣りにまで拡大した。ゴードンは、ドライフライを一九〇三年にはもうカナダのレスティグーシュ川で使ったと言っており、より最近ではリー・ウルフが、サケは水温が四・五℃を超えていれば常にドライフライを食うと主張している。しかしサケのドライフライに対する疑念は常につきまとっている。私自身、ロシアのオゼルナヤ川で大物のチャムサーモンを上げるまでは疑っていた。もっとも、そこはどんなことでも起こりうる川であることはたしかだが。

また私は、多分に漏れず、ドライフライフィッシングをウェットフライフィッシングより好んでいることも認めざるを得ない。目に見えない水面下を流れるウェットフライとは違い、ドライフライははっきりと目に見え、魚の注意を引いたときには、下流で魚があとを追っているのを見ることができる。はたしてフライに食いつくだろうか、それとも詐欺に気づくだろうか？　魚が近づく。フライに食いつこうとして口を開け、鼻先が水の外に出る。まだ最後の最後で気が変わるかもしれないし、フライを食って、ラインを激しく引くかもしれない。ウェットフライでは勝負は引いてからだが、ドライフライでは水面に落ちた瞬間から始まっている。すべてのプロセスが目に見えるのだ。

ハルフォードはドライフライフィッシングを宗教に変えた。彼はドライフライフィッシャーを「超純粋主義者」と呼び、誰もがそうなるように促した。ドライフライフィッシングはウェットフライフィッシングよりも技術を要求する。ドライフライのキャスティングは完璧に近い動きを必要とし、ドライフライはリーダーが着水する前に、静かに流れ下っていかなければならない。

ドライフライフィッシングがウェットフライフィッシングよりも高尚だという考えは、英国からアメリカへと広まった。『マクリーンの川』で、ノーマン・マクリーンは父の宗教教育のことを書いている。「父が話してくれたところによると、キリストの弟子たちはみんなフィッシャーマンであり、ガリラヤ湖の第一級のフィッシャーマンはいずれも毛鉤（けばり）を使ったフライ・フィッシャーマンで、なかでも、わたしたちがひいきにしていたヨハネは、ドライ・フライによるフィッシャーマンだと、わたしたち、つまり、弟とわたしは、勝手に思い込んでいた」

フライと昆虫

フライタイヤーはだいたい、トビケラ、カゲロウ、カワゲラ、ハエ、ヘビトンボなどのイミテーションを作ることを目指していた。こうした昆虫にはどれも、模倣するさまざまなライフサイクルがある。カゲロウは一生の大半を幼虫として水中で過ごす。だから成虫のカゲロウの毛鉤を作る以外に、フライタイヤーは幼虫も真似る。川面ではなく水中で用いるものだ。毎年五月、幼虫は水面に上がってきて脱皮し、羽を広げて川岸に沿った森へと飛び立つ。この局面をダン（亜成虫）という。ダン・フライは数多くあり、そのもっとも古いものは一五世紀の『釣魚論』に記述がある。

フライは今もって土地ごとに独特だ。スコットランドの川にはすべて独自のフライがあり、世界中の川の、少なくとも地域の多くが同様だ。アメリカではメイン、キャッツキル、ペンシルベニア、ロッキー山脈、オレゴン、その他多くのフライがあり、ある地域で使われているものは、普通は他では使われない。フラッフィー・ブラック・マイトは、私がアイダホでよく使っているものだが、西部で人気があり、一方でパーマシェン・ベルはメイン州独自のものだ。黄色のボディ、赤と白のテール、高く突き出た赤と白のウィング、赤いハックルのパーマシェンは、もともとヘンリー・P・ウェルズがパーマシェン湖で作ったものだが、今ではメイン州一帯で広く使われている。

フライがあまりに多すぎる、魚に食い気があれば、だいたい何でも食うのだと言う釣り人は多い――気がかりなことに、その中にはきわめて経験豊富な者もいる。しかしこうした、釣りに清貧を押しつけるような野暮を、単純な理由から拒否する者も多い。彼らはフライを巻き、たくさん持つことを楽しんでいるのだ。ほとんどのフライの名は、考案したタイヤーにちなんでつけられているのであって、似ているとされる昆虫にちなむものではないことは、ぜひ覚えておいたほうがいい。

7 竿という悦楽

われわれ釣り仲間一同は釣り竿を手にして田舎の釣り場を求めて繰り出したのである。その様子は、さながら騎士道物語を読んで狂喜乱舞し、遍歴の旅に出かけたドン・キホーテのようであった。

——ワシントン・アーヴィング「釣り師」（齊藤昇訳）

アウルアイ・オプティック・フライ

右の引用でワシントン・アーヴィングが、竿を手に流れに挑む釣り師をドン・キホーテとその善意の愚行の象徴たる槍になぞらえたのは、気まぐれではない。アーヴィングは、竿と魚籠（びく）、革製のゲートル、そしてからかうかのように「五十ほどポケットの付いた」コートを描写している。アーヴィングは続ける。「このような身支度を整えて釣り場へと向かったのであるが、それはまるで鎧（よろい）を着こんだラ・マンチャの豪勇の騎士ドン・キホーテが、シエラ・モレナの山羊飼いたちに囲まれているような風情（ふぜい）であった。それまで正装した釣り師を見たことのなかった田舎者たちのなかにあっては、彼はまさに注目と驚愕の対象であった」

何よりもまず、川への空しい突撃の先導を務めるのは騎士の槍、竿だ。フライフィッシングで釣果を上げるにはうまいキャスティングこそすべてなのだから、キャスティングを行なうにあたっての要である竿は無視できない。

竿にはメタファーとしての意味もある。それは攻撃を先導する。槍であり、銛であり、杖だ。だからベンティーン大尉は釣り竿を持ってネズ・パース族へ突撃したのだ。中国初のノーベル文学賞受賞者、高行健による短編小説「おじいさんに買った釣り竿」で、語り手は輸入品の一〇本継ぎのプラスチック竿を買う。子どもに折られないように大事に仕舞ってあるこの竿は、文化大革命ですべてを奪われた祖父が復活した姿である。それから語り手は、子ども時代の家を探し歩く。だがすべての家が、かつて知っていた古い家が立ち並ぶ近隣一帯が、現代的な家に建て替えられていた。彼は住んでいた街路すら見つけられない。祖父が釣りをした川はなくなっていた。水が枯れていたのだ。最後に、彼の祖父までいないこと、かなり前に死んでいることを読者は知らされる。あるのはこの、使われたことのない釣り竿だけなのだ。

釣り竿の作り方

古代、釣り竿は先端に糸をつけたただの棒だった——私が子どもの頃思っていたような。それ以外、古代の釣り竿についてはあまりよくわかっていない。古代ローマのクラウディオス・アイリアノスは、初めて竿の寸法——一八〇センチ——を示しており、それは今日の基準からすると短い。

こうした初期の短い竿は何の材料でできていたか、はっきりしていない。アイリアノスはミズキ科のセイヨウサンシュユを使うと述べている。同時代では他にさまざまな丈夫なアシ類で竿が作られたが、竹は使われなかった。古代地中海世界では手に入らなかったからだ。

中世になり、キャスティングが重要になると、竿はより長くなり、それにつれて糸も長くなった。一五世紀の『釣魚論』はこう述べている。「釣りに熟達したければ、まず道具、つまり竿とさまざまな色の糸の作り方を覚えなければならない」。続けて著者は具体的な説明に移る。竿はハシバミ、ヤナギ、シロヤナギから、聖ミカエル祭から聖燭節のあいだ、つまり秋の初めの九月二九日と、イエスが神殿に捧げられた記念日とされる二月二日のあいだに切り取られなければならない。切った枝は一ファゾム半、すなわち二・七メートルで「人間の腕くらいの太さ」であること。それからこの大きな枝の加工が始まる。

それを熱したオーブンにかけ、まっすぐに伸ばす。それから冷まし、ひと月かけて乾燥させる。鳥網に使う紐をきつく巻き、型枠か角材に縛りつける。配管修理用の滑らかでまっすぐで一端が尖った針金を用意する。尖ったほうを炭火で白くなるまで熱し、持ち手を焼いて孔をあける。このとき、両端から髄をまっすぐに穿って貫通させる。次に鳥を焼く鉄串を熱し、持ち手の下側を焼き広げる。太さの違う串を何本か使い、だんだんと太くしていって孔にテーパーをつける。そのまま二日ほど冷ましておく。紐をほどき、屋根裏に置いて煙で燻し、完全に乾燥するまで寝かせる。同じ時期に形のよい生のハシバミの枝を切り、オーブンで炙ってまっすぐにし、持ち手と一緒に乾燥させる。次に持ち手の孔に収まるように、持ち手の半分の長さにする。次に竿先の上半分を作る。リンボク、野生リンゴ、セイヨウカリン、ネズの若枝を同じ時期に切り、よく炙ってまっすぐにし、下半分としっかりつなぎ合わせ、竿先が前記の孔にちょうどはまるようにする。それから持ち手を削ってテーパーをつける。持ち手の両端に鉄か真鍮の輪をはめ、しっかりと締めつける。下端には石突きを取り付け、竿先が出し入れできるようにねじ止めにする。太さを合わせて、竿先を手の幅だけ持ち手の上側に差し込む。六本撚りの馬素を先端から竿先の上部と下部の継ぎ目まで巻きつける。折り返して先端にしっかりと結びつけ、輪を作る。ここに道糸を結ぶ。

つまりこの竿は、現代の竿と同じように、何本かをつなぐようになっているのだ。つなぐ部分の長さが指定されていないので、竿の全長ははっきりしないが、およそ五・五メートルある相当長い竿のように思われる。

『釣魚論』はこの竿を、軽く取り回しがいいと書いているが、今日の基準ではひどく重い竿だ。だから、ヨーロッパ人がツーハンドキャスティングを使っていたのもうなずける。この竿を使って片手でキャスティングするのは、ほとんど無理だ。また、この竿は明らかに、女性の釣り人向きではない――デイム・ジュリアナ神話の反証がまた一つ出てきた。大柄な男性だって、一日中この竿を振っていたらくたくたになるだろう。

この種の竿を作ることは、そしておそらくフライフィッシング全般が、有閑階級の特権だったに違いない。材料をミカエル祭の頃に選び、家具職人、鍛冶職人、金属細工師の技術を駆使して、乾かし、燻(いぶ)し、穴をうがち、勤勉に作業すれば、翌春のマス釣りシーズンの始まりにはよい竿が手に入るだろう。あと、竿の先に糸を結ばなければならないが。

一六一四年、ジャーバス・マーカムは、ニレかハシバミの木材から竿を作る、ほぼ同じくらい複雑な手法を以下のように示している。

したがって釣り竿の選択としては、手元と柔軟な穂先の二つの部分からなるのがもっともよいという意見を持つ釣り人もいる。手元は、木目の細かいナナカマドかニレの立木で作る。長さが少なくとも九フィートか一〇フィート、まっすぐですべすべした、節がなく材や太さが両端であまり違わないものがいい。葉が落ちているときに切って、まっすぐに寝かせておける場所に置き、自然に枯らす。生木のうちに火で炙（あぶ）るのはあまりよくないが、十分乾燥して自然に枯れたら火で炙って、矢ですら敵わぬほどまっすぐに伸ばせば申し分ない。それから樹皮を剝ぐと、煙と熟成によって色がすっかり濃くなり、水面に反射しなくなっている。これがもっとも目につく所見だ。竿をまっすぐに伸ばし乾燥させたら、錐か焼いた鉄串を使って（鉄串のほうがいい）、その上端に深さ三インチで指の太さほどの穴をあける。それから竿の外側に、穴の口から底まで、蠟か松脂を十分に塗った強い二重撚りの糸か、何重にも撚って専用の蠟を塗った靴の縫い糸を巻きつけ、末端をゆるまないようにしっかりと巻き込む。こうすることで竿は、空洞ができたところから裂けたり折れたりしなくなる。

手元ができたら、穂先を穴にはめ込む。穂先は非常に小さなハシバミの立木を使う。地面から上に向かって生えた、きわめて滑らかでまっすぐなものを年末に切り、冬じゅう寝かせておく。樹皮はどうしても剝がれない。竿を火に入れても駄目で、乾いたところで自然に枯らすほかない。そこにまっすぐに寝かせて、風と炉からの空気の両方を当てる。この穂先は柔軟に曲がり、多少手荒に引いても折れないくらいに強く、どのように曲がっても元通りまっすぐに戻らなければならない。この竿先の長さが最低一ヤード半、つまり一エル（原註：四五インチ）で、先端には馬素を巻きつけて長さ一インチほどの丈夫な輪を作る。ここに適宜釣り糸を結ぶことができる。穂先の太いほうは手元の受け口に差し込むが、強く振ったり多少手荒に扱ったりしても、ゆるんだりがたついたりしないように固定されなければならない。

これは、釣り用語で「アクション」のいい竿と呼ばれる、より弾力があり軽快な竿を作ろうとしているのだ。しかしエリザベス朝時代、つまりマーカムの時代には、プロのロッドビルダーがすでに活躍しており、そしてマーカムは、すでに見たようにこと細かく指示しながらも、竿を作るより買うことを釣り人に勧めている。「どの雑貨店でもよりどりみどりだ」とマーカムは言っている。

イングランドの、あるいはロンドンだけだとしても、どの雑貨店でもフライロッドがよりどりみどりだったとすれば、この頃フライフィッシングは『釣魚論』の時代よりはるかに普及していたということだ。『釣魚論』の著者は、釣り竿を持って通りを歩いても、誰ひとりそれが何に使うものか見当もつかないだろうと書いているのだ。

一七世紀の竿はわれわれが現在使っているものよりはるかに重いが、釣り人はわれわれと同様に、フライロッドで魚とやり取りする方法を知っていた。ロバート・ベナブルズは、中間が籐で穂先がクジラのひげでできたスピノサスモモの竿で釣った。これはこの時代、珍しい竿ではなかった。竿はよく曲がるように、きれいにテーパーがついていなければならないと、ベナブルズは力説した。「竿が均一に曲がれば、糸切れが防げる」とベナブルズは述べ、この原則は現代の竿で今も生き続けている。魚が針にかかったとき、竿がアーチを描いて曲がるように、高く立てて持たなければならない。こうすることで糸の緊張がやわらぎ、竿が折れるのが防げる。曲がらない竿は簡単に折れる。

一六五三年の著書でトーマス・バーカーは、竿は「軽く柔軟」でなければならないと言い、竿先に向かって滑らかにテーパーがついていることが重要だと強調した。「まず欠かせないものが、きれいなテーパーだ。竿の手元は軽く、ハシバミの穂先は柔軟で、たいへん素直（ジェントル）だ」。「素直」という言葉を、バーカーはしなやかで曲がりやすいという意味で使っており、下半分が「軽い」という点（現代の基準では、これはバーカーの時代達成できなかったことだが）で、キャスティングしやすくなっていた。

一七世紀から一八世紀にかけての捕鯨の黄金時代には、穂先はクジラのひげで作られた。ミンククジラ、ホッキョククジラ、シロナガスクジラ、コククジラ、ザトウクジラなど歯のないクジラの口の中に見られる天然のフィルターだ。それはクジラがオキアミ、小エビ、プランクトンを餌として集める網の役目をする。クジラひげで作った穂先は竿の他の部分よりかなり軽く、強くて簡単には折れず、重量が手元に集中するのでバランスがよくなった。

軽くて強い竹竿の登場

フライフィッシング専用に作った竿は、一八世紀中頃まで存在しなかった。釣り竿はあらゆる釣りを目的にしていたが、その後フライフィッシャーは、軽さとしなやかさという特徴が、よりフライフィッシングに適していると考え始めた。竿の特殊化が進むと、トラウトロッドとサーモンロッドが分化した。いずれも現代の基準では長い。トラウトロッドは一二フィート（三・六メートル）以上あった。一二フィートといえば現代ではトラウトロッドのもっとも長いものだ。サーモンロッドは一七フィート（五・一メートル）以上あった。これは今日では非常に長い。使われる木材も違っていた。ある釣り人はトネリコを好み、またある者はマツやヤナギを好んだ。重い竿を好む者もいれば、軽いほうがいいと言う者もいた。一七五〇年には、竿を自作するフライフィッシャーはきわめて珍しくなっていた。みんなマーカムの助言に従って雑貨店へ向かったのだ。もっともその頃には釣具店だったが。

英国は、竿と竿の材料の輸出国になった。主な相手は植民地だった。アメリカでは自国で竿を作るようになっていたが、英国からの材料の輸入で、その竿は変わった。輸入物のリョクシンボクやランスウッドが入ってきて、時にはアメリカ産のヒッコリーやハシバミに取って代わった。さらに大きな変化は、カルカッタ・ケーンの到来だった。

伝説によれば、英軍士官が一八世紀に竹槍を土産物としてイングランドに持ち帰りだした。こうした槍の中に釣り竿として使われたものがあり、一方で細く割いたものは竿の穂先として好評になった。しかし竹には等間隔に節があり、滑らかな竿にはならなかった。そこで竿職人は竹を細く割き、断面に傾斜をつけて貼り合わせるようになった。ロンドンのトーマス・アルドレッドは、自分が一八五一年に初めてスプリット・ケーン・ロッドを作ったと主張したが、アルドレッドをはじめ初期の試みは稚拙なもので、三本の長い竹片を貼り合わせただけだった。しかしアメリカ人は竹に大きな可能性を見た。

竹は九一の属と約一〇〇〇の種からなるイネ科の亜科である。イネ科でもっとも数の多いグループで、多種多様な気候に生育するが、フライフィッシングの主要地域の多くでは自生していない。稈（かん）と呼ばれる直立した竹の茎には継ぎ目がある。これはイネ科の特徴であるが、大半のイネ科植物では細すぎて目立たない。稈の内部は柔らかい多孔質だが、継ぎ目、つまり節はかなり堅い仕切りだ。さらに、稈はリグニン（ほとんどのセルロース細胞に見られる天然のポリマー）によって結合された縦の管の束で構成されている。これらの管は堅い外皮に包まれている。外側にもっとも近いセルロースの管は特に密で、この材料が、さらに堅い外皮と共にスプリット・ケーン・ロッドを作るのに使われる。軽さ、強さ、柔軟性を兼ね備えた竹は、釣り竿に理想的な材料だ。また、他の竿材の多くとは異なり、竹はキャストを完了したあとで振動が続かないので、使っていて疲れにくい。

一八六二年頃、ペンシルベニアのサミュエル・フィリップという銃器製造業者が、スプリット・ケーン四本から一本の竿を作った。のちに、サミュエルの息子ソロン・フィリップと、ニュージャージーのロッドメーカーであるチャールズ・マーフィーおよびE・A・グリーンもスプリット・ケーンでの竿作りを始めた。サディアス・ノリスも同様だった。マーフィーは四ストリップの竿をニューヨークで多数売り、おそらく一八六四年以降、初めて六ストリップの竿を作り始めた。ストリップを増やしたことで竿のアクションはよくなった。

六本の竹のストリップは、組み合うように三角形に削り、接着して絹糸を巻き、先細の六角の竿に作る。それは過去のどんな竿より軽く、強く、柔軟だった。三角のストリップを組み合うようにかんなで削るのは、骨が折れ時間のかかる作業だったが、うまくやれば、見たこともないような最高の竿に仕上がった。できばえは、できあがるまでわからなかった。

そして、「バンブー・ロッドの父」と呼ばれることもあるハイラム・レナードが、メイン州バンゴーにいた。フライフィッシングに関わる何かの父と呼ばれる人びとの例に漏れず、レナードは完成者であって発案者ではなかった。また、一九世紀アメリカのロッドビルダーの多くと同様に、彼は銃器製造業者だった。レナードは楽器も作り、竹片を斜めに削る機械を発明した。それは従来に比べはるかに完璧なテーパーを持つ竿を、大幅に短い時間で製造することを可能にした。一八七六年に彼の会社であるＨ・Ｌ・レナード・ロッド・カンパニーは、わずか一一人の従業員で約二〇〇本の竿を製造した。しかしレナードは徹底して秘密主義で、そのため他のロッドメーカーが彼の技術を知るまでには時間がかかった。

レナードの秘密の一つが、より優れた竹、トンキン・ケーンを見つけたことだった。トンキン・ケーンは中国、広東省北部の狭い地域にしか生えない。それまでロッドメーカーはインドのコルカタ（当時はカルカッタ）で採れる竹を使っていた。レナードはそもそもは供給の問題からトンキンに切り替えたのかもしれない。トンキン・ケーンは滑らかで染みがなかったので、しばらくのあいだは酸で処理して、より有

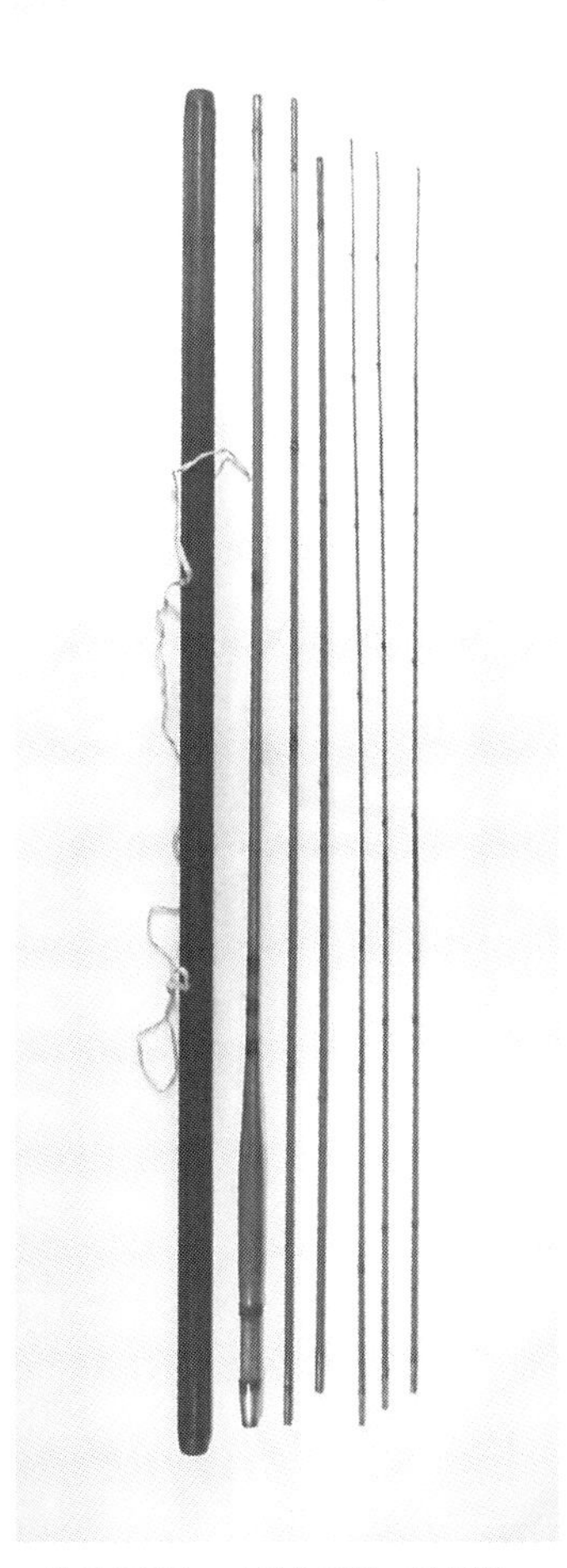
サディアス・ノリスの竿、19世紀。

名で珍重されていたカルカッタ・ケーン（茶色の斑点があった）に見せかけられていた。だがすぐにレナードは、トンキンがカルカッタよりまっすぐで、表面のエナメル層が堅いことに気づいた。今日では、カルカッタのほうが柔らかく加工が簡単だが、トンキンのほうが竿作りには向いていると広く信じられている。中国革命後、トンキンは入手困難だったが、一九八〇年代にはまた手に入りやすくなった。

　レナードの秘密が業界内で理解されるにつれて、スプリット・ケーン・ロッドは普通の商品になっていった。また、しばらくのあいだ、それはまぎれもなくアメリカの製品だった。英国でも使われ始めてはいたが、アメリカン・スタイルのそれらは、たいていシングルハンドであり、ヨーロッパのサケ釣り師に好まれたダブルハンドのスペイ・タイプではなかった。

　スプリット・ケーン・ロッドを作る場合、中間部分（ミドルセクション）の重さは手元の半分でなくてはならず、穂先はミドルセクションの半分の重さでなくてはならない。このように太さだけでなく重さも減っていくことで、絶妙なバランスの竿が創り出される。製法に関わるもう一つは膠（にかわ）だ。膠を熱して、竹をその中に浸し、それから乾燥させる。しかしどのくらい熱すればいいのか？　どのくらいの時間乾かせばいいのか？　一年という者もいる。また、どのような膠が一番いいのだろう？　ある者は普通の膠を使う。ある者は食料品店で売っているゼラチンを使う。またある者は魚の浮き袋から作ったアイシンググラスを使う。

　さらに職人は、竿を作るために、最高の竹稈を慎重に選ぶ必要がある。茶色い部分は稈が傷み始めていることを示し、節がくぼんでいるのは好ましくない印だ。ロッドメーカーはできるかぎりまっすぐで滑らかな稈を使わねばならない。

　竿作りに要求される複雑さと、以前よりよい竿が作れる可能性が次から次へと現れてくることで、ロッドメーカーはフライタイヤーをしのぐほどに取り憑かれたようになる。このように悩んだあげく、フライタイイングをやめてロッドメイキングを取る釣り人は少なくない。すばらしいフライは売っているが、自分の腕さえ確かであれば、自分で作る竿に敵うものは売っていないからだ。自分で竿を作らないフライフィッシャーも、竿へのこだわりが強くなりやすい。一八六四年にサディアス・ノリスはこう言っている。「釣り人は自分の竿のしなりやテーパーのこととなると往々にして好みが難しくなる。フライフィッシング用となればなおのことだ」

竿作りに取り憑かれた人びと

一八九三年、ニューヨーク州ヨンカーズに生まれたエドマンド・エベレット・ギャリソンは、偉大なロッドビルダーの一人として記憶されている。ギャリソンは構造エンジニアで、竿を夜と週末に作った。本業のかたわら、よりよいスプリット・ケーン・ロッド製造のための用具を開発し、アイデアを生み、エンジニアリングから引退すると、専業のロッドビルダーとして働いた。フライタイヤーのメガン・ボイドのように、ギャリソンは需要に追いつくことができなかった。そのオリジナルの竿は四五ドルだったが、のちに数千ドルの値がついた。平均的な年で二五本ほどの竿を作ったが、ある年には四〇本を作り、稼いだ金で新しい家の頭金を払った。ギャリソンは新しい竿を家の芝生でキャスティングして試し、時には不合格にした。一九七五年にこの世を去るまでに六五〇本の竿を作った、というとさほど多いとは思えないかもしれない。だが、一本一本に費やされた時間、払われた注意、注がれた技術を考えれば相当な数だ。

熱烈なフライフィッシャーのホーギー・B・カーマイケルは一九六六年にギャリソンと会い、その仕事をつぶさに研究して、自身も一流のスプリット・ケーン・ロッド製作者となった。ホーギー・Bは、「我が心のジョージア」「あなたのそばに」「スターダスト」など五〇ものヒット曲を持つ作曲家ホーギー・カーマイケルの息子である。父はいくつものハリウッドの名作映画にピアニスト役で出演し、そのため息子はハリウッドで映画スターに囲まれて育った。父は釣りをしなかったが、ゴルフ好きで息子にも手ほどきをした。しかしホーギーにはひそかな憧れがあった。八歳のとき、彼は『アウトドアライフ』誌を定期購読していて、夜中、本当なら寝ている時間にこっそりベッドの中で、ルアーの写真を眺めていた。「私はルアーが大好きだった」と彼は言った。それは生涯にわたる釣り具愛の始まりだった。

ホーギーの子ども時代、ハリウッドの映画館では、土曜日に短編西部劇を中心にした男の子向けイベントを開いていた。少年たちはカウボーイの出で立ちで、キャップ・ガン（訳註：キャップ型の火薬を込めて、撃つと音と火花が出るおもちゃの銃）を持って参加した。さほど遠くないところにスポーツ用品店のカーズがあり、映画スターがひんぱんに訪れていた。そうしたスターの中には、クラーク・ゲーブルやゲーリー・クーパーのような本物の釣り人もいたが、格好だけの者も多かった。エバ・ガードナーがキャスティングをしているパブリシティ写真がある。ウェーダーを履いて彼女ほど見栄えのする者もほかにいないが、写真をよく見ると、彼女のフライはバックキャストからウェーダーの背中に引っかかってしまっているこことがわかる。

ホーギーはカーズに映画のあとで一、二回行った。そしてもう少し大きくなると、自転車で釣り具を見にいった。だが誰も彼を釣りに連れていくことはなかった。

大人になったホーギーはニューヨークに移り、ウォールストリートの株式仲買人になった。ホーギーは

バーモント州のバッテンキル川。ブラウントラウトとブルックトラウトの棲むところ。

ガールフレンドと一緒にモントリオール万国博覧会に行った。彼女は偶然にもフライフィッシャーだった。帰る途中、二人は有名なバーモント州のバッテンキル川に立ち寄った。彼女はブラウントラウトとブルックトラウトを釣った。ホーギーは何も釣れなかった。だが変わらぬ愛は固まった——彼女とではなく（二人はその後すぐに別れた）、フライフィッシングとの。ホーギーはボストンに移って映画を製作し、週末にはバッテンキル川で釣りをした。そして以来そこで釣り続けている。

バッテンキル川は手強いが美しい川だ。その岸には高木と低木が鬱蒼と生い茂っていて、川は緑のトンネルの中をさらさらと流れているかのようだ。水位が低いときには、ガラスのような水面にかすかなさざ波が立つだけで、水は静かに川下へと流れる。マス、ブラウンとブルックは、ときたま跳ねて虫を捕まえる。だが、この魚は経験豊富だ。バッテンキルは長年徹底的に釣られ、釣り人はキャッチ・アンド・リリースを義務づけられているため、魚は見ただけで毛鉤に気づく。今の世代のマス、特にブラウントラウ

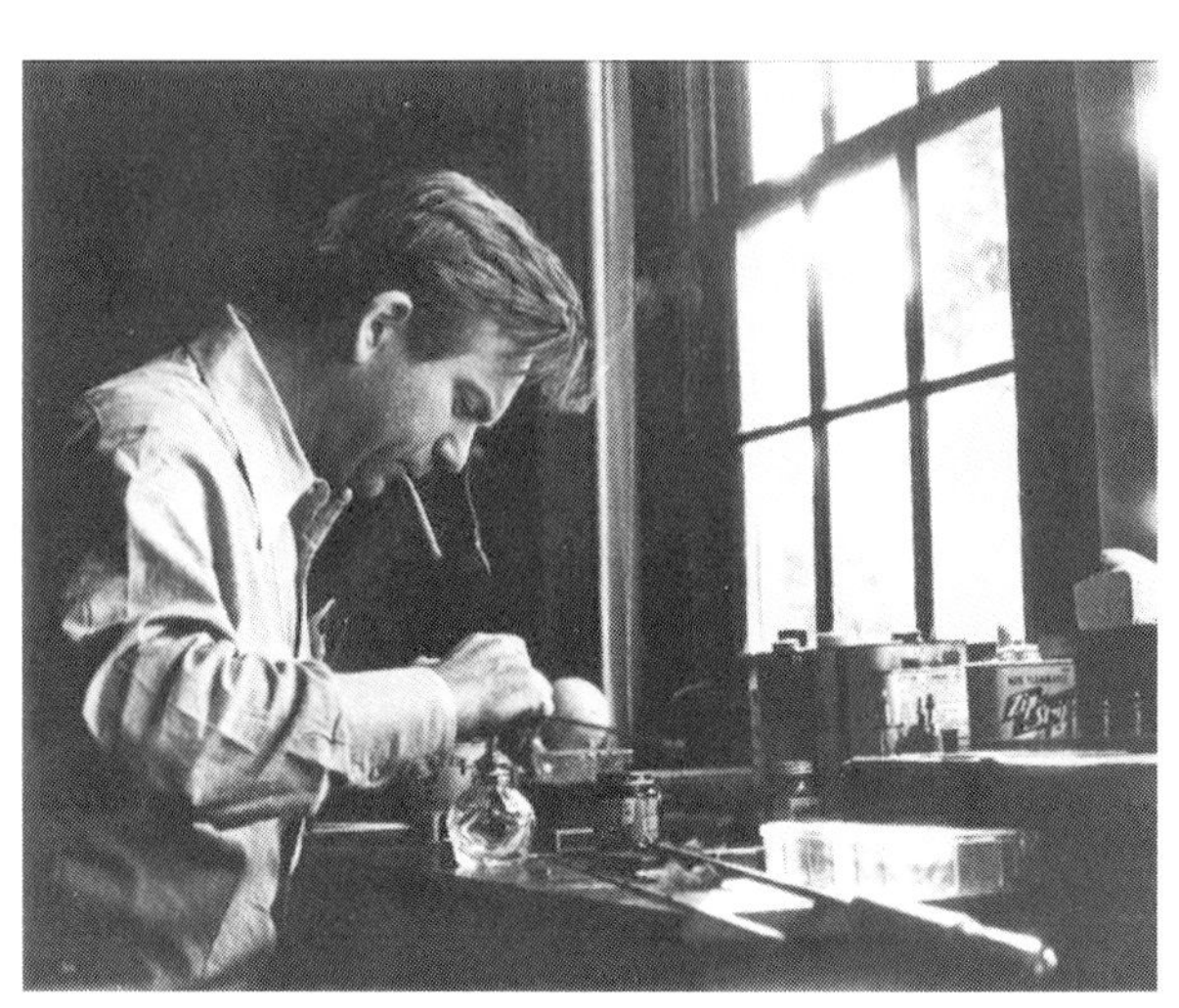

スプリット・ケーン・ロッドを作るホーギー・B・カーマイケル。

トは遺伝的に釣り人に適応していて、その策にどう対処したらいいかが本能的にわかるのだと考える者までいる。釣り人を避けるのは彼らの生存技術の一つであるようだ。

ホーギーはフライフィッシングのエキスパートになり、タイセイヨウサケのフライ釣り場として最高の川の一つである、ケベックのグラン・カスカペディア川の二巻からなる歴史書まで書いた。また、質の高いスプリット・ケーン・ロッドのビルダーとなり、その竿は一本一万ドルで売られている。とはいえもっとも高額な竿、ギャリソンの竿は、もし見つかればの話だが、一万五〇〇〇ドルはいく。ホーギーはこう言って私をからかったことがある。「どうしてバンブーロッドで釣らないんだ？　そんなにケチなのかい？」

彼は冗談で言ったのだが、さよう、私はケチだ。竿を高く立てることを強い、穂先ぐにゃりと曲げるような大きくて力の強い魚を取り込もうとやり取りしているとき、竿は危険な状態にある。私は竿を折ったことがないが、それは簡単に起きることだ。だから魚とやり取りしているとき、自分の竿が一万ドルもしないことが、わかっているに越したことはない。

本と映画を通じて、ホーギーはロッドビルディングを普及し、今ではかつてないほど多くのスプリット・ケーン・ロッドのビルダーがいる。だが、生産量は非常に少なく、ほとんどのロッドビルダーは個人主義者の変わり者だ。スイスのフィーリプ・ジッヒャーは七〇を超える竿を作っている。彼の竿には、持ち主の指紋を竿尻にはめた白蝶貝に刻んでいるという特徴がある。ジッヒャーはストリップが六本や八本の竿だけでなく、四本や五本しかないものも作っており、一二本のものを作ったこともある。

しばらくのあいだ、ホーギーは身体を壊して釣りに行けなかった。彼が私にうち明けたところでは、川に立ち込んだり魚の引きを感じたりできなくても、寂しくはないという。「想像していたのは、道具一式を車に積んでバッテンキルへ行って、道具を広げ、竿を持って、リーダーをチェックして、手持ちのフライを見ること――私は釣り道具が好きなんだ」

新素材とテンカラ竿

二〇世紀にはさまざまな新型の竿が開発された。その中にソリッドスチールの竿と、もっと軽量な親戚である中空の鋼鉄製の竿があった。スチールロッドはアクションがよく、きわめて強度が高いが、フライが着水したあと振動し、これが問題となる。振動はキャスティングを疲れるものにする。長い一日の終わりには特にそうだ。それに竿の振動は魚に影響しないだろうか。魚は音を振動として感知し、それに対し非常に敏感だ。

一九四七年にグラスファイバーが使われ始めた。初めはソリッドだったが、一九五〇年代には中空のグラスロッドが普及した。リー・ウルフはこれが大のお気に入りだった。グラスロッドは、薄いグラスファイバーでテーパーした外殻を成形しており、きわめて弾力がある。おそらくスプリット・バンブーと同じくらいあり、はるかに製造が簡単で、ずっと安価だ。さらには長さやアクションのタイプの希望に応じて受注生産することもできる。釣り人が、求める竿の性格をはっきりさせてしまえば、まったく同一のコピーを無限に作ることができる。

一九六〇年代後半、先進的な航空機の設計に携わっていたサウス・ロンドンのファーンバラのロイヤル・エアクラフト・エスタブリッシュメントが、カーボンファイバーという新素材を発見した。詳しいいきさつについて誰も何も言わないだろうが、熱心なフライフィッシャーでもある航空宇宙エンジニアが発見して、それですばらしいフライロッドができることに即座に気づいたのだと思いたい。いずれにしても、その通りなのだ。

カーボンロッドは、値段に幅はあるが、今日もっともコストパフォーマンスのいい竿だと考えられている。しかし竿の新しいアイデアはいつも試験中だ。二〇〇〇ドルのチタン竿とボロン製の竿が最新の発明品の中にある。だがいつまで最新でいられるだろう？

さらに、「新しい」ものが常に再発見されている。たとえば日本古来のテンカラ竿だ——テンカラは一説には日本語で「天から」を意味すると言われる。テンカラ竿は一二世紀に発展したもので、もしかすると、武士の鍛錬の一つだったのかもしれない。この竿には忍耐、黙想、質素という禅の要素があるように思われる。一五世紀のヨーロッパの竿と同じく、この竿にはリールがない。糸は竿先に結んだだけだ。だが古いヨーロッパの竿とは違って、テンカラ竿は軽量で、糸は竿の長さよりも長い。昔のヨーロッパの定石では、糸は竿の長さと同じだった。

テンカラは純粋主義者、ドライフライ派にアピールしている。テンカラ竿は、糸があまり水に入らないように高く持って、魚から竿先までまっすぐつながるようにする。魚を警戒させる糸が少ない。魚が食ったら、竿をさらに高く掲げ、少し後ろに傾ける。釣り人が手を伸ばして糸を摑み、魚を手元に寄せられるようにするためだ。何か通じるものがある。

もともと、テンカラ竿は竹で作られたが、今ではカーボンファイバーでできている。竿にガイドはなく、振り出し式なので縮めるとても短くなり、スーツケースに難なく収まる――考えられるかぎりもっとも持ち歩きの楽な道具だ。ある日の午後、私はとある国立公園でテンカラ釣りをしていたのだが、釣りのライセンスが前日に切れているのをうっかり忘れていた。すれ違ったレンジャーは、私のテンカラ竿を本物の釣り竿とは認めなかった――そして釣り竿を持っていないからといって、私に罰金を科さなかった。

かつて私はスネーク川で、元気のいい小さなカットスロートのテンカラ釣りを大いに楽しんだことがあるが、それを使ってサケや大きくて引きの強いニジマスが釣れるとは思えない。送り出す糸がないからだ。竿は釣ろうとしている魚に見合ったものでなければならないのだ。

8　リールの話

リールの調べを聴け！

それはささやき、途絶える。

勝ち誇る糸巻きに静寂が降りる。

疲れ切った糸は動きを止める。

巻くな！　巻くな！　鮭は手の中だ。

すばらしい魚だ、大物だ！

――トーマス・トッド・ストッダート“The Taking of the Salmon”（鮭の取り込み）、一八三六年

ニンフ・フライ

リールは、他の釣りではきわめて重要な意味を持つが、フライフィッシングにおいてその役割はあまり大きくない。だから、リールをまったく使わないテンカラ釣りという発想に、ほとんどのフライフィッシャーは驚かなかったのだ。もともと、そして長い間、フライロッドにリールはついていなかった。

一二世紀の中国にリールを使う釣り人の描写が見られ、ジョゼフ・ニーダムの名著『中国の科学と文

明』には、中国では早くも四世紀にリールが使われていたらしいと記されている。一二五五年の絵には、船の艫から短い竿を使って釣りをする男が描かれている。竿の手元にはスポークホイールがついた丸い装置があり、現代のリールにきわめてよく似ている。しかしこうした竿はいずれもフライロッドではない。

リールの発明と普及

本来リールは、糸を巻いて魚を取り込むというより、余分な糸を巻いておくために使われていたようだ。これは今日でもフライフィッシングの際には間違いではない。

魚をもっとも確実に逃がすやり方の一つが、走らせないことだ。そうするとラインやリーダーを切られるか、針がはずれてしまうことがある。リールが現れる前は、糸の長さは限られており、魚を走らせることは普通はできなかった。あるいは、時に言われたように、竿を川に放りこんで魚が疲れ切るまで引きずらせるしかなかった。かなりの長さの糸をスプールに巻いたリールを使うほうが、はるかにうまい手だ。魚を走らせることも、リールのそもそもの目的だったのかもしれない。というのもリールは、最初はサケやパイクのような大型の魚用として作られたからだ。

リールについての最初の言及は、一七世紀中頃のトーマス・バーカーの著作にある。バーカーはリールを「ワインダー」と呼び、「一巻きすると胴が回り糸を引き寄せる」と書いている。パイクを釣るときはワインダーを使うことをバーカーは提案し、サケを取り込むときには「糸を巻き上げる」ことを勧めている。

おそらく最初のサケのフライフィッシャーであろうリチャード・フランクもリールを使っていたが、その一六五八年の著書は一六九四年まで公開されなかった。アイザック・ウォルトンはリールを使っていなかったようだが、その一六五五年版には、釣り人の中に竿の真ん中に輪をつけている者がいるという記述がある。数年後の一六六二年、ロバート・ベナブルズもリールについて触れ、ウィンチと呼んでいる。つまりリールは、少なくともイングランドでは、一六五〇年代に発明されたらしい。

リールは、余分にラインを持ち運ぶため、初期にいくつか出された解答の一つにすぎなかった。トーマス・ノッブズは一六八二年の *The Complete Troller*（流し釣りの達人）と題するパイクの餌釣りの専門書の中で、自分は予備のラインを専用のリングに巻いて身につけているといった。他にも釣り人たちはさまざまなタイプの糸巻きを使った。一八世紀初めのフランスでは、左手にラインを巻いたスプールを持ち、必要に応じて繰り出せるようにしていた。大量の余分な糸を背後の流れの中に置いておくだけの釣り人もいた。私もたまに使うテクニックだ。というのは魚が走ったとき、私はリールよりも自分の指からラインを送るほうが好きだからだ。一七世紀フランスの釣り人の中には、同じことをするのに、予備のラインを輪にして籠の中に入れ、背後に浮かべておく者がいた。日本では、テンカラ純粋主義者でなければだが、竿の手元に突起をつけて、そこに予備の糸を巻けるようにしていた。

一七二六年にロンドンで打たれた最初期のリール販売の広告は、評判の釣り針製作者、チャールズ・カービーが「彼は最高級のウィンチも売る」と宣伝したものだった。最高という言葉は、リールは当然釣具店で売っているものだと一八世紀初めには考えられていたことを示唆する。一七六〇年版の『釣魚大全』は、フライフィッシングの必需品二六のリストにリールを含めている。

ロンドンで釣具店を経営していたオネシマス・アストンソンは、一八世紀における第一級のリール製作者だった。その重い真鍮無垢や象牙のリールは、まさにもっとも精密なものとされ、アストンソンは王室や探検家ジェームズ・クックに釣り具を納めていた。また増速リールの発明者でもあった。増速リールはアメリカで発明されたとよく言われているが、明らかにアストンソンのもののほうが早い。複雑な巻き上げ装置のはたらきで、このタイプのリールのスプールは、クランクを一回転させると二回まわり、魚はより速く引き寄せられる。アストンソンが増速リールをいくつ作ったかはわからないが、現存するもの――真鍮製で、サインが入っている――は少なく、一万ドルを超えることもあるコレクターズ・アイテムだ。

一八世紀には、まだウィンチと呼ばれていたリールは、重厚な造りの機械になっていた。真鍮製のそれは、見かけは立派だが持つには重かった。こうしたかさばるリールは、魚とやり取りするには能率がよくなかった。多くは鉄製の部品があり、たいてい竿に釘を使って据えつけたが、釣っている最中に抜けることもあった。だが予備の糸を巻いておくためには優秀だった。

リールはイングランドで作られ、地元で使用されるほか、アメリカに輸出された。一八世紀中頃のボストンの新聞には、輸入された英国製リールの広告が掲載され、リールは一七七〇年代にポールズという店で販売されていた。この頃にはアメリカではありふれた釣り道具になっていたということだ。

フランスでは、柳の枝を編んだリールのような装置が開発されていた。英国人はそれを不格好で使いにくいと考えたが、フランス人に言わせれば英国の真鍮製リールは重すぎた。英仏の論争はだいたいそうだが、双方に一理あった。

リールが登場する以前、ラインは竿先に馬の毛で作った輪に結ばれていた。しかしこれでは、魚が走っても、予備のラインを引き出しようがない。そこですぐにラインが通れるような鉄のリングが、馬の毛の輪から置き換えられた。

さて、ラインが通ればリールが使える。しかしリールを使うこと自体が竿先に大変な負荷をかける。これについてははっきりした記録はないが、このようにして折れた竿が多かったのではないかと私はにらんでいる。一八世紀にはリングをいくつか竿に取りつけるようになった。これで緊張はある程度緩和された。このシステムは今日に至るまで使われている。ただ、初期のリングは竿に鋲(びょう)で止められているだけで、よくはずれた。ラインは馬の毛を結び合わせて作ったものだったので、結び目がしょっちゅうリングに引っかかった。

リールの進化

一九世紀には、貴族が豪華なリールを注文するようになった。一八五一年、アルバート公（訳註：ビクトリア女王の夫）はロンドンの釣り具メーカーのG・リトルに、象牙のハンドルがついた彫刻入り銀製リールの製作を注文した。それは重すぎてバランスがうまく取れず、寸胴な象牙のハンドルは引きの強い魚をなかなか巻き上げることができないが、美しいオブジェだった。英国人は精巧な木製リールも注文し、その一部はアメリカで使われた。

一九世紀半ばまで、アメリカでは英国製の釣り具か、英国のデザインに沿ったアメリカ製釣り具が使われていたが、一八五〇年頃にそれが変わった。アメリカは独自の思想と独自の道具を発展させ始めたのだ。この発展はアメリカのロッドビルダーから始まったが、すぐにリールに波及した。

イノベーションはやはり英国に起こり、それがおそらくアメリカに影響を与えたのだろう。英国人は増

メーカー不明。両用リール。1826年頃。直径3インチ。

速リールに興味を失い、シンプルなシングル・アクション・リールを作り始めた。それはバーミンガム・リールと呼ばれた。多くが軽工業と発明（もっとも有名なものとしてはジェームズ・ワットの蒸気機関）の都市バーミンガムで作られたからだ。

バーミンガム・リールは、大量生産されたことで、最初の近代リールと呼ばれることがある。個性的な一点もので、署名が入っていることまであった従来の手作りリールとは違い、バーミンガム・リールはすべて同じ形だった。真鍮製で、象牙か角のハンドルがつき、竿に取りつけるための規格に合った近代的な「足（フット）」があった。

一九世紀に人気のあったもう一つの英国製シングル・アクション・リールが、ノッティンガム・リールだ。これはウォールナットかマホガニーの木製なので、バーミンガムよりも軽量だった。このリールが発展したノッティンガムはトレント川

ウィリアム・ビリングハーストのフライリール。
1865年頃。1859年8月9日特許取得。

の河畔にあるため、まずそこで普及したが、すぐにイングランド中に広まり、アメリカにまで輸出された。バーミンガム・リールとは違ってノッティンガム・リールは小粋な機械だったが、木製ボディは耐久性が低かった。よく塗装が剝げ、ばらばらになることもあったのだ。

一方アメリカでは、国産リールが作られていた。多くは増速リールだった。有名なケンタッキー・リールは、一八九三年にケンタッキー州フランクフォートで最初に作られ、もともとはバス釣り用だった。真鍮製で非常に重かった。

アメリカのリールの近代的改革は、ウィリアム・ビリングハーストに始まった。ビリングハーストはニューヨーク州ロチェスターの銃器製造業者兼商店主で、最高級の前装式ライフル銃を作ることで知られていた。南北戦争中、コルト連発ライフルのような大量生産の銃が銃器産業界を支配し始め、戦後生き残った小規模銃器工場はわずかで、ビリングハーストはその中の一つだった。これは、一つには、一八五九年に人気のフライリールの特許を取っていたからだった。アメリカで開発された四番目のシングル・アクション・フライリールだったそれは、内側がくぼんだ真鍮ワイヤーの籠を二つ合わせた形をしていた。スプール上のラインは空気にさらされているので、乾燥する。絹のラインにとっては重要な工夫だ。現代のコレクターはビリングハースト・リールを「鳥籠リール」と呼ぶ。言い得て妙だ。シングル・アクション・リールにしては、これは巻き上げ速度が異様に速い。さらに、それまでのリールが竿と平行に取りつけられたのに対して、このリールは竿から立ち上がっていた。この工夫もあとに続くリールすべてに模倣されることになった。

一八五六年、趣味で無垢の木の竿を作っていたチャールズ・F・オービスは、バーモント州マンチェスターのバッテンキル河畔に立つ板葺(いたぶ)きの白い家で釣具店を開いた――この店は現在、釣り具の商品化計画における不朽のイノベーターとして知られている。一八七四年、彼は新しいフライリールを製作し、これが現代のフライリールの原型となった。ニッケルシルバーでできた二枚のプレートが、数本の支柱にリベット止めされ、この支柱を介して左右の側面を形成している。軽量化とラインの乾燥のためにプレートには孔があけられている。スプールは幅が狭くて奥行きがあり、そのため多くのラインが巻けて絡まない。このリールには蝶番(ちょうつがい)で開く見栄えのいいウォールナットの箱がついており、持ち主から大事にされよく手入れされた。多くは今もよいコンディションを保っている。

リールは今もしばしば芸術的オブジェとされている。時には銘が刻まれることもある。アンティークのリールはオークションでコレクターに一万ドルもの高値で売れる。

アメリカではオービス・モデルをもとにより軽量なリールが作られ始めたが、変更点はごくわずか、た

C・F・オービス社のフライリール。1880年頃。
1874年5月12日特許取得。直径2　7/8インチ。

とえばプレートを支柱に取りつけるのにリベットの代わりにねじを使うという程度だった。メイン州で作られ人気となった変種が、一八七七年型レナード・リールだ。のちのリールの多くは、レナードかオービスを下敷きにしており、この二つは間違いなくもっとも影響力のあった近代リールだ。

ドイツ系移民のエドワード・ボン・ホフは一八六〇年代から、カナダのレスティグーシュ川で使うエボナイト（硬質ゴム）とニッケルシルバー製のサケ釣り用リールを作り始めた。ボン・ホフは初めて軽量のアルミニウム製リールを作った人物でもある。

オービスのリールは木製の箱に入って一八七〇年代に五ドルで販売された。これは現在のおよそ一一二ドルに相当する。最高品質のリールは高かったのだ（今でもそうだ）。しかしマイセルバークやヘンドリックスのようなメーカーが作る安価で丈夫なモデルも手に入った。

最新のリールには、軽量で耐久性のあるマグネシウムで作られたものがあるが、一般的にはフライリールの新発明はほとんどない。フライフィッシャーは、他のほとんどの釣り人と同様、リールにあまり期待を抱いていないからだ。急速冷凍技術の開発で有名な二〇世紀中頃の発明家、クラレンス・バーズアイは、三〇〇を超える特許を取得しており、その中にはさまざまな電球や捕鯨銛に関するものがあるが、もっともうまくいかなかった発明は、バーズアイ・フィッシング・リールだった。テキサス州ガルベストンでフエダイを捕る漁師を見ていたバーズアイは、魚が食ったとき漁師がスイッチを入れると、ガーッと自動的に糸を巻き上げるリールのアイデアを思いついた。だが漁を職業とする人びとでさえ、この発明には興味を示さなかった。魚を引き上げるのは釣りの一部なのだ。リールは一つも売れなかった。

9　よい針、よいライン

トゥイードの銀の流れに
毛鉤を投ぐるは楽し
鮭の鉤に飛びつくや
竿の環にひょうひょう糸の鳴る

——サー・ウォルター・スコット
"On Ettrick Forest's Mountains Dun"（エトリックの森の山城にて）

バイビジブル・
サーモン・ドライ・フライ

収集癖のある人にとって、針や糸は、フライ、竿、リールのように魅惑的なものではないだろう。しかし釣り糸と針の発達ほど変化に富み、またフライフィッシングの発展に重大な意味を持つものはない。

今日、フライフィッシングに取り憑かれた人たちは、真っ先にロッドビルディングやフライタイイングに目を向ける。しかし釣り人が何から何まで、ライン、リーダー、針すらも作っていた時代があったのだ。

釣り針を手作りした時代

釣り人が自分で作ったとなると、針は稚拙なものだったことだろうが、多少はすばらしいものがあったかもしれない。昔の釣り人には、針の長さや曲がりを自分の好み通りに作れるという強みがたしかにあった。一五世紀の『釣魚論』はこう説明する。

　道具作りの技術でもっとも繊細かつ難しいのは、針作りであると心得るべきだ。針作りには以下のようなものが必要である。適切なヤスリ、つまり細く鋭く小さなもの。鉄製の片開きクランプ。ベンダー。細長いやっとこ。丈夫で刃が厚めのナイフ。小型のハンマー。

よい釣り針を作るには、変数が多数ある。針先が軸のほうに傾いていれば、魚は針がかりしにくい。だが針先が軸と反対に傾いていると、魚が針からはずれやすくなる。針先の短い針、つまり軸の曲がりからすぐ針先になるものも、やはり魚が針がかりしやすいがはずれやすい傾向にある。どこかで妥協しなければならない。ロンドンのとある釣り針職人は、ウォルトン、コットン、バーカー、ベナブルズ（おそらく全員その職人の針を使っていたであろう）の時代、少し外側を向いているが曲がりを深く曲げることでそれを埋め合わせた針を作った。彼の針はそれ以前のものより軽くて頑丈だったが、それでも管がなかった。釣り人は糸を針の軸に結ばなければならなかった。

一八世紀になると質のいい鋼鉄が手に入るようになり、針は工業的に生産され始めた。管はカイコの絹糸腺から作るものがつけられた。これは乾くともろくなり、湿ると腐ったが、一九世紀半ばまで釣り人は執着し続けた。末端に金属の管がついた針がドライフライフィッシャー向けに最初に作られたのは、一八四五年のことだ。しかしフライフィッシャーたちはこれを拒否した。釣りを簡単にする可能性のあるアイデアに対していつもすることだ。そういうものを使うのは、ずるではないのかという疑念が常にあるのだ。

馬の毛からナイロンへ

ラインは最初、馬の毛、理想的には尾の毛を撚って結んで作られた。馬の毛は年間のどの時期でも川の色に合わせて、茶、緑、赤茶色などに染めることができ、また馬の毛のラインは現代のナイロン糸と同じような作りにされていた。テーパーがつけられて、フライのほうへいくほど細くなり、もっとも先のフライを結ぶところは魚から見えないように本当に細くなっている。だから細いほどいいのだが、ラインが細くなるほど切れやすく、魚を取り込むためにより技術を要する。

テーパーは、撚り合わせる毛の本数を減らすことでつけられる。はじめラインには一八本もの毛が撚ってあるが、だんだん毛の数を減らした束をつないでいき、最後にはほんの二、三本になる。マスは三本撚りのリーダー、つまり先端のラインで釣れるが、一本だけにすればもっとたくさん釣れるとバーカーは言っている。単線は魚を騙しやすくなるが、一本だけの毛を切らずに魚を取り込むには相当な技術が必要だ。どんなラインでも、張りを一定にして魚がラインを緩めたり急に引いたりできないようにする、しかし同時に、魚が強く引いたとき、切られないようにラインを送れる程度の余裕を持たせるというのがコツだ。

古くは『釣魚論』が、ミノーを釣るために馬の毛一本、ローチには二本、マスにはもう少し多く、サケには最大一五本を使うように薦めている。一五本のリーダーは太すぎではないだろうか。チャールズ・コットンは、リーダーは二本だけであるべきだとしている。「洗練された方法で遠くにいる魚を釣ることが、マス釣りの最も重要な基本的鉄則」だとコットンはいう。また、二〇インチのマス（けっこうな大物だ）を二本の毛で上げられない者は「釣り師の名には値しません」とも書いている（以上、『完訳　釣魚大全Ⅱ』飯田操訳）。

馬の毛は弾力性に富むので、馬素ラインも多少伸び縮みする。大物とやり取りするときに必須の要素だ。半面しなやかさには欠け、その堅さはうまくキャスティングする妨げになる。堅さにはいい面もあって、のちの釣り人が経験するような糸絡みを防いでいる。一八世紀になると、ライン職人は馬の毛を結ばずに編んで、部分部分をつなげるようになった。こうすることでラインがガイドリングの中をよりスムーズに通るようになり、新しい発明品、つまりリールの使用に道を開いた。

のちに撚り絹糸が加わり、編み絹糸が使われ、亜麻糸、木綿糸が続いた。麻糸が使われることもあった。このようなラインに共通する問題が、短いあいだ、せいぜい一時間で水が浸みてしまい、重くて使えなくなることだ。馬の毛はもっと耐水性があり、そのため使い続ける者もいた。

染色した二本の馬の毛が魚には見えない優秀な先糸になる一方で、一七世紀半ばには、ヨーロッパ人は中国人を真似て透明な絹糸腺（ガット）でリーダーを作り始めた。それどころかリーダーは「ガット」と呼ばれるようになり、今日リーダーがガットで作られることはめったにないが、この言葉は使われ続けている。ロバート・ベナブルズはガットを手軽なやり方で使っている。リュートなど弦楽器の高音の弦からリーダーを作ったのだ。こうした弦は羊か牛の腸でできているのだが、キャットガットという誤解を招きやすい呼び方をされていた。スイスや北イタリアには最高のリーダーがあると言われていた。ガットをカイコの内臓から作るからだ。

一八世紀には、ガットは市販されていたが、輪をかけて凝り性の釣り人たちは、自分でカイコを育て、酢で処理して腸を抜き出すということを始め、フライフィッシング熱に新しい局面を加えた。一九二〇年、偉大なスプリット・ケーン・ロッドビルダーであり、エドマンド・エベレット・ギャリソンが竿作りに興味を持つきっかけを作ったジョージ・パーカー・ホールデン博士は *The Idyl of Split-Bamboo*（割竹の牧歌）を世に出した。この本は竹選び、割り方、竿作りについて詳細に記述するだけでなく、ニューヨーク州ニューロシェルのエドウィン・T・ウィフェンによるカイコの養殖法と腸の抜き方に長い一章を充てていた。

さらに発展は続いた。一九世紀半ば、油に浸した亜麻糸と絹糸を編んで、中空のフローティングラインが作られた。その後、絹から釣り糸を編む機械が発明され、このようなラインが一九三〇年代、デュポン社がナイロンを発明するまで使用された。シルクラインは水が浸みるまでの一時間ほどしか浮いていないが、ナイロンラインはいつまでも浮いているように中心が空洞に作られ、浸水することがなかった。

今日、ラインとリーダーはほとんどナイロンで製造されているが、それで事が単純になったわけではまったくない。現代のフライフィッシャーは、馬の毛を染めて束ねていた昔の釣り人に比べて、判断すべきことがはるかに多い。どのようなテーパーが最適か？　ラインはシンキングとフローティングどちらがいいか？　ラインの重さはどのくらいか？　どのようなリーダーがどのラインに合うか？　明日の朝の釣りにどのラインを使うかで、前の晩は話が延々と続きがちだ。

私が棒に糸を結んでいた子どもの頃、本物のフライフィッシャーがラインにこんなにたくさん注文をつけるなどと、考えてもみなかった。ロデリック・ヘイグ＝ブラウンはこう述べる。

ロッドのアクションが利用でき、フライをかなりの距離まで正確に運べるように重くなければならない。手でたぐったときに絡まないよう滑りがよくなければならない。フライのそばに静かに落ちるように軽くなければならない。釣り人の要求と意図に応じて浮き、あるいは沈まなければならない。釣り人が行なおうとするさまざまなキャスト――オーバーハンドかアンダーハンドか、ロールキャストかアングルキャストか、スペイキャストかダブルスペイキャストか、短距離か長距離か中間か――に適応しなければならない。

ラインが堅すぎても、リールが鈍くても、針が理想的なものでなくても、フライの選択がまずくても、魚は釣れるかもしれない。しかしここでヘイグ＝ブラウンがこと細かに述べたことを満たすラインがなければ、釣果は疑わしい。

10　川に立ち込む

わたしは、深く深く、暗い水の中へ歩いていった
夕方、勢いよく
渦巻く川は脚に
絡みつき捉えた

——レイモンド・カーバー "The River"（川）

ブラック・ナット・フライ

フライフィッシングにもたらされた最大の変化は、防水のウェーダーだ。おかげで釣り人は腰までの冷たい水の中に立ち込みながら、濡れずにいられる——しかも、ちゃんとしたものを履いていれば、十分に暖かい。どのみちウェーダーがなくても釣り人は、ヘミングウェイの小説の登場人物のように川の中に入っていくだろうが、たいていのフライフィッシングができる川では、人間はせいぜい一時間ほどしか耐えられない。

釣りを変えたウェーダー

二〇世紀半ばより前のどの時代のものでも、フライフィッシングを描いた版画や絵では、水の中に釣り人は見あたらない。釣り人は岸から釣っているか、時には遠くまで投げるために、せり出した大岩の上に座っている。

ウェーダーの登場以前にあった、さまざまなウェーディング用装備の大半は、釣り人があまり川の真ん中まで行かないかぎり足が濡れないという程度のものだった。こうした品物にはウェーディング用ストッキング、マス釣りズボン、マス釣りブーツのようなものがあったが、太腿の真ん中より深い水の中で役に立つものは一つもなかった。イングランド上流階級の釣り人にはもう一つ、きわめて優秀な装備があった。「濡れ足のギリ」、すなわち釣り人を背負って川の中を歩くギリだ。

その後ヨーロッパ人はゴムを発見した。南米人がずっと前から、熱帯雨林に生える野生のパラゴムノキから採取して使っていたものだ。伝説によれば、事実かもしれないが、クリストファー・コロンブスは、ハイチ人がゴムのボールで遊んでいるのを見て、ゴムをヨーロッパに紹介したという。しかしゴムがやっと商品化されたのは一八二三年、スコットランドの化学者チャールズ・マッキントッシュがそれで防水布を製造してからだ。その布を使ってマッキントッシュが作った特筆すべきものが、サスペンダーで固定する腰までの釣り用ズボンだった。それから一八三九年、チャールズ・グッドイヤーが加硫処理を発見し、ゴムの工業化へ道を開いた。ガロッシュ、つまり靴の上から履くゴムのブーツは、一八五〇年代から作られ始め、その名はガリア人の履き物を指すローマ時代の言葉に由来する。最初の胸まである防水服、現在フィッシング・ウェーダーと呼ばれるものも、ニューヨークのホッジマン・ラバー・カンパニーが製造し、一八五〇年代に登場した。

魚を釣るために川の中に立ち込むという発想は、すぐには理解されなかった。サー・ハンフリー・デービーは、それは不健全であると言った。一八四七年に*The Angler's Companion to the Rivers and Lochs of Scotland*（スコットランドの川と湖へ行く釣り人の友）を著したトーマス・トッド・ストッダートは、ゴム長靴は川の中で脱げてしまうとこぼした。しかし一九世紀末には釣り雑誌が、川に入って魚を追う新種の釣り人について書いている。

一九三〇年代になると、より軽く丈夫な防水素材が登場した。一九三一年にはデュポン社がデュプレンという合成ゴムを開発した。今日ネオプレンの名で知られるものだ。それはゴムより軽くて強いだけでなく、寒さを遮断する効果もある。だが、暖かく、軽く、丈夫なネオプレンのウェーダーが製造され、冷たい大河で安全・快適に立ち込めるようになるのは、一九七〇年代になってからだった。二一世紀の初めになると、アメリカで毎年一四〇万足のウェーダーが売れた。ウェーディングは今や普通の釣り方になっている。

魚の知覚

川の中の魚により接近することが、ウェーディングする理由の一つだが、実のところだいたいの釣り人が一番楽しんでいるのは、川の中に立つこと、さざ波立つ川面の流れを読むこと、流れる水の力、まわりじゅうの音をより近く、より直接に感じることなのだ。川の中に立って釣りをしていると、自分が川の生き物に仲間入りしたような気がする。少なくともいっときは、川の動物なのだ。ヘイグ＝ブラウンはこう述べている。「ウェーディングするとき、他のいかなる手段よりも、人は流れの一部となる」。ジョーン・ウルフは言う。ウェーディングは「自分がその中にいる生き物と、いっそう近しい関係にあるように思わせてくれる。私が釣ろうとしている魚たちと」。

結構、その点についてはわれわれの誰も異論がない。だがわれわれはみな、間違いを犯しているかもしれない。ほとんどの魚には、間違いなくサケとマスには、われわれが見える。彼らは人が近くにいるとその匂いを嗅ぎ、人の声や足音を聞くことができる。だからウェーディングは魚を釣りやすくするのではなく、魚を追い払ってしまうのではなかろうか。

早い段階で魚に知覚が存在することを信じていたのが、カール・フォン・フリッシュだ。オーストリアの科学者で、ミツバチの研究で有名だが、ミツバチの研究以前、フリッシュは魚を研究していた。ロシアの科学者で一九〇四年のノーベル賞受賞者、イワン・パブロフによる条件付けの研究に触発されたフリッシュは、同じ実験を魚で行なった。魚に餌を与えるときにベルを鳴らすと、ベルが鳴ったとき必ず餌をもらいにくるようになることが証明された。しかしその研究はひどい嘲笑を浴びた――魚に音が聞こえないと誰もが確信していた――ので、フリッシュは魚から手を引き、代わりにミツバチの研究をすることにした。その研究でフリッシュは、一九七三年にノーベル賞を受賞した。

フリッシュの時代よりはるか昔にも、魚に音が聞こえると信じていた者がいた。紀元一世紀のローマの博物学者プリニウスは、ボラは聴覚が優れているので、名前を呼ぶと寄ってくるだろうと主張した。これは、ボラに名前を覚える能力があることを前提としており、いくらなんでも言いすぎだろう。アリストテレスは、魚は耳が聞こえると考えた。アイザック・ウォルトンもそうだ。一八世紀のスウェーデンでは、

アイダホ州シルバークリーク、賢いニジマスの棲むところ。

騒音で魚が動転するのを恐れて、産卵期に鐘を鳴らすことが禁止されていた。

魚、特にサケは匂いがわかることも以前からよく知られている。ウォルトンは知っていた。ネイティブ・アメリカンも知っていた。銛で魚を突き、魚がもがいて川の中で血を流すと、そこでは数日漁にならないと彼らは言った。また、犬が川縁に近づくと、魚は匂いを嗅ぎつけ、その周辺を避けると信じていた。魚は漁具についた人の匂いに気づくので、網、罠、木製のオヒョウ針をスプルース（トウヒ）の根を煎じた湯で煮て匂いを隠す者も多かった。

そして、魚の視力がよいことにも疑いはない。そうでなければフライフィッシングは成り立たない。しかし魚にはフライが見えるように、釣り人も見えているのだ。

フライフィッシングの古いイラストでは、釣り人はたいていてい草の中にしゃがんで身を低くしてい

ルイス・リード（アメリカ、1857-1926）画。静かに忍び寄り、そっと落とす。

るか、岩や木の陰に隠れている。私はお気に入りの川で釣るとき、これを思い出す。アイダホ州ケッチャムの南のシルバークリークは、川岸がほとんど丸裸で水が澄みきっているのだ。私からは水の中で休むマスが見え、魚からも明らかに私と、たぶん私の竿も見えているだろう。私はかがんで身を低くし、後ろに下がって川岸から離れ、上流にキャストした。流れ過ぎる私のフライを魚が見たとき、フライを私と結びつけないようにだ。こういうこそこそした駆け引きこそが、フライフィッシングの醍醐味だ。

北東部のあまたの釣り人から絶対的な信頼を勝ち得ているレイ・バーグマンは、釣り人に「ウェーディングのときあまりに騒がしくする」ことがないように忠告している。大きな水音や急な動きは魚を警戒させる。だから流れの中を進むときは注意して、岩の上で滑らないように気をつけ、安定した場所に足を降ろし、数分待ってからキャストしなければならない。とはいえフライフィッシングでは、ルールは絶対的に信頼できるものではない。あるとき、それ一度きりだが、私はビッグウッド川に足を踏み入れ、即座にニジマスを釣り上げた。たぶん私があまり急に入っていったので、不意打ちを食らわせた形になったのだろう。

魚は水中では大変はっきりと目が見える。水上では条件による。明るい水面は、魚には鏡のように見えるだろう。曇り空であれば魚にとって見やすくなるだろうし、波立っていれば間違いなく見づらくなる。マスには、よろよろしながら自分に向かってくる一一号サイズの大きなブーツとだぶだぶのウェーダーは、川岸の釣り人、特に川岸で身を低くしている釣り人よりも簡単に見つけられることだろう。やはりバーグマンが言うように、立ち込んでいる釣り人はたぶん、身体の水の上に出ている部分については、水中にある部分ほど気を遣う必要がないかもしれない。魚は水中でふらついている部分ほどには、頭や腕ははっきりとは見えていないのだ。

太陽をどう扱うか

バーグマンはこうも言っている。岸からの釣りでは身を低くし、太陽を背にして立たないようにすること。影は魚をおびえさせるからだ。「自分の姿が溶け込むような背景」を選ばなければならないと彼は言う。いずれももっともなアドバイスだが、ウェーダーが発明されてからこちら、ほとんどの人間が、ほとんどの場合、気を配ることがない。われわれは川に立ち込むのが好きなのだ。

しかし川によっては立ち込みが許されておらず、ガイドの中にも反対する者がいる。スコットランドのディー川で長年ギリをしていたキース・クローミーは、川を荒らすので腰長靴を禁止してほしいと言った。

世界では魚の知覚に日光が果たす役割についてかなりの議論がある。一九世紀のノルウェーでは、それが頭上を飛ぶ鳥や山のものであっても、サケは影を恐れるとされた。年輩のノルウェー人には、サケは嵐を予知でき、来る前から速く泳いで逃れようとすると、信じている者がいる。

魚は日光に引き寄せられ、晴れた日にもっともよく餌を食うとあちこちで信じられている。日光はフライの影を浮き上がらせ、より不思議で魅力的に見せるのかもしれない。バーグマンは晴天の日を勧めている。ハンフリー・デービーもそうだが、太陽が釣り人の背後にあると水面に影が落ちて、魚がおびえると言っている。そこでデービーは、釣り人は常に太陽を向いて立つべきだと忠告している。

個人的には、日なたよりも日陰や物陰でよく食うような気がする。これには科学的根拠はなく、自分自身の経験に基づくものだ。私はいつも、川の日の当たるところより日陰になったところでよく釣れるし、曇りの日のほうが決まってよく釣れる。スコットランド高地地方の北部、サザランドを流れるサーソー川で釣ったときは、おそらくその何週間かでただ一日のよく晴れた日だった。魚は食いもしなければつつきもしなかったが、太陽が雲に隠れると、サケが私のフライをくわえた。それを取り込んだあと、太陽は再び顔を出し、その日はそれ以外の魚を見ることがなかった。

11　女性釣り師

眼下の浅瀬には銀の魚がすいすい泳ぎ
かたわらで金色に輝く屋形船が遊ぶ
貴婦人たちが水晶の湖に釣る
釣った魚で水上の饗宴
糸と目線で一挙に釣れる
魚も男も彼女らの獲物

——エドマンド・ウォラー（1606-1687）"LADIES ANGLING"（釣りをする貴婦人たち）

ゴールドリブド・ヘアーズ・イアー・ニンフフライ

昔からの釣り人の神話に、女性と一緒に釣りに行くのがなぜよくないのかという理屈と、一緒に行くとなぜいいのかという理屈があり、いずれも性差別に根ざしているように思われる。

長年釣り人は、女性は不運と不漁をもたらすと言い張ってきた。一五七七年に刊行された共同著作*Holinshed's Chronicles of England, Scotland and Ireland*（イングランド、スコットランド、アイルランドのホリンシェッドの年代記）の著者の一人はこう書いている。「ルイス島で唯一の清流を女が歩いて渡れば、そこではその後一二カ月、サケは見られなくなるだろう」。もちろんこれには何の根拠もなく、またそもそも防水装備を持たない一六世紀の女性が、スコットランド・ヘブリディーズ諸島北部の凍てつく川を歩いて渡ろうとしたかは定かでない。

より現実的な神話は、アイルランド南部が発祥だと私は考えている。それはこういうものだ。歩いて川に行く途中で女性に（またはカササギに）出会うことがあれば、釣果は思わしくない――『ホリンシェッドの年代記』に書かれていたできごとより被害は少なく、もっともらしい。

多くの男性釣り師、特に男性フライフィッシャーはその逆を信じている。女性は魚を引き寄せると。この神話も、裏づけとなる根拠や理由はないが、根強く信じられており、このウェーディングの時代になっても、川に少なくとも一人女性がいれば魚がたくさん釣れると本気で思っている男性フライフィッシャーに、私は何人も出会った。

今日、これまでになく女性フライフィッシャーが増えている。この傾向は数世紀かけて徐々に形成されてきた。古代エジプトのクレオパトラは釣りをした。それともそれは、彼女をより異国情緒に溢れ魅力的に見せるための、ただの神話だったのだろうか？　また、動乱の一七世紀イングランドには、エドマンド・ウォラーが冒頭の詩に書いたような、多くの女性フライフィッシャーがいたのだ。

女性フライフィッシャーの記録

近代以前、フライフィッシングの世界に、女性の居場所はほとんどなかった。『釣魚論』に記述された竿やその他の道具は非常に重かった。それを使って、裾が長く手のこんだ布が幾重にもなる一五世紀女性の衣装を着てキャスティングするところを想像してみるといい。数世紀後、少なくない女性が男性に混じってフライフィッシングをするようになった頃でも、ツーハンドの木製の竿と重い真鍮のリールは、コルセットで身体を締めつけ地面に届く長さのスカートをはいた貴婦人には向いていなかった。それでも、その時代の女性はフライフィッシングをして、記録的サイズのマスやサケを釣っている。

女性によるフライフィッシングの最初期の記録には、ノルウェーのサケが釣れる川でフィッシングキャンプを張った英国貴族について、一九世紀のノルウェー人が記述したものがある。このような記述から、英国女性が、少なくとも上流階級では、イングランドですでに相当フライフィッシングをやっていたことが見て取れるように思われる。記録では女性が初心者のようには書かれていない。

一八六三年、パーシバル・ハンブロとオーガスタス・スチュアートの二人は、それぞれ妻を伴ってノルウェーのスチョルダル川で釣りをした。彼女たちが初めてノルウェーの川でフライフィッシングをした女性かもしれない。身なりのいい貴婦人たちは、カバノキとニワトコに覆われた川岸の斜面に立って、急流の瀬と滝のあいだにある鏡のような淵にキャストし、大物のサケを釣り上げた。一九世紀の英国の釣り人は、川幅が広すぎなければ、普通は岸から釣った。川幅が広ければボートから釣り、ロングドレスの女性も一緒に乗っていた。

フライフィッシングをしていることが知られるはるか以前から、女性がほかの釣りをしていることは知られており、英国とアメリカでは、彼女たちの技術は男性の意表をつくのが常だ。一七三七年にウィリアム・ペンの娘がイングランドにいる兄弟への手紙で、釣りが「自分の一番の楽しみ」だといい、「四本継

ウィリアム・ヘンリー・ジャクソン（アメリカ、1843-1942）撮影。
リオ・グランデ川、ワゴンホイールギャップ、19世紀。

ぎの丈夫な竿、リール、強い上質な糸、いろいろな針の一番いいもの」を買ってくれるように頼んでいる。フライのことには触れていないので、たぶん餌釣りをしていたのだろう。

一七世紀から一八世紀の英国文学には、私有地で釣りをする女性がときどき出てくる。しかしどれくらいいたか、具体的な数字を挙げるのは難しい。誰もそのようなものにあまり関心を払わなかったからだ。

アメリカのフライフィッシングの偉大なパイオニア、セオドア・ゴードンは、ある女性と釣りをしたことで知られているが、彼の釣りについてわれわれは何でも知っているのに、その女性についてはわれわれは何も知らない。彼女は一八九五年にロングスカートとレギンスという姿で川に立ち込み、ゴードンと釣りをしていたのが目撃されている。

彼女が去ったとき、ゴードンは感傷的にはならないものの、失意をこう綴っている。「私が得た最高の釣り仲間は女だった。彼女は私が知るどの男にも決して劣らず力一杯歩き回り、辛抱強く釣った」

オレゴン州は一八九九年から、釣りのライセンスを購入することを男性には義務づけるようになったが、女性は一九二三年までライセンスの取得を求められなかった。アメリカの州の中には、一九六〇年代まで女性にライセンス取得を義務づけなかったところもある。

最近まで、女性のためのフィッシングクラブもほとんどなかった。アンドリュー・バーナビーは一七九八年版の著書 *Travels Through North America*（北アメリカ紀行）の中で、「フィッシング・クラブ」と呼ばれる団体に遭遇したことを記録している。このクラブは一六名の女性からなり、月に二回スクールキル・フィッシング・クラブで会っているという。しかし彼女たちはおそらく隅へ追いやられていたことだろう。本当の意味で初めての女性フィッシング・クラブは、一九三二年にニューヨークで設立された「ウーマン・フライフィッシャー・

（左広告内）
「ブリストル」
スチール・フィッシング・ロッド
今やそれは必需品

25のさまざまなスタイルとサイズに作られたこのロッドは、重さ6 1/2オンスから11 1/2オンスまで幅広くお選びいただけます。釣り師諸兄には——そして諸姉にも——そのアクションにご満足いただき、支持をいただいております。小社の無料カタログをご請求いただき、ご一読ください。そしてこのロッドを購入され、性能を体感してください。
請求先　ホートン Mfg. Co.
No. 75 ホートンストリート、ブリストル、コネチカット州

「ブリストル」ロッドはやった～
うら若き女性の力を借りて

THE "BRISTOL"
STEEL FISHING RODS
HAVE BECOME A STAPLE NECESSITY.
As they are made in twenty-five different styles and sizes weighing from 6½ to 11½ ounces, there is a wide range of choice. Fisher-men — and women, too — are delighted with their action, and are pleased to recommend them. Send for our FREE CATALOGUE, and learn what it tells — then buy a rod and see what it will *do*. Address
The Horton Mfg. Co.
No. 75 Horton Street,
Bristol, Conn.
THE "BRISTOL" ROD DID IT ~
WITH THE YOUNG LADY'S AID.

クラブ」だ。

英国フライフィッシング界の偉大な伝説的人物が、ジョージナ・バランタインだ。一九二二年一〇月七日、彼女はスコットランドのテイ川で、この川が流れるグレンデルバイン・エステートの遊漁管理官である父が操るボートから釣りをしていた。その日はすでにかなりの釣果で、一一キロ、一〇キロ、八キロと型のいいサケを上げていた。彼女は二本の竿で釣っていた。一本にはウィルキンソン・フライという長い羽毛のテールがついたサケ用フライが、もう一本には餌がついていた。一匹のサケが餌を食い、バランタインはそれを岸に上げようと、一時間近く格闘した。魚の大きさと力は大変なもので、ようやく岸に上げても、持ち上げるのがまた一苦労だった。ある目撃談によれば、彼女はその上に座っていたという。サケの重さは三〇キロ、全長は一三七センチあった。これは英国において竿で釣ったもっとも大きなサケの記録として、未だに破られていない。

しかしバランタインはこのサケを餌で釣ったので、フライで釣った最大のサケの記録は、まだ挑戦を受けつけていた。そして二年後、別の女性、クレメンティナ・モリソンがその記録を樹立した。「タイニー（ちっちゃな）」モリソンとして広く知られる彼女は、高地地方のデベロン川で「ブラウン・ウィング・キラー」の名で知られるフライを使い、二八キロのサケを釣った。

フライ革命を起こした女性タイヤー

数十年にわたり、一八五六年生まれのメアリー・オービス・マーベリーは、世界随一のフライフィッシングのエキスパートだった。今日なお、知識の深さで彼女に並ぶ者は少ない。チャールズ・F・オービスの娘として、父がその有名な釣具店をバーモント州マンチェスターで開いたばかりの頃に彼女は育った。父は娘にフライの巻き方を教えるために、その道のベテランを雇い、彼女は一二歳で社のフライ部門を率いるようになった。二階の工房で一緒に働くのは、六人の女性フライタイヤーだった。当時は、そして今でも、フライは女性が巻くことが多い。

メアリー・オービスは社のメールオーダー・カタログを立ち上げた。そこには四三四のさまざまなフライパターンが掲載された。メアリーたち女性タイヤーは、できるかぎり多くの顧客の要望に応えようと、大量のフライを製造した。まだ統一された名前のないフライを顧客が説明すると、メアリーが探し出すか、同じものを巻いて名前をつけた。今日一般に使われているフライの名前の多くは、彼女がつけたものだ。あるとき、父が全国のフライフィッシャーに手紙で好きなフライを尋ね、二〇〇〇通ほどの返信があった。メアリーは彼らの提案を会社のフライの品揃えに加えた。一八九二年にメアリーは*Favorite Flies and Their Histories*（人気のフライとその歴史）を出版した。五〇〇ページのこの本は、三二のカラー図版と二九〇のフライパターン、およびその歴史を収録していた。この本はそれまでに出版されたもっとも網羅的なフライの百科事典であり、一世紀以上を経た現代でもなお有用な情報源だ。

女性タイヤーを採用した店を開いたもう一人の女性がいた。一八九〇年にキャリー・フロストは、ウィスコンシン州スティーブンズポイントでフライタイイング・ショップを始めた。六〇年後、町はアメリカをリードするフライタイイングの中心地として知られるようになり、そして依然従業員のほとんどを女性が占めていた。

コーネリア・クロスビー、通称コーネリア「フライ・ロッド」クロスビーは、一九世紀メイン州の伝説的人物だ。フライ・ロッドの技術は、そのアウトドアにおける才能の一部にすぎない。彼女はメイン州で合法的にカリブーを狩った最後のハンターでもある。メイン州内陸部のサンディ川沿いに位置する鉄道車両基地の町、フィリップで一八五四年に生まれたクロスビーは、ティーンエージャーのときに地元ガイドの助けを借りてフライフィッシングの技術を磨いたと言われる。彼女は大物のサケやマスを数多く上げたことで評判となり、またきわめて腕利きのフライタイヤーとしても知られていた。釣り名人としてクロスビーは、全国的に知られるようになった。一つには彼女に関する雑誌の記事、その多くはフライフィッシングをする少女や女性を取り上げたものの影響だった。鉄道各社は彼女を雇い、フライフィッシングの釣り場について講演をさせた。

一九二〇年代、メイン州が第一級のフライフィッシングの釣り場だった頃の有名釣り師の一人が、キャリー・スティーブンズだ。一九二四年、四二歳にして彼女は、生まれて初めて自分で自分のフライを巻いた。スティーブンズは灰色の羽毛を使って、フライを小魚に似せてデザインし、約六二・九センチ、三・一キロのブルックトラウトを釣り上げた。カナダで一九一五年に釣れた世界記録には三キロ半及ばないが、それでもブルックトラウトとしてはモンスター級で、メイン州のムースルックミガンティック湖を含むアッパー・ダム・プールで過去三〇年間に釣り上げられた最大のものだった。スティーブンズは自分のフライをグレー・ゴーストと呼んだ。彼女のモンスター・トラウトの話が伝わると、注文が殺到していくら巻いても追いつかなくなった。スティーブンズは一年に二〇〇〇個のフライを作り、一個一ドル五〇セントで売った。現在の貨幣価値に換算すると、年収五万ドルになる。フライタイヤーはよい暮らしのために、たくさんフライを巻かねばならない。

グレー・ゴーストはストリーマー・フライ、つまり小魚に似せたフライのパイオニアだった。スティーブンズはストリーマーに革命をもたらした。彼女のストリーマーは従来のものよりウィングがボディにぴったりと沿っており、細長かった。グレー・ゴーストはストリーマーの巻き方を変え、フーバー大統領や作家のゼイン・グレイら著名な釣り師たちも、グレー・ゴーストをキャリーから直接手に入れるために、手紙を書いたりメインまで出かけたりした。

開かれたスポーツフィッシング

ジョーン・サルバート・ウルフは、現代でもっとも尊敬を集めているフライフィッシャーの一人だ。彼女は著名なフライフィッシングの権威であり作家、映画製作者のリー・ウルフ（一九九一年に死去）と結婚したが、いつも自分がリーから釣りを習ったと思われるのが癪の種だった。実際は子どもの頃、リーと出会うずっと前に釣りを始めたのだ。彼女は五歳のときから両親とボートでよく釣りに行っていた。父が釣り、母がボートを漕いだ。ジョーンの目に、父のほうが母より楽しんでいることは明らかだった。ジョーンはダンスをし、ダンスを通じて身につけたリズムと身のこなしを、フライキャスティングに応用しながら育った。フライフィッシングで食べていくのが彼女の夢だった。どうすればそんなことができるのだろう？　ガイドや講師として働くほかないだろう。男性にはたやすくできることだが、女性である彼女は、まず自分が本当にフライフィッシングのやり方を知っていることを、男性に納得させる必要がある。その目標を達成する手段が、釣り競技——女子キャスティング競技会だった。一九四三年から一九五一年のあいだに、ジョーンは毎年少なくとも一度はキャスティング競技会で優勝し、世界チャンピオン・キャスターとなった。一九五一年には、四つの女子タイトルに加え、男子だけの飛距離競技でも優勝している。こうして彼女はフライフィッシングのチャンピオンとして認知され、ついに川に戻って他の釣り人をガイドし、魚を釣ることで生計を立てられるようになったのだ。

ジョーンは常々、女性は男性より釣りに向いていると思っている。彼女によれば、フライフィッシングは女性型の釣りなのだという。それは「他のいかなる形式の釣りよりも高度な美と優雅さを含んでいる」からだ。

二〇世紀には、軽いシングルハンドのロッドや軽量リールをはじめとする、より女性向きの釣り具の開発が始まった。しかしウェーダーが問題だった。それは女性、特にジョーンのような小柄な女性向きには

『ライフ』誌。1946 年。

作られていなかった。大きく、重く、動きにくいウェーダーを履いて強い流れの中に立つのは危険でもあった。下手をすれば流されかねない。そして、リーのように身長一八〇センチ以上ある人間が川の中に立つのと、ジョーンのような一五〇センチそこそこの人間が立つのとでは大きな違いがある。

ジョーンはこう書いている。「ブーツの下から砂や小石が流れ出し、必死になって足を地につけようとしてもかかとが浮いてしまうのを感じるとき、自分が危ない状況にあるのは明らかだ」。私はかなり大柄で、これを経験したのは一度だけ、流れが速く川底が砂質のアイスランドのスズルランド川でのことだ。しかし小柄な人たちには、これは深刻な問題だ。ジョーン・ウルフは女性に向けてこう言っている。「男性の釣り仲間が渡れる急流を、彼があなたにもできると思っているからといって、自分も渡れると思ってはいけない」

より女性向けのウェーダーは一九七〇年代半ばに発売された。一九七八年にユニロイヤル・レッドボール部門が「フライウェイト」ウェーダー、わずか八五〇グラムのポリウレタン・コーティングしたナイロン製胴長靴で、フライフィッシングに「革命をもたらした」とジョーン・ウルフは考えている。ジョーンはそれを履いて踊れると言った。長持ちさせるためにこのウェーダーを少し重くしたバージョンがのちに作られた。

今日、およそ六五〇万人のアメリカ人がフライフィッシングをしている。その三分の一が女性であり、割合は増え続けている。スポーツフィッシング業界の人間は、女性はフライフィッシング界で急速に増加している人口グループだと言いたがるが、実際のところそれは、著しい増加を示す唯一の人口グループなのだ。二〇一六年には二〇〇万人を超える女性がフライフィッシングをしていた。二〇一五年から一四万二〇〇〇人の増加だ。オービスはじめトップクラスの釣り具メーカーは、さらに女性をこのスポーツに誘うため、教育と訓練のプログラムを立ち上げている。もうすぐフライフィッシングは、もはや男の城ではなくなるだろう。

12 答えのない問い

勝利の喜びはとたんに薄れ、自分が獲物に抱いた冷ややかな無関心への驚きに代わった。魚も、生殺与奪の権を握った釣り人の冷ややかな無関心を前に、冷ややかな無関心さで私を観察しているようだった。私たちが互いに見つめ合う中、時間は過ぎた。そして魚は死んだ。

——北島『城門開』

ヘアー・フロッグ・サーフィス・バグ・フライ

今日ほとんどの釣り人は魚を「釣る（キャッチ）」と言うが、かつては魚を「殺す（キル）」という言葉が一般に使われていた。釣り人は「今日はマスをいっぱい殺したよ」などと言っていたのだろう。そして「殺し屋（キラー）」という言葉はよくフライパターンの名前に入っている。タイニー・モリソンのブラウン・ウィング・キラーは有名だ。別の人気のフライは「殲滅者（アナイアレーター）」の名で知られている。

よいフライは殺し屋だと言ってもいいかもしれない。しかし実際には、フライは魚を捕らえるだけで、釣り人が殺すか殺さないかを決めるのだ。

かつては相当な数の魚が殺されていた。一八五四年にイタリアの画家ルウェリン・ロイドは友人たちに、

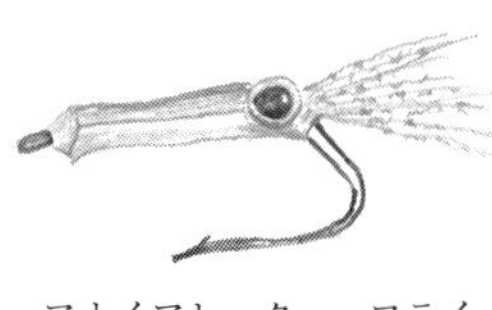

アナイアレーター・フライ

ノルウェーの釣りの思い出を送ってくれるように頼んだ。C氏という人物はこのような手紙を寄こした。「自分の釣りノートによれば、一八四二年に私はナムセンで三二三匹の魚を……六月一五日から八月八日のあいだに殺した」。他にも似たような報告がいくつもあった。釣るのでなく、殺すことが明確な目的だったのだ。

スポーツフィッシャーのジレンマ

だが月日が経ち、魚が少なくなるにつれて、釣り人の中にはこれに向き合う者が出てきた。これはもちろん、スポーツフィッシャーだけのジレンマだった。他の釣り人にとって、釣りの目的は食料とするために殺すことだけだった。ネイティブ・アメリカンは、スポーツフィッシングという概念が受け入れられず、フライフィッシングをとりわけ不快に感じていた。それは面白半分に魚を苦しめるものに見えるからだ。

北大西洋サケ基金（タイセイヨウサケの商業漁業に反対しているが、フライフィッシングには反対していない）についての著作があるエイドリアン・ラティマーは、サケのフライフィッシングという思想についてこのような疑問を投げかけた。「生きるために懸命にあがかなければならない生き物を、われわれは本当に釣るべきなのだろうか？」。フライフィッシャーのあいだで、これは新しい疑問ではない。二世紀前にハンフリー・デービーはこう書いている。「こうした楽しみは、必ずしも不運な動物を苦しめたり殺したりすることなく得られるはずだ。自然を本当に愛する者なら、真に美しい景観の中で、それを見て楽しもうとすることだろう」。スポーツマンはたいていこの視点を、まったく非現実的であるとして拒絶し、デービーはこうも言っていたと指摘する。「私はすでに、何であれ野外スポーツの徳性を、あまり細かく分析することの危険性を認識している」

フライフィッシャーの多くは今日、釣った魚をキャッチ・アンド・リリースする。それどころか、それが義務づけられている川も多い。ヨーロッパ人は、このやり方を新しく進歩的なものであるかのように語りがちだが、何も新しいところはない。一部の釣り人は、食べるつもりのない魚を殺すことを気に病んで、昔から同じことをやってきた。私はといえば、多くの人と同じように、釣った魚はほとんどリリースしている。ニューイングランドで育った私は、どうかと思う量のオキスズキを近所の人が持ち帰り、必死になって配っているのをよく見かけた。この問題を燻製機を買うことで解決した人もいた。そうすれば燻製にした大量のオキスズキを保存しておいて、あとで食べることができる。しかし、もっといい解決法は、魚が生きているうちに針をはずして川に返してやることじゃないかと、私はいつも思っていた。釣り人はオキスズキの針をはずすのを嫌がる。歯が鋭く、指を傷つけることがあるからだ――しかしマスやサケの針をはずすのに何の問題があるだろう?

キャッチ・アンド・リリースは、少なくともアメリカでは、五〇年以上前に自然保護の手段として一般的になった。一九四〇年代にリー・ウルフは、サケのフライフィッシングの楽しみは魚を誘い、遊ばせ、取り込むことにあり、その目的を達したら、魚は注意深くリリースするべきだという考えを普及させようとしていた。彼の有名な一節が「よいゲームフィッシュを一回しか釣れないなんてもったいない」というものだ。ヘイグ=ブラウンも初期のキャッチ・アンド・リリース推進者だった。

多くのフライフィッシャーが、キャッチ・アンド・リリースは罪悪感から逃れる手っ取り早い方法だと気づいた。しかし、うまいことが言いたいわけではないが、魚を逃がせば釣った責任から逃れられるものだろうか。ネイティブ・アメリカンの言う通りかもしれない。フライフィッシャーは欲しくもない魚を苦しめ、それから恐ろしく敬意を欠いたやり方で投げ返しているのかもしれないのだ。

現在のフライフィッシング人口を考えれば、キャッチ・アンド・リリースは絶対不可欠なものになっている。アイダホ州のビッグウッドやバーモント州のバッテンキルのような河川は、もし魚をリリースしてやらなければ、夏の釣り人の猛襲に耐えられないだろう。

魚がどの程度痛みを感じるかについては、議論がある。ハンフリー・デービー（偉大な化学者ではあったが生物学者ではない）は、この考えをまるっきりはねのけた。「魚の、そして冷血動物一般の神経系は、温血動物のものほど敏感ではないことに疑いはないと私は考える」

対象魚の苦痛より餌の苦痛を心配する者もいる（フライフィッシングに有利な議論だ。生き餌は使わないのだから）。一八三六年の著書 *An Angler's Rambles*（釣師閑談）で、作家のエドワード・ジェシーは、釣り人がマスを虐待しているというが、ミミズへの虐待に比べればものの数ではないと述べた。同様に、J・ハリントン・キーンは一八八七年の *Fly Fishing and Fly-Making*（フライフィッシングとフライ作り）で、次のように述べて小魚を餌に使うことに反対している。「その魚が身体の傷から筆舌につくしがたい苦痛を感じていることは疑いえない。小魚の皮に針を通すことを要求する、バス釣りなどの野蛮なやり方が、不運な餌に恐ろしい苦しみを与えていることは、それが苦痛にぶるぶる震える様子から見て取れる」。しかしキーンは、その不幸な生き物が大きな魚に食べられてしまうことには触れもせず、また毛鉤がマスやサケに与えるかもしれない苦痛については論じていない。

魚の口の軟骨に針が刺さっても痛みを引き起こさないと考える釣り人もいる。ジョーン・ウルフは、もし痛ければ、魚はあれほど強く反対方向に引かないだろうと主張する。中には引きが強すぎて自分の口を切ってしまうものもいるのだから。

アメリカのドライフライフィッシングの父、セオドア・ゴードンは、針による痛みはフライフィッシャー、とりわけドライフライフィッシャーが魚に与えるトラウマのごく一部にすぎないと考えた。また彼は、魚のファイトは恐怖によるものだと信じていた。

ドライフライはウェットフライ以上に魚を怖がらせると想像する。われわれの友、マスが、うまい自然の虫をいくつか食べたところで、もう一つ鼻先に流れてくるのを見つけた。マスはこの上なく自信満々にライズする。と、昆虫とおぼしきものが頭を引き抜かんばかりに激しく彼を捉え、顎に針を突き刺す。恐怖に血迷ったマスが川じゅうを駆け回るのも無理はない。

魚を釣れば釣るほど、こうした問題に向き合わざるを得ない。折り合いをつけられずに釣りをやめてしまう釣り人もいるが、たいていの人は折り合いのつけ方を見つける。主に釣りを続けたいからだ。以下はゼイン・グレイの考察だ。

人間として、永遠に学び続ける作家として、釣りは今も熱中の対象であり、その熱は年々高まるばかりだが、われわれすべてに隠れている原始人の本性を理解し、他の生き物に苦痛を与えることへの激しい躊躇を感じると、それも冷める。海も川も山も、生きるためにどうしても必要でなければ殺すなかれと、私に教えてきたと言ってもいい。そしてそのように私が成長するときも来るだろう。博物学者や生物学者の著作を読むと、私はいつも自分がスポーツと呼んでいるものを恥ずかしく思う。しかし進化の真理の一つは、争いごとを起こすな、暴力を用いるな、釣りや狩猟をするな――つまり、戦うな――というのは、自然な人間として退化であるということだ。精神的、知的な成長は肉体的なそれと引き替えに得られるものなのだ。

釣りはやりたいと思わずにはいられないものだ。グレイが言うように「魚は付随的なもの」だとしても。人間は魚より複雑だ。魚は、私たちが彼らを捕らえようとする衝動を理解するかもしれないが、その行為に不安を抱いていることは、何らかの形でわれわれの考えを伝えることができたとしても、理解できないだろう。手っ取り早く、魚にとってそれは生存の手段だが、われわれにとっては娯楽だという主張がなされているが、いつもそうだとは限らない。川にいるサケは餌を食べないが、それでもフライを追う。これもサケにとってのスポーツかもしれないのだ。

リリースされた魚は死んでしまうので、キャッチ・アンド・リリースは意味がないという主張もたびたび聞かれる。経験を積んだフライフィッシャーなら誰でも、これが明らかに間違いだと知っている。リリースした魚がすいすいと帰っていったからといって、騙されてはいけないともいう。その魚はあとで死ぬのだと。だがキャッチ・アンド・リリースの釣りでは、釣った魚にかつての針の傷や、ラインの痕跡まで見られるのはよくあることだ。

中には生き延びられないものもあるかもしれず、多くは何度も釣られる。一つひとつの経験から、魚は利口になる。サケ科の魚には学習能力がある。ヘイグ＝ブラウンはこの問題についての研究を、多数検証している。

釣り人の目的は、魚が疲れきるまで遊ばせることだ。そうして初めて、魚を取り込むことができる。そのような状態にある魚は、血中の乳酸の濃度が高まる。濃度が高まりすぎると、魚は死ぬ。哺乳類にも同じプロセスがあるが、ストレスがなくなると乳酸は減少する。魚では乳酸が数時間にわたって蓄積し続けることがある。だから釣った魚をリリースすると、元気に泳いでいくように見えても、数時間後に死ぬことがあるのだ。ヘイグ＝ブラウンが検証した研究の結論は、これが起きる事例は二〇パーセント以下であ

フライフィッシングを描いたペップ・シリアルの広告。1927年。

り、淡水にリリースされたほとんどの魚は生存するというものだった。

返しのない針――バーブレスフック

近年支持を得ているのが、バーブのない針を使うという考えだ。バーブとは、針先とは反対に向いたとげ（返し）だ。魚が身を翻して針をはずそうすると、バーブがさらにがっちりと食い込むだけだ。魚がどちらを向いても、針はより深く刺さる。

もともと骨や象牙や貝殻でできた針にバーブはなかった。ただし、もっとあとの時代に作られた一部のネイティブ・アメリカンの骨製釣り針にはある。エジプト人は紀元前三一〇〇年頃から銅の針を作り始めたが、それにもバーブはなかった。紀元前一八七八年頃、第一二王朝になってやっと、バーブが付いた針が作られだした。やがてエジプト人は、穴が広がらないようにバーブにテーパーをつけ、魚が身をよじっても抜けにくくした。ローマの針はバーブがあり、時には二重についていた。

最近まで、バーブレス（返しのない）フックは孵化場でしか使われていなかった。魚を傷つけないように細心の注意が払われているからだ。そしてそこが要点だ。バーブレスフックで釣った魚は、はるかによい条件でリリースできる。しかしバーブレスフックは、釣り人が魚を取り込む可能性を大幅に減らす――フライフィッシングを貫く思想、まさに釣りを難しくすることと一致する挑戦だ。

バーブレスフックを使うという着想は魅力的だと私は思うが、自分では特定の場所でしか使わないだろう。ヨーロッパの川では、タイセイヨウサケがかかったら、バーブがあってもバラさないでいることは奇跡も同然だ。そんなところでは私はバーブに固執すると思う。これは魚を針からはずすとき、格別の注意を払う必要があるということだ。しかしバーブレスフックを使うことで、アメリカ西部の川で六匹のニジマスが釣れるところがたった三匹になったり、私がかつてロシアのオゼルナヤ川で数日間に釣った六五匹が三〇匹だけになったとしても、私はその難しさを楽しむだろうと思う。アイダホ州のウッド川では、私は前からバーブレスフックを使っている。それが義務づけられているからだ。ウッド川のような釣り人が多くキャッチ・アンド・リリースが必須の川では、魚をよい状態でリリースすることが重要だからだ。

バーブレスフックで釣った魚でも、扱いが悪いと――たとえばあまりに強く握ったり、えらを摑んだりすると――傷つくことがある。他のタイプの釣り人はたいてい、このような問題をあまり気にしない。しかしフライフィッシングをしようという人は、こうしたことを真剣に捉える傾向にある。

ジミー・カーター大統領は、非情な現実を著書に記している。「私たちのように、捕らえられたマスを再び放流する習慣のある者は、場合によってはバーブレスの釣り鉤でさえ獲物に死をもたらす、ということを知っている」。カーターはこうアドバイスする。捕食者としての役割を釣りから完全に取り除くことはできない。だから釣り人がこの現実を受け入れられないなら、解答は釣りをしないことだと。一部の釣り人はこの結論に達し、釣りをやめるが、大半は、時にはしぶしぶながらも、自然界での役割を受け入れている。

13　作家と釣り

毛鉤の誘いには
我は飛びかかることはない
使いの言葉が
いかに美辞に彩られようとも。
釣り師の餌を飲むほど
我は愚かな魚ではない。
海は荒れているが
我は巻き込まれはしない。

――ニャールのサガ。一三世紀のアイスランド・サガ。九六〇年から一〇二〇年にかけてのアイスランドのできごとを綴ったもの。

ローズ・ターポン・フライ

最近になって、あらゆる種類の釣りの本がたくさん出てくるまで、もっともよく書かれた釣りはフライフィッシングだった。フライフィッシングの本は二つのカテゴリーに分類できる。「なぜ釣るのか?」という問いを検討する本と、「どう釣るのか？」という問いに答える本である。前者は私たちを感動させ、後者は私たちを教育する。前者はあらゆる人のための本であり、後者はもっぱら釣り人に向けた本だ。

リー・ウルフ、レイ・バーグマン、ロデリック・ヘイグ＝ブラウンのような著者による、どう釣るかを教える本は多い。こうした著者は大変に影響力が大きい。キャッツキル川で釣りをする者はたいていバーグマンを熟読する。ウルフは、マスよりもタイセイヨウサケを連想させ、ドライフライフィッシングと短いフライロッドの普及に多大な影響を及ぼした。またウルフは、特定の条件に応じた新しいフライの開発と実験を飽くことなくくり返した。

フライフィッシング本の中には、釣りよりも旅について書いたものもある。主題が「自分はどこそこへ行って釣りをした」というものだ。作家トーマス・マッゲインの釣行記 *The Longest Silence*（もっとも長い沈黙）はそのいい例だ。ゼイン・グレイは西部冒険小説で有名だが、このジャンルの最高傑作を五編書いている。

ゼイン・グレイの小説は西部を舞台にしているが、ノンフィクションの釣り「物語」もメキシコ湾流、アマゾン、あるいはエバーグレーズが舞台に設定されている。その語り口は巧みで、人類と自然についての思慮に富むメッセージが含まれている。もっともグレイは時に驚くほど植民地主義的でもあり、メキシコで撮影された写真には、こんなキャプションがついていた。「著者と彼のインディオ」

グレイによれば、これほどたくさんフライフィッシングの本がある理由は、フライフィッシャーが本質的にエゴイストだからだという。グレイは一例としてアイザック・ウォルトンを挙げる。「渓流や湖にはある種奇妙な魔法がまとわりついている。それのせいでほとんどの釣り人は、経験を知恵だと思って信奉してしまうのだ」と、グレイは書いている。

グレイが執筆していた一九二〇年代には、ウォルトンの時代と同じように、フライフィッシングは他の釣法と区別されていなかった。グレイはフライでも、餌でも、スピニング・リールとルアーでも、しばしば同じ川で、時には同じ日に釣った。彼にとってどの釣法を用いるかは、どのフライを使うかのようなものだったのだ。この状況ではどれがよく釣れるだろうか？　他にどんな手があるだろうか？　オレゴン州のローグ川（グレイは、そして多くの人間が世界一の川だと思っている）について書いたとき、グレイはこう述べている。「スチールヘッドは餌でも、サケの卵でも、スピナーでも、スプーンでもたくさん釣れる」。現在、ローグ川の全区域で、釣りのハイシーズンにはフライ以外の使用が禁止されている。保護の

総合週刊誌『リテラリー・ダイジェスト』、1935年。

要求がフライに道徳的な優位を与えているのだ。他の方法では、とにかく魚が簡単に釣れすぎる――フェアでないのだ。

しかし今日でもなお、境目があいまいになるのをときどき見ることがある。ノルウェーでフライで釣れなかったとき、ノルウェー人の友人は躊躇なくスピニング・タックルと生き餌に切り替えた。また、アラスカのイーヤク川で、地元の人たちがフライにサケの卵をつけてソッカイを釣っているのを見た。同じ釣法がオレゴンのウィラメット川で、キングサーモンを釣るのに使われているところにも出くわした。

フライフィッシングを描いた小説

どういうわけか、フライフィッシングについての創作となると、小説より詩がはるかに多いように思われる。そもそもアイザック・ウォルトンとチャールズ・コットンが二人とも、何よりも詩人を自認していたのだ。ジャーバス・マーカム、トーマス・バーカーをはじめ初期のフライフィッシング作家たちの多くも詩人だった。イングランド、スコットランド、アイルランドでは、詩を書くこととフライフィッシングが連動しているようだった。ウィリアム・バトラー・イェイツ、ロバート・バーンズ、ジョン・ダン、テッド・ヒューズ――いずれもフライフィッシングの詩を書いており、ロバート・ローウェルのようなニューイングランド人の一部も同様だ。フライフィッシングは、どうやら、詩の題材であるようだ。

フライフィッシングを題材にした短編や長編の小説となると、もっと少なくなる。そして面白いのは、釣りに関する散文のほとんどがフィクション、自伝、ノンフィクションの境目をさまよっていることだ。釣りをする作家にとって、この題材はフィクションの仕掛けがなくても、十分に詩的に思われがちなのだ。

そして釣り旅行は時に脚色の必要がないほどドラマチックだ。また、たぶんノンフィクションのほうが、フライの選択のようなディテールを書き込む余地が大きいのだろう。だからマッゲインのような手練れの小説家が、フライフィッシングのことを書くのにノンフィクションを選んだのかもしれない。

フライフィッシングを題材にした、忘れられている小説もある。英国で少部数発行された、ノルウェーのサケ釣りに関するさまざまな無名の本の中に、メアリー・ケナードの小説がある。ケナードは一九世紀の流行小説家で、その作品はほとんどがスポーツをテーマとしている。*Landing a Prize*（獲物の取り込み）は彼女が書いたビクトリア朝ロマンス小説で、イングランドの男がノルウェーに釣りに行き、ノルウェー人の花嫁を連れて帰ってくる話だ。この本のロマンス部分は少しばかり冗長だが、釣りの描写はすばらしい。

多くの釣りノンフィクションでは、釣りはより大きな主題である人間性のメタファーだという考えにしがみついている。格別に洗練された文体の釣り作家、ロデリック・ヘイグ＝ブラウンは、かつてこう言った。「私はまず作家であり、それから釣り人だ。私はしょっちゅう釣りに行き、しょっちゅう釣りのことを考えているが、常に書いている」。イングランド人のヘイグ＝ブラウンはノンフィクションだけでなくフィクションも書き、いずれもブリティッシュ・コロンビアを舞台にしている。そこは生涯の大半を過ごした土地だ。小説の題材は幅広い。*Starbuck Valley Winter*（スターバック・バレーの冬）は罠猟、*Saltwater Summer*（ソルトウォーターの夏）は商業サケ漁、*The Whale People*（鯨の民）はネイティブ・アメリカンの部族が題材だ。彼が書いた四〇近い短編の中にはフライフィッシングについてのものが数多くあり、すべてノンフィクションと同様の格調ある文体で書かれている。

ヘイグ＝ブラウンの娘バレリーは、父の小説がすべて現実のできごとを下敷きにしていると断言し、そのうちいくつかは実際にいつ起こったかを思い出すことさえできた。ヘイグ＝ブラウンの物語に描かれた釣りのディテールは、著者がフライフィッシングに精通していることを明らかにしている。しかしその物語の核心は、常により広い意味で私たちの心を打つのだ。

一九五〇年に『ニューヨーカー』誌に発表されたヘイグ＝ブラウンの"The Wharf"（波止場）は、三〇ポンドのサケを釣り上げるには小さすぎると思われた少年の成長物語だ。しかしある日、少年は釣り上げる。成し遂げた証拠に重さを量ろうとして、水に落としてしまうのだが。"Black Fishermen"（黒い釣師たち）は、犬の小説のめったにない傑作で、おそらくトーマス・マンの「主人と犬」（マンの飼っていたジャーマン・ショートヘアード・ポインターの話）に匹敵する。ヘイグ＝ブラウンの小説は、ラブラドール・レトリーバー（漁師がタラを回収するのを冷たい水に飛び込んで手伝うように、ラブラドール地方で品種改良された犬）についての物語だ。作中には、フライフィッシングに行くのと、水に飛び込んでサケの取り込みを手伝うのが大好きなラブラドール・レトリーバーが登場する。

法律家と釣りの物語

フライフィッシングは貴族の楽しみという歴史と伝承にもかかわらず、貴族のフライフィッシングを描いた作家はほとんどいない。数少ない例外の一人がアーサー・トレインだ。一九一九年からトレインは『サタデー・イブニング・ポスト』紙に短編小説を書き始め、それはのちに選集にまとめられてスクリブナー社から出版された。タフで公正で信じられないほど狡猾な弁護士、エフライム・タットの活躍を描いたものだ。タットの出身地、ニューヨーク州モホーク・バレーの架空の町ポッツビルは、生活は質素で魚がよく釣れるところだ。

トレインの一九三三年の作"Mr. Tutt Is No Gentleman"（ミスター・タットは紳士じゃない）では、ポッツビルの法律家連中が、カナダのカスカペディア川にある自分たちの高級フライフィッシング・クラブにやってくる。エリートたちはいつもこの川に惹かれてきた。それはすばらしい釣り場だからであり、そこに行くのが難しく、金がかかるからでもある。フライフィッシャーが同好会に所属しているというのは、古臭くて面白くない発想だ。作中で、ポッツビルのエリートは、誰が一番大きなサケを釣れるか競っている。グループの中に、成文法にはやかましいが釣り人の不文律には無頓着な判事がいる。彼は、自分のものでない魚を失いようがないというウォルトンの主張を盾に、成文法の下では、サケは針にかけた人間ではなく取り込んだ人間の所有物であると解釈する。判事は言う。もし誰かがサケをかけ、別の誰かがギャフ（魚鉤）を取り、それを引き上げたら、魚はギャフをかけた者の所有となる。明らかにこれは、合法ではあるかもしれないが、釣り人のふるまいとして受け入れられるものではない。判事は、タットが取り込もうとしている大物にギャフをかけ、横取りしてしまう。その先は、タットがどのような計略で判事からサケを取り戻し、法律ではなく釣り人の倫理を守ったかという話になる。

ポストモダン小説『アメリカの鱒釣り』

リチャード・ブローティガンの『アメリカの鱒釣り』は、釣りのことだけを書いたのではない釣りの本の一例だ。一九六二年に書かれ一九六七年に出版されたペーパーバックの表紙には、サンフランシスコで撮ったブローティガンと彼が「ミューズ」と呼んだ友人のミカエラ・ラグランドの写真が載っているが、タイトルは表記されておらず、一九六〇年代の象徴的なカウンターカルチャーであるレコードジャケットを思わせる。裏表紙にはバイキング・プレスのものだという引用文が掲載されている。「ブローティガン氏は一九六二年に『アメリカの鱒釣り』という本を当社に持ち込んだ。噂から推察するに、それはマス釣りの話ではなかった」

この引用文は、この本の輪郭をカウンターカルチャー的に過不足なく描いているが、本当は事実と違う。ブローティガンが釣りクラブの会員であったことは、同書から明らかだ。ブローティガンはフライフィッシングに大変精通しており、その著書には、よい川とそこでの釣り方の見事な描写がある。なんと歴史的

『アメリカの鱒釣り』のオリジナルのペーパーバック。表紙にはブローティガンと彼が「ミューズ」と呼んだ友人のミカエラ・ラグランドが写っているが、タイトルや著者名はない。

なフライフィッシングの本の文献目録までついているのだ。とはいえそれは、きわめてブローティガン流のものだが。たとえば、釣ったマスにポルトワインを飲ませたらマスが死んだ話をする。それからブローティガンは、ポルトワインを飲むと魚が死ぬと書いていなかったフライフィッシングの名著を並べ立てる。奇妙なのは、アイザック・ウォルトンの有名な著書の話を、リストに加えていないことだ。ブローティガンはあとで、本の終わり近くで埋め合わせをする。反核運動のプラカードについて述べたところだ。「アイザック・ウォルトンなら水爆を呪ったぞ」

アメリカの文学と文化において、ブローティガンはビートニクからヒッピーへの転換点となるものだ（もっともブローティガンはことあるごとにヒッピー嫌いを表明していた）。太平洋岸北西部で貧困の中に育ったブローティガンは、一九五〇年代に単身サンフランシスコに移り、ビート詩人となった。その後散文に興味を持ったが、その短くとりとめのない「小説」は、リズム感が強く、プロットはほとんどなく、美しい言葉と突拍子もないユーモアのセンスは、依然ビート詩らしく見える。

一九六一年にブローティガンは三五〇ドルの税還付を受けた。その金で一〇年落ちのプリムス・ステーションワゴン、コールマンのストーブ、テント、ロイヤル社製タイプライター、本棚、それから釣り道具（高級品ではないが、安物でもない。二・一メートルの二本継ぎRAスペシャル#二四〇バンブー・フライ・ロッドとオリンパス・リール）を買い、妻のバージニア・オールダーと娘のアイアンシを伴って、アイダホ州へキャンプに行った。これがブローティガンの小説、『アメリカの鱒釣り』の原点だ。

私がこの本について、他の本より少し詳しく解説しているのは、もしかすると私がブローティガンと同じ川――ビッグウッド、シルバークリーク、サーモン、スネーク――で釣りをしてきたからかもしれない。

フライフィッシャーにとってブローティガンの視点は、常に役立つというわけではない。時にそれはありきたりだ。「墓場クリークで、わたしは夕暮に釣った。ちょうど孵化期で、いい鱒がかかった」。マスが「かかった」のであって、必ずしもマスを釣ったわけではない。ここが重要だ。また、舞台設定は夕方だ。また違う場面では、この本にはこんな不可解なことが書かれている。「鱒釣りは子供の名前を思い出すには一番だねえ」とか「ヴァーモントでお婆さんを鱒のいる小川と見まちがえ、謝罪するはめになったのだ」とか。

ブローティガンは、サンフランシスコの廃品置き場へ行って、中古のマスの小川を「買う」話を書いている。この一見ばかばかしい逸話を通じて、すばらしい小川に本当に必要なものを列挙する。澄んだ水、樹木、花々、動物、昆虫。彼はフライの流行を、レオナルド・ダヴィンチが「最後の晩餐」疑似鉤を発明する長たらしい過程を描写した物語で風刺する。

ブローティガンが題材のほとんどを実生活から取っていたことは、その著書が現実に基づいていたということではない。ブローティガンは、サンフランシスコで知った脚のない路上生活者を「アメリカの鱒釣りちんちくりん」と呼び、作中で最初から最後までシカゴの作家ネルソン・オルグレンのもとに、登場人物として気に入りそうだということで、送ろうとする。

ブローティガンは本物のフライフィッシャーだったが、彼が釣りを舞台背景に使ったのは自分の文学上のヒーロー、アーネスト・ヘミングウェイを真似ようとしたからではないかと言われている。ヘミングウェイがケッチャム近郊で自殺したとき、ブローティガンは（私のように）アイダホにいて、そのできごとに大きな衝撃を受け、本の中でも触れている。そして残念なことに、ヘミングウェイの影響は一九八四年、ブローティガンに効果を表したのだろうか、彼は四四マグナムで頭を撃ち、自身の生涯を終わらせた。

『アメリカの鱒釣り』は「ポストモダン小説」の始まりとなる傑作として批評家から歓迎され、無名の三文作家ブローティガンを世界的スターにした。しかしブローティガンの大ヒットはこの一作だけだった。フライフィッシャーから見たブローティガンの最大の貢献は、フライフィッシングがエリートのものだという認識を払いのけたことかもしれない。辺境に住み、川に淵を見つければ必ずフライを投げる型破りな放浪者の姿は、フライフィッシングのイメージを変えるのに大いに役立ったのだ。

ヘミングウェイとフライフィッシング

フライフィッシング小説について考えるとき、たいていの人はアーネスト・ヘミングウェイを思い浮かべるだろう。だが、ヘミングウェイはフライフィッシングを相当やっていたものの、あまり本には書いていない。フライフィッシングが出てくるのは、二部作の短編「二つの心臓の大きな川」と長編小説『日はまた昇る』の二作だけだ。いずれも一九二〇年代に書かれた初期の作品であることは、大きな意味がある。ヘミングウェイは後半生において、特にメキシコ湾流での巨大カジキ釣りを始めてから、フライフィッシングへの興味を失ってしまったらしいのだ。

ヘミングウェイは幼少期に父親からフライフィッシングを習った。彼は、息子のジャックのような熱心な達人では決してなかったが、よくウェットフライで釣りをした。ジャックのようなドライフライでなくだ。ヘミングウェイはいつもマクギンティ・フライを糸の一番上に、下にウェットフライをもう二つつけた「ドロップ」という仕掛けで釣った。これは、水中にフライが三つあれば――ちなみにキャスティングは難しいが――どれかにかかるはずだという理屈の、果断なことで名高い人物にしてはずいぶん優柔不断な釣り方だ。

しかしそれでもヘミングウェイは、その登場人物の大半よりもフライフィッシングをしていたと言えるだろう。一九三〇年代にカナダ・ブリティッシュコロンビアのノーザン・ロッキーズで釣りを始めたとき、釣具店はなく、ヘミングウェイは何から何まで、ハーディ・ブラザーズがイングランドで発行している有名な英国のカタログ「アングラーズ・ガイド・アンド・カタログ」で注文した。彼はもっぱらハーディ・ブラザーズの釣り具で釣っていたが、五〇代のとき、道具が全部入ったトランクがなくなってしまった。その後ヘミングウェイはフライフィッシングをやめた。その頃にはキューバに住み、ビッグゲームフィッシュを追っていたのだ。

「二つの心臓の大きな川」では、戦争から疲れ切って復員してきたニック・アダムスが、ミシガン州アッパー半島にある大好きな川へマス釣りに行くことで、ほとんどすっきりと回復する。ヘミングウェイの初期作品の多くが、彼が苦しんでいたトラウマ、第一次世界大戦中にイタリア戦線で、迫撃砲弾によって負傷したことからくるものに触発されている。心理的問題を釣りに行くことで治療するという発想を理解できるのは、釣り人だけだ。ヘミングウェイは、自分の登場人物は「考える必要」を含め「すべてを置き去りにすること」ができると書いている。これが本当の釣りの経験だ。ヘミングウェイが第一次世界大戦から復員したとき、片脚はずたずたで、悪夢と冷や汗に悩まされていた。一九一九年、彼はアッパー半島のフォックス川へと戻った。そこは子どもの頃に釣りをした川だった。この物語は、フライフィッシングの大きな癒やしの力を、簡潔で洗練された文体で描写した、ヘミングウェイの最高傑作だ。この物語が出版されたあと、みんながみんなフライフィッシングを始めなかったというのは、私には驚きだ。

本来、一九二四年にヘミングウェイがこの小説を書いたときには、釣り以外の要素がずっと多かった。それまでにヘミングウェイが書いた中でもっとも長い話であり、そこで彼はこれを第一部と第二部に分けた。ヘミングウェイの筆力を示した最初の作品の一つだ。その中には何ページにもわたって、幼いときに釣りをした日々の自伝的な回想や、同時代のパリの話までが入っていた。ガートルード・スタインやエズラ・パウンドをはじめ友人たちの勧めで、ヘミングウェイはそうした部分をそぎ落とし、戦争帰りの男が釣りに行くだけの物語にした。主人公のトラウマとなった戦争体験さえ、漠然とほのめかされるだけで、読者はそれを感じ取るが、提示されることはない——物語は釣りと、主人公が意識を浄化しようとすることだけだ。これはヘミングウェイの創作における「氷山理論」として有名になる、多くは説明せず、水面下に隠れていて、読者がそれを感じ取るというものの起源の一つだった。

しかしこの物語には事実関係の問題が二、三ある。事実が小説において問題となると考えればだが。ニック・アダムスはフライフィッシングをしているように読めるが、厳密にいえばそうではないのだ。彼はバッタを集めて首から下げた広口瓶に入れ、一匹ずつ取り出して針につける。バッタに似たちゃんとしたフライもあるが、本物のバッタは餌であり、餌釣りはフライ専用のアッパーミシガンの川では認められていない。

「二つの心臓の大きな川」が出版されたのは一九二五年、ヘミングウェイの長男ジョン（ジャックの名で通っている）が二歳のときだ。成人して熱心なフライフィッシャーになったとき、ジャックはツー・ハーテッド川を含め父の思い出の川で釣りをしようと思った。ところが行ってみると、その川は釣りにはあまり向いておらず、ほとんど釣れなかった。父に文句を言うと、アーネストはにっこり笑ってわけを話した。ツー・ハーテッドはよく釣れたためしがない、ただ名前がすごく気に入っているんだと。

フライフィッシングは『日はまた昇る』でも似たような役割を果たしている。酔っぱらい、罵り合い、殴り合いと、友人たちとの大騒ぎの一週間が過ぎ、グループの中で唯一友人らしくふるまっているビルとジェイクは、スペインのナバラ北部を流れるイラティ川へ逃れて釣りをし、正気を取り戻そうとしている。私はイラティ川で釣りをしたことがある。幅が広く蛇行の美しい、砂利底で穏やかにさらさらと流れる、マスのいそうな川、ヘミングウェイの言葉を借りれば「マスの匂いのする川」だ。黒くごつごつした頂を持つベルベットのような緑の山々に囲まれた、狭い石畳の道に赤い屋根の角張ったバスク風の家々が並ぶ街を抜けて、イラティ川はさらさらと流れる。それは地球上でも指折りの美しい場所だ。

だがビルとジェイクには意見の合わないところがあった。ビルはフライフィッシングをしたかったが、ヘミングウェイ的登場人物であるジェイクはミミズで餌釣りがしたかった。ジェイクはビルにミミズを勧める。ジェイクは友人にマスを釣ってもらいたかったし、その可能性はミミズを使ったほうが高かった。しかしビルは純粋主義者であり、ミミズで釣るよりも、たとえ何も釣れなくてもフライで釣りたがった。ビルはジェイクの勧めを断って言う。「もしフライを食わなくても、投げてまわるだけでいいよ」

ビルはマクギンティ・フライで釣る。面白いディテールだ。というのは今ではほとんど使われないフライだからだ。マクギンティは一八八三年、ヘミングウェイと同じシカゴ出身のチャールズ・マクギンティが開発した。黄色と黒のシェニール糸のボディに、先端が白いマガモのウィングと赤いハックルのテールがついたこのフライは、水に落ちたハチに似せられている。流れに漂うところが、マスにはうまそうに見える。しかし今日ではこれはほとんど忘れられたフライだ。

マクギンティ・フライはもうたいていの釣具店では扱っていないので、私は自分で巻くことにした。だがウィングに必要な、端が白いブラウンマラードの羽が見つからなかった。それからある日、私が住むマンハッタンのマンション前の歩道で、白いハトの羽を二枚見つけた。ニューヨークではみんな「ピジョン」と呼んでいるカワラバトのものだ。その一枚を私は茶色のシャーピー（油性ペン）で部分的に塗った。シャーピーはアルコール・ベースの染料を使っていて、耐水性が高い。シャーピー・フライフィッシングは要は即興だ。とはいえフライにシャーピーを使いたくはないだろうが。私は自作のマクギンティ・フライでまだ釣りをしていない。ハチが飛び回り、流されている川を見つけなければならないからだ。あるいは、ヘミングウェイに倣って、七月にイラティ川へ旅してもいい。イラティ川ではぜひまた釣りたいものだ。

奇妙なことに、「二つの心臓の大きな川」でも『日はまた昇る』でも、著者をモデルにしたらしい登場人物――『日はまた昇る』の草稿では、ジェイクにあたる登場人物の名前は「ヘム」だった――は餌釣りを好んでいる。ヘミングウェイはしばしば自分自身の信条を否定し、そこから議論を展開するのを好んだ。狩猟をテーマとする本では、狩猟が非難され、議論されている。ヘミングウェイは生涯を通じてハンターであったのにだ。『日はまた昇る』では、ビルとジェイクがフライ対餌釣りで競争し、そしてそうした対決ではたいてい餌釣り派が勝つのだが、ビルとそのマクギンティが健闘する――僅差でジェイクとミミズをしのぎさえするのだ。ヘミングウェイは、思われているよりも深くフライを信頼していたのではないだろうか。ヘミングウェイが餌でなくフライで釣り、しばしば、ジェイクでなくビルのように、マクギンティで釣ったことを、われわれは彼の書簡から知っている。

アイルランド文化と釣り

フライフィッシングを題材にしたフィクションの中で、アイルランドのモーリス・ウォルシュによる*Green Rushes*（緑の草）をしのぐものはないと言っても誇張ではない。アイルランド人がフライフィッシングのことを書くとき、それはスポーツについて書いているだけではない。生き方について、アイルランドの文化について書いているのだ。*Green Rushes* はブラック・アンド・タン戦争（訳註：アイルランド独立戦争）を戦う人びとを描いた、互いに関連のある短編シリーズである。もっとも有名な物語は "The Quiet Man"（静かなる男）で、一九五二年にジョン・フォード監督が、ジョン・ウェインとモーリン・オハラ主演で映画化しているためだ。原作では、男はジョン・ウェインほど大柄ではない。これは重要なことだ、というのは彼はもっと大柄な義兄にいじめられているからだ。男はアメリカ人でもないが、アメリカでプロボクサーをしている。彼はアイルランドに戻って、独立のために戦う。

ブラック・アンド・タン戦争はウィンストン・チャーチルの残忍な発想だった。チャーチルは一九二〇年、アイルランド共和軍（IRA）と戦うために、失業し不満を溜めた第一次世界大戦の戦闘経験者を王立アイルランド警察隊に入隊させた。この英国警察隊は、間に合わせの制服の色からブラック・アンド・タンズ（黒と褐色）と呼ばれ、民間人への苛烈な攻撃で悪名高かった。隊員が殺害されると、彼らは民間人の大量虐殺と街への放火を含む報復措置を取った。彼らに対する敵意は大変なもので、ＩＲＡはそれまで以上に熾烈に戦うようになり、アイルランド人は英国人から同情を得た。戦争は一九二二年のアイルランド独立をもって終わった。

物語の中で、遊撃隊と呼ばれるＩＲＡの精鋭部隊は、戦争に疲れ果て、殺しが嫌になっていた。部隊はアイルランド南西部をさまよいながら、ブラック・アンド・タンズへの攻撃（暗殺、誘拐、破壊工作）を計画し、捕まらぬように気をつけていたが、それは絶体絶命ということだった。そのあいだ彼らは、ほとんどフライフィッシングのことばかり考えていた。部隊がいるのはコーク県とシャノン県で、そこにはアイルランド屈指のサケの川であるブラックウォーター川とシャノン川、その支流が流れていた。彼らは川を通り過ぎるたびに目を光らせ、よい淵があればあとで戻ってきて釣ろうと思っていた。そうした流れの一つを横目に、ある登場人物がしみじみと思う。「あんな水の中には魚がいるだろうなと、ぼんやりと考えた。ブラウントラウトがカゲロウをがつがつ食らっていて、ことによると、遡上したばかりのきれいなサケがシャノン川から入っているかもしれないぞと」

しかし部隊がいるのは、もっとも激しい戦闘が行なわれている地域でもあった。ブラック・アンド・タンズはコーク市街を焼くまでしていた。ある場面で、オーエンという名のＩＲＡの戦士が、ヒュー・フォーブズという上官から任務を言い渡される。「彼はヒュー・フォーブズ当人をもしのぐ熱烈な共和主義者であり、この世にもあの世にも怖いものはなかった」と語り手は言う。それなのにオーエンはフォーブズの命令を拒否する。「理由はあるのか？」。フォーブズが聞く。

「あります」とオーエンが言う。「釣りに行くんです」

時に物語は暗くなるが、それでもいつも釣りがある。ある戦士が思いを巡らせる。「つい昨日、俺はあそこで遡上したばかりのサケを殺した。今、この静かな夏の昼に、人を殺そうとしている――あるいは殺されようと」

Green Rushes の中で私が気に入っている短編“Then Came the Captain's Daughter”（そのとき大尉の

娘が来た）では、アイルランドに戦地配属された英軍の士官が妹と釣り道具を伴って着任する。士官はスコットランド人で、遊撃隊の隊員の中には戦前スコットランドで彼と共に釣りをした者がいる。戦争中であることとそっちのけで、彼らはみな一緒に釣りをして過ごす。だがそれからある日、ＩＲＡの戦士たちは、最高機密計画を立てているところを、うかつにも士官と妹に聞かれてしまったことに気づく。彼らは士官に、聞いたことを口外しないと約束させようとするが、士官はそれはできないと言う。

どうする？　普通のやり方だと、二人とも射殺することになる。だが戦士たちには釣り仲間を撃つことができない。和平交渉が成立して戦争がすぐに終わるかもしれないという噂もあった。戦士たちは士官と妹を人里離れたよい釣り場のある場所へ連れていき、お前たちは捕虜だから、戦争が終わるまでここにいて釣りをしていなければならないと告げる。しかし、もちろん、監視をつけないわけにはいかないので、戦士たちは交替で二人と釣りをしなければならなかった。戦争が終わり、アイルランドが解放されると、二人も解放された。

映画になった釣りの本

ノーマン・マクリーンの *A River Runs Through It*（邦題『マクリーンの川』、映画タイトル『リバー・ランズ・スルー・イット』）の映画化の経緯は、フライフィッシングを描いたフィクションがこうも少ない理由の説明になるだろう。モンタナで釣りをしながら成長する、このほぼ自伝的中編小説は、今日ではもっともすばらしい釣りの本の一つと考えられており、ウォルトンのものよりもはるかにフライロッドを持つ者すべての必読書とされている。しかし、シカゴ大学の英文学教授であったマクリーンは、長いあいだこの本の出版社を見つけられなかった。ようやく、一九七六年に、シカゴ大学出版局が出すには出したが、ロバート・レッドフォードがいなければ読む人はほとんどいなかったかもしれない。マクリーンとのあいだでかなりのすったもんだがあった末、レッドフォードは映画化の許諾を得た。映画が公開された一九九二年には、マクリーンはすでに死去していた。

映画は、小説に描かれたフライフィッシングの叙情と神秘主義を捉えており、このスポーツの人気を高めた。突如、フライフィッシングをすることがトレンディになったのだ。私はいつも思うのだが、この映画を観てフライフィッシングを始めた初心者は、ブラッド・ピットのやたらと派手なキャスティング、水の上で弧を描きながら行ったり来たりするものは、実際にマスを釣るときのやり方ではないと気づいて、がっかりしなかったのだろうか。フライフィッシングではもっと小さく正確な動きが必要だ。フライフィッシャーが大きくロッドを振り回すような動きをするとしたら、それはドライフライフィッシングでフライを乾かそうとするときだけだ。フォルス・キャスト、映画の中で「シャドウ・キャスト」と呼ばれていたものは、ときどき使われるテクニックだが、糸を出すときに一回か二回適度に振ってやればいい。水面の上を前後に動かしてマスのライズを誘うのはめったにうまくいかない。たいてい魚を警戒させて散らすだけだ。

小説も映画も、なぜわれわれは釣りをするのか、その意味は何かという問いに深く踏み込んでいる。そして物語は常にフライフィッシングを中心としているが、もっと深遠な何かを扱っている。それはまじめで責任感の強い子どもであり、のちにそのような大人になるノーマン・マクリーンと、途方もなく無責任な弟のポールとの関係だ。しかしポールには大きな長所がある。フライフィッシングのとびきりの名人であり、兄弟はさまざまな意味で遠く離れても、フライフィッシングをするときにはいつも親密だ。フライフィッシングがこの家族をまとめているのだ。

マクリーンと父親と弟——この物語に釣りをする女性は出てこない——にとって、フライフィッシングは宗教だった。父は牧師だが、本の冒頭で「わたしたちの家族では、宗教とフライ・フィッシングのあいだに、はっきりとした境界線はなかった」（渡辺利雄訳。以下同様）とはっきりと述べている。フライフィッシングはなすべきことであり、上手になすべきことなのだ。フライフィッシャーマンでなければ何の意味もない。ポールはこう考える。「西海岸の連中っていや、どいつもこいつも、ロッキー山脈で生まれたこたぁ生まれたが、フライ・フィッシャーマンになれなくて、西海岸に移って、弁護士とか、公認会計士とか、航空会社の社長、賭博師、モルモン教の宣教師なんかになってるだろう」

マクリーン一家にとって、ドライフライフィッシングは至高にして至聖の行為である。餌釣りは神への冒瀆だ。彼らは釣りの何たるかを知り、正しく理解することにどれほどやりがいがあるかを知っている。フライフィッシングはよりよい世界への逃避なのだ。

フライフィッシャーにとっては、なぜ自分がフライフィッシングをするのかを、この本は他の何よりも的確に表現する。フライフィッシャーでない人にとっては、何がフライフィッシャーを駆り立てるのかをこの本は明らかにする。「わたしはゆっくり時間をかけ、渓流の山道を下り、一足ごと現実の世界を忘れようとした。フィッシャーマンの意識のなかには、なにか不思議なものが潜んでいて、そいつがフィッシングを日常生活から切り離された、それ自体で自足した世界に変えようとする」。その瞬間は常にある。ブーツを履き、魔法の門をすり抜けるように川に入っていく瞬間が。

チェコ人作家が描いた釣り

オタ・パヴェルの*How I Came to Know Fish*（原題*Jak jsem potkal ryby*、邦題『ボヘミアの森と川そして魚たちとぼく』。英語版と日本語版では内容が一部異なっており、＊の引用箇所は本書訳者による翻訳）にはどうしても触れておきたい。たとえ私が餌釣り師に偏見を抱いていようとも、この本は私の知るどの本よりもスポーツフィッシングを深く理解しているからだ。この小さな物語を読み返すたびに、著者がフライフィッシャーでなく餌釣り師であることに驚く。その釣りに対する繊細な感受性は、私にとってもっぱらフライフィッシャーと結びつくものだからだ。

パヴェルはチェコのジャーナリストでスポーツライターだった。チェコスロバキアの農村部の出身で、子どもの頃はおそらくフライフィッシングを見たこともなかっただろう。パヴェルは友達とコイや、時には丸々したチャブ、バーベル、「ワニくらいの大きさの」[*]パイクを釣った。彼らはパンや練り餌を使った。世界中で一般的に行なわれている釣法だ。『アメリカの鱒釣り』では、朝食のパンを持っていって、真ん中の柔らかいところを丸めて玉にして、針につけたとブローティガンは言う。ブローティガンはこうつけ加える。「わたしはわたしの鱒になって、自分であの一片のパンを食べてしまった」

パヴェルの子ども時代、飢えたときはパンを焼いたら家族で食べてしまい、魚の分はない。余裕のあるときには、アニスを少し練り餌に混ぜた。スパイスが魚を寄せると信じられていたのだ。

パヴェルは、針に餌をつけて置き竿にし、竿の上に空き缶を載せておいて、ボートの上でごろりと横になって寝た。魚がかかると、空き缶の音で目が覚める。パヴェルは言う。「あらゆる人の眠りの中で、釣り人の眠りほど甘美なものはない。それは最高の贅沢だ——寝ながら釣りをするなんて」[*]。そんな眠りはフライフィッシングでは不可能だ。フライフィッシングでは神経を研ぎ澄ませておくことが肝心だからだ。パヴェルの父は釣りに凝っていて、パヴェルもその影響を受けた。パヴェルは初めて魚を釣ったときのことをこう書いている。「竿は弓なりにたわみ、ぼくは生まれて初めて、至上の喜びともいえる魚の〝引き〟を感じた」。釣り人の素質がある者なら、あの引きの喜びを一度味わえば、決して忘れられない。それは筋肉に刻み込まれ、くり返しくり返し感じたくなる。オタ・パヴェルがそうだった。

一九三九年三月一五日、ドイツがチェコスロバキアを侵略した。パヴェルの母はキリスト教徒で、父はユダヤ教徒だった。暮らしに暗雲が垂れ込めた。父が所有していた養殖池は没収された。「ユダヤ人にコイの養殖ができるのか*」とドイツ人は言った。それから父と二人の兄は強制収容所に移送された。九歳のオタと母だけが残った。二人には食べるものがなかった。

釣りは違う目的を持ったもの、食料を得るための必死の試みになった。パヴェルは短く頑丈な竿を作った――コートの下に隠せるくらい短いものだ。池で釣りをすることが許されなかったからだ。ナチスはコイを独占し、街の屋敷で宴会を開いていた。屋敷の窓から「リリー・マルレーン」のリフレインが漂ってくるのがパヴェルに聞こえた。パヴェルは街の人びとを観察した。誰が密告者で誰から釣り竿を隠さなければならないかを、頭に入れるためだ。また、池の番人の習慣も覚えた。それからすばやく効率よく捕れるようにコイを観察した。パヴェルはこう書いている。

そのときまで、ぼくは鯉について多くを知らなかった。ぼくは知らねばならない。鯉がいつご機嫌で、いつ不機嫌になるのか、いつ腹をすかせて、いつ腹をぱんぱんに膨らませているのか、そしていつ遊びたがるのかを。どこを泳ごうとするのか、どこで待つと無駄足を踏むことになるのか、それをぼくは知らねばならない。

パヴェルの父と二人の兄は生き延びて帰ってきたが、パヴェルはそのつらく必死な時代を決して忘れなかった。彼は釣りを続け、いつも子ども時代の釣りに郷愁を抱いていた。ノーマン・マクリーンのように、パヴェルは特に、釣りのために水辺へ降りていく瞬間をいとおしんだ。「……その魚を取り巻く全てのことは、懐かしく思いだす……まず、その魚を求めて、歩いて行ったときの、あるいは乗り物で行ったときのようす」

パヴェルは手に感じる引きへの愛を失うことがなかった。「人は空を見ることができる。森を覗き込むことができる。だが誰も本当に川の中を見ることはできない。釣り竿を持ったときだけそこが見えるのだ」

一九七三年、パヴェルは心臓発作により四三歳でこの世を去った。死の床にいるとき、彼は、大好きな川が目の前に浮かんでいたと語っている。水を手にすくい「女性にキスするように」くちづけするほど愛した川が。

終章　ブラックウォーター川のイェイツ

私は今も見ることができる、
顔にそばかすを散らした男が
灰いろのコネマラ織りの服を着て、
夜明け方、丘の上の灰いろの釣場へ出向き、
毛鉤を投げる姿を今も見るのだが、
この賢い質朴な男を
思い浮かべるようになってから
ずいぶん久しい。

——ウィリアム・バトラー・イェイツ「釣師」（高松雄一訳）

ブラックウォーター川は穏やかでどっしりした巨人のような川で、大きく蛇行し、古い黒々とした石橋の下で奔流となり、緑のコーク県を思いのままに流れる。この川は私に幸運を見せてくれたためしがない。見せるのはただその美しさだけだ。

長さわずか一七〇キロほどながら、それはアイルランドで三番目に長い川だ。その名前のつけ方は適切ではない。水は黒くなく、澄み切っている。たしかに茶色く見えるが、それは底が茶色の砂利だからだ。

川底の石の一つひとつがはっきりと見える。マスやサケがいれば、やはり見える。

アイルランドの偉大な小説家の一人（忘れられているといけないので言っておく）であり、長くコークに住んだエリザベス・ボウエンは、ノンフィクション作品 *Bowen's Court*（ボウエンの邸宅）でブラックウォーター川のことを書いた。彼女はブラックウォーター川を「もっとも荘厳でガラスのように澄んでいる」と描写したが、まさにその通りだ。一世紀以上前、サー・ハンフリー・デービーはブラックウォーター川を世界でもっともすばらしいサケの川の一つに挙げた（彼の言う世界とは、イングランド、ウェールズ、スコットランド、アイルランドだった）。

タイセイヨウサケが遡上する川のほとんどすべてがそうなのだが、今日ではブラックウォーター川のサケは、デービーの時代と比べるとはるかに少なくなってしまった。しかしそれは今も、アイルランドでもっともすばらしい二本の川の一本であり、匹敵するものはメイヨーとスライゴの県境を北西へと流れるモイ川しかない。

珍しいカワシンジュガイの殻がブラックウォーター川の岸で見つかる。野生の白鳥が川に棲んでいて、つがいで川の上を飛ぶとき声を揃えて鳴く。青い背と赤い胸が鮮やかなカワセミは、普通は熱帯を連想させる鳥だが、ブラックウォーター川を巡回している。この鳥はホバリングでき、そうしながら頭をぐるりと回して左右を見渡してから、水に飛び込んで長くとがったくちばしで小魚を捕らえる。近くでは、それよりはるかに長いくちばしを持つ脚のひょろっとしたアオサギが、蛇のようにくねる首を下げて、川の中の魚をあさっている。

シラサギたちが川縁を、繊細なひだのついたリネンのように飾る。しかし彼らは好感を持たれていない。

ブラウントラウトの取り込み。アイルランド、コーク県ブラックウォーター川。

新参者はどこでもそうだが、不信の目を向けられているからだ。この鳥がブラックウォーター川に来て二、三〇年しか経っておらず、アイルランド人（数百年前の紛争を昨日起きたかのように話す人たちだ）にとって、これは非常に短い時間なのだ。シラサギはフランスから来た（「フランスに帰ればいいのに」と言う者が地元民の中にいる）。そして大方の考えに反して、たぶんアオサギやカワセミほどにしか小魚を食わない。彼らはよく岸辺にじっとして、鮮やかな黄色の足を派手なサケ用フライのようにゆらし、サケの若魚をおびき寄せる。

私がフライを投げながら眺めて楽しんでいる、こうした美しい鳥たちだが、海に出る準備ができるまで川で成長するサケの稚魚、幼魚、若魚にとっては災難だ。

人間にはこれを、自然の摂理でありそのように機能するものだとして受け入れがたい。鳥はサケの卵を食べて生き延び、サケはたくさんの卵を産んで、食べられてもなお多くが残って大きく成長し、さらに多くの卵を産むことで生き延びている。

カラスは魚を捕らない。だが、タダ飯を見逃すようなことはなく、目の前に落ちているものはほとんど何でも食べる。彼らもまた、この川の一部であり、そして魚を捕らない者にはありがちなことだが、一番やかましい。川の中州は繁殖地で、カラスたちは木の上に作った巣に座って、卵を産んだことを甲高い声でしきりに自慢する。たぶん彼らは正しいのだろう。繁殖は声高に叫ぶだけの価値があるものだ。マスやサケは気にしている様子はなく、騒々しい繁殖地の脇を通る澪を好んで泳ぐ。

土地は石灰岩で、硬質石灰岩の小道、岩がごろごろした草地、森林に覆われた崖のあいだに、たおやかな緑の低湿地が点在し、そういうところではたまに牛が草を食(は)んでいる。春のフライフィッシング・シーズンには、野生のアヤメが咲き、ウォーターミントが川へと茎を伸ばす。丘の上に高く古めかしい石造りの廃墟が立っている。人びとはそれらを城と呼ぶが、ほとんどは物見櫓(やぐら)として築かれたものだ。

ブラックウォーター川で釣る際に、私が一度ならず滞在した街がファーモイ、川のほかにこれといった見どころのない小さな市だ。ここで、川幅が広がったブラックウォーター川は支流のアウベッグ川と合流する。サケを捕る堰がかつて川を塞いでいたが、幸い最近になって撤去され、今では川は自由に流れている。一三世紀から一五世紀には、この地点に渡し船があり、一六二六年に橋がかけられた。橋は二年後に流されるが、一六八七年、この地方出身の有名な科学者ロバート・ボイルが新しく石灰岩の橋をかけた。

ファーモイは大昔からある街ではない。コークの街で商売により財をなしたスコットランド人、ジョン・アンダーソンが設計したものだ。アンダーソンは一七九一年にのちのファーモイの土地を買い、街の設計を始めた。七年後、アイルランド反乱が勃発し、英国人が兵士と共にアイルランドに押し寄せた。アンダーソンは、彼らのために ファーモイに兵舎を建設すると申し出た。またボイルの石灰岩の橋を改築し、拡張した。ファーモイは英国の守備隊駐屯地として栄え、それが数十年続いた。橋は一八六五年に再び拡張され、士官のための瀟洒（しょうしゃ）で小さな家が建てられた。

士官たちと共にフライフィッシングが到来した——英国陸軍士官は派遣先がどこであっても必ずフライフィッシングを持ち込む。ブラックウォーター川の噂も広まり、軍人、民間人を問わずイングランドのフライフィッシャーのあいだで人気の川となった。英国軍は一九二一年に街から撤退したが、英国人は今もブラックウォーター川に釣りに行く。二〇一五年に橋は、トマス・キャントの名を取ってトーマス・ケント橋と改称された。キャントは英国と戦って、一九一六年にコークで処刑された「愛国者」である。英国人が釣りをしに来るのは大歓迎だが、アイルランド人に忘れる気配はない。

私はグレンダ・パウエルと釣りをしていた。アイルランドで最高の釣り師、ガイド、講師とされる人物だ。私が彼女を知ったのは、ゴールウェイに住む友人たちに、本当にいいギリを紹介してくれと頼んだところ、異口同音に「ギリより適任者がいる。グレンダに頼めばブラックウォーターでは必ず釣れる」と言ったからだ。ギリは客をいい釣りのポイントに連れていって、フライを選び、もしかすると結んでくれるかもしれないが、一日中客につきっきりとはかぎらない。グレンダは違う。彼女はただのガイドではなく、講師だ。川と魚のことを教えてくれ、キャスティングがうまくなるように指導もしてくれるのだ。

ベテランのフライフィッシャーでも、いい釣りのポイントでは、グレンダに指導を申し込むことがある。彼女はひっぱりだこなので、かなり前から予約を入れなければならない。女性であるグレンダがこの評価を得るまでの道のりは楽なものではなかった。

グレンダはベルファスト郊外で育った。父はそこで警察官をしていた。ベルファストの警察官は思いつく中でも最大級のタフな職業だ。「私が初めて釣ったのはウナギで、六歳のときだった」とグレンダは語った。「おじのマイケルはフライタイヤーだった。釣りに連れていってもらったことはないけれど、おじがフライを巻くのを私はいつも見ていた。私が一二歳のときおじは亡くなり、ロッドが私に遺された。私は学校が始まる前の早朝と放課後に釣りを始めた。そのうち学校へ行っていなきゃいけない時間にも。私の父は警官で、それを許さなかった。でも生徒の半分がブラウントラウトの解禁日には学校を休んでいた。先生に私も休んでいいですかと聞くと、いいと言ったので、それから五年、解禁日には休んだ」

「一八歳のとき、私は両親に、これから釣りを仕事にしていくと言った。殺されるかと思うほど二人は怒った。私は警察の採用試験をわざと落ちた。私は警官にはなりたくなく、釣りをしたかった。私は北アイルランドの出身で、そこは釣りの先進地域ではなかった。私はスコットランドに行って釣りを学んだ」

グレンダが腕のいい釣り師になっても、男性釣り師は彼女の言うことを聞こうとしなかった。グレンダはキャスティングのデモンストレーションを始め、そしてすぐ、ジョーン・ウルフのように、自分の目的を達するためには、キャスティング・チャンピオンにならねばならないと気づいた。ジョーンと同じようにそうしたいという気はなかったが、次々と競技に出場し、サーモン・ディスタンス・キャスティング競技の女子世界チャンピオンになった。誰も二度と彼女を疑わなくなった。以来グレンダは、ほかのキャスティング大会には出場していない。

グレンダと夫のノエルは、ブラックウォーター川の数区画（ビート）を所有者から賃借している。英国と同じように、アイルランドの川には所有者がいるのだ。

アイルランド人はその過酷な歴史の教訓をよく覚えている。一八四五年から一八四九年にかけて、ジャガイモ疫病が原因で起きた大飢饉と呼ばれるもので、一〇〇万のアイルランド人が死亡し、少なくとも同数が移住した。アイルランドの人口は未だに一八四四年のレベルに届かない。しかしアイルランドの小作人が飢える中、アイルランドの地主は、大量のサケを含め、彼らが生産したあり余る食料をイングランドに売って、結構な収入を得ていた。ここから得た大きな教訓は、土地を所有することの重要性――モーリス・ウォルシュの言う「アイルランドの極度な土地への渇望」だ。だから川を所有することは、アイルランドではきわめて重要なことであり、ビートを貸し出すのは利益の大きなビジネスなのだ。

グレンダとノエルによれば、ビートの賃貸契約を維持しようとするとかかり切りの仕事になるという。それでも彼らは不満を言わない。フライフィッシングで食べていける人が何人いるだろう？　二人はブラックウォーター川の八キロにわたって独占権を持ち、それで夫婦と子ども二人の生計を立て、子どもたちは自然に囲まれた幼少期を送っている。「きつい生活だけれど、生活の質という意味では、やっていることは何より好きだ」とグレンダは言う。「みんな私がうらやましいと言うけれど、ほとんどの人は私の仕事で暮らしていきたいとは思わない。私はその数少ない一人、もしかするとアイルランドでただ一人かもしれない。ガイドと講師一本で食べているのは」

私はグレンダとの数日の釣行を予約していた。私たちはカスケード・フライを使っていた。中型のサケ用フライで、オレンジと黄色のバックテール——シカの尾の毛を染めたもの——にニワトリの羽でできた銀と赤とオレンジの小さなハックルがついている。ダブルフックに巻いたそれは、けばけばしさのない品格のあるフライだと私には思えた。

サケはそれほど心を動かさなかった。大物が何匹か跳ねて私を値踏みしていたが、餌を食べていなかったので、私の見たところでは彼らは私をからかっていたのだ。

川ではブラウントラウトも活発に跳ねていた。こちらは餌を食べていた。オリーブ・フライと呼ばれる小さく細く黒い羽虫の濃密な帯が、川の上を漂っていた。グレンダはオリーブ・フライのイミテーションを持っていたので、試してみたが、魚は食わなかった。それから私たちはシルバースパイダーを試した。ミノーに似せてデザインされたフライだ。いきなり私は型のいいサケの若魚を釣った。元気がよく、すぐにも海へと乗り出せそうだった。大きなブラウントラウトも釣った。どの川にも固有のブラウントラウトがいる。ブラックウォーター川のものは、背に斑紋があり腹が金色で見栄えがした。

しかし私はこれで満足できなかった。魚は全部、オリーブ・フライのイミテーションではなくシルバースパイダーに食ってきた。つまりマスが空中に跳ねていても、それは昆虫を食べているのではないということだ。マスもサケの若魚も、サケの稚魚、赤ん坊を食べていて、それとシルバースパイダーを間違えたのだ。私たちは魚に虫を食べていてほしかった。

ブラックウォーター川での別の朝、私はまったく何も釣れなかった。魚が跳ねた形跡さえなかった。川にいたほかの釣り人も、やはり何も釣れていなかった。正午頃、私は休憩してノエルとフライを巻くことにした。グレンダは、いいポイントを知っているので一人で行ってサケを釣ってくると言った。ノエルはカスケード・フライの巻き方を教えてくれた。しばらくして、グレンダが帰ってきた。何も釣れていなかった。ノエルが笑った。「やりましたね、マーク、彼女と引き分けに持ち込んだ！」

まさにそこなのだ。石灰岩をちりばめた緑の田園があり、深く暗い森があり、鈍色の雲を割って射し込むまばゆい日差しと、それに照らされて燃える谷間がある。そして笑うことが大好きな人たちのユーモアがある。アイルランドにいるとき、人はいつも魚が釣れるわけではないが、いつも笑っている。

本当のところ、イェイツはたぶんブラックウォーター川で釣りをしたことはないだろう。イェイツはアイルランド西部、スライゴやメイヨーの人間であり、モイ川で釣っていた可能性のほうが高い。のちに彼はダブリンとロンドンで暮らし、もう釣りは一切しなくなった。アイルランド人にとって悲しい運命だ。しかしイェイツはスライゴの日々をいつも回想していた。彼の言う「心にひび割れひとつない少年だった」ときのことを。

章の冒頭に掲げたイェイツの詩に登場する、コネマラ織りのウールの服を着たそばかすのあるフライフィッシャーは、質朴であるが賢い。彼は灰色の夜明けに急な川の土手を登って、フライを投げる。彼は、何が重要なのかを知り、人生は勝利がすべてではないことを知っている。魚はそこにおり、彼は常に楽観的で、今にも魚がライズして自分のフライを食い、最高の時を迎えると思っている。その手はあの「引きの喜び」を求めてうずいている。腕は記憶している。

灰色のコネマラの服を着た男は、結局は、自分が勝てないことも知っている。川が勝つ、そしてそうあるべきなのだ。それでも彼は川の大いなる流れに立ち、あえて望みを抱き続けるだろう。チェコの作家オタ・パヴェルはいみじくもこう言っている。「ようやくぼくは、自分の憧れをぴったりと表す言葉を見つけだす：自由という言葉を。魚釣りはわけても自由だ」

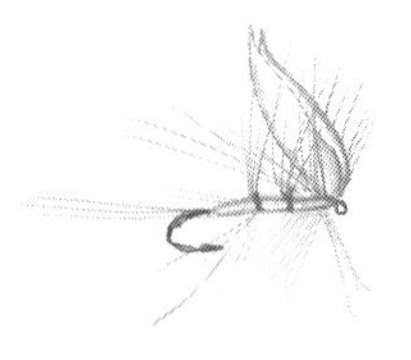
オグデンズ・ファンシーフライ

訳者あとがき

世界的なベストセラー作家、マーク・カーランスキーが自身の趣味でもあるフライフィッシングについて書いた本書は、原題を *The Unreasonable Virtue of Fly Fishing*（フライフィッシングの理屈のつかないすばらしさ）という。そのタイトルの通り、著者は理屈では説明しようのないフライフィッシングの魅力を、歴史、哲学、倫理学、生物学とさまざまな視点からのアプローチによって考察しようと試みている。

訳者は小学校の高学年で釣りを始めた。中学生のころにはかなり熱中したが、その後は熱が冷め、ときどき思い出したように戻ったり、人から道具を借りてちょっとやったりといったことをくり返して今に至っている。ほとんどは海での餌釣りだ。渓流でルアーを引いたことは何回かあるが、釣れたためしはない。

フライフィッシングについては、もちろんやれば楽しいのだろうと思っていたが、これまでやってみたいとも思わなければ、自分がやっているところも想像できなかった。道具の値が張ることもあった。どんな釣りにだって高価な道具はあるが、それは何十キログラムもある大物を引き上げる強力なリールだったり、仕掛けを二〇〇メートル以上沖まで飛ばすトップレベルの竿だったりで、そこまでの機能を求めなければ手頃なモデルもいくらでもある。ところがフライフィッシングのタックルには、少なくとも私が釣りを覚えたころは廉価なものがほとんどなく、低価格帯のものでも他のジャンルの釣り具と比べれば高く、しかも価格が機能に見合っているとも思えなかった。もちろん多少の偏見もあるが、そんなこと自分には縁遠いものだと思っていた。

ところが本書を訳すうちに、私はフライフィッシングを始めたくなり、残念ながら時間が取れず実現できなかったが、「取材」と称して行ってしまおうかと本気で考えた。理由は説明しにくい。やはり原題の *The Unreasonable Virtue of Fly Fishing* のなせる技だろうし、また、それを伝える著者の筆力の影響も大きかったと思う。

一方で、この本は誰に向けたものなのだろうかということも考えた。フライフィッシングをする人なのか、しない人なのか。フライフィッシャーは興味を持って読むだろうが、その人たちにとってフライフィッシングのすばらしさはいわずもがなだ。餌釣りの経験はあるがフライフィッシングはしたことない私には、その魅力が余すところなく伝わった。だが、釣りを一切しない人は、本書をどう読むだろうか？

本書一三章で著者はこう述べている。「フライフィッシングの本は二つのカテゴリーに分類できる。『なぜ釣るのか？』という問いを検討する本と、『どう釣るのか？』という問いに答える本である。前者は私たちを感動させ、後者は私たちを教育する。前者はあらゆる人のための本であり、後者はもっぱら釣り人に向けた本だ」。

ならば本書は、過去の釣り人たちが「なぜ釣るのか」をどのように検討し、「どう釣るのか」にどう答えてきたかを解き明かす本と言えるだろう。著者は、現存する最古の釣りの本とされる一五世紀の *A Treatyse of Fisshynge wyth an Angle*（直訳すると「釣り針による漁についての小論」だが、『釣魚論』のタイトルで邦訳もある）に始まり、名著として何度も邦訳された『釣魚大全』、さらには料理本まで渉猟し、釣り、ことにフライフィッシングの起源やその思想の源流（なぜ釣るのか）、フライ、竿、リールなど釣り具の発達（どう釣るのか）、また文学に表現された釣りについて幅広く考察している。これらの何か一つでも関心が持てれば、釣りをしない人にでも、その理屈のつかないすばらしさはきっと伝わると確信している。

トレント川（イングランド）
ナムセン川（ノルウェー）
ニピゴン川（オンタリオ州、カナダ）
ネス川（スコットランド）
ネバーシンク川（ニューヨーク州）
バッテンキル川（バーモント州）
ビーバーキル川（ニューヨーク州）
ビッグウッド川、リトルウッド川（アイダホ州）
ビッグブラックフット川（モンタナ州）
ブラックウォーター川（アイルランド）
フレーザー川（ブリティッシュ・コロンビア、カナダ）
ブローラ川（スコットランド）
ペノブスコット川（メイン州）
ボイド川（エーボン川支流）（イングランド）
ボナバンチュール川（ケベック、カナダ）
マクラウド川（カリフォルニア州）
マシュピー川（マサチューセッツ州）
マルガリー川（ノバスコシア、カナダ）
モイ川（アイルランド）
モワジー川（ラブラドール、カナダ）
ラバル川（ラブラドール、カナダ）
リー川（ハートフォードシャー、イングランド）
レスティグーシュ川（ニューブランズウィック州・ケベック州、カナダ）
ロアリング・フォーク川（コロラド州）
ローグ川（オレゴン州）
ワンドル川（イングランド）

川名一覧

アルタ川（ノルウェー）
イーヤク川（アラスカ州）
イール川（カリフォルニア州）
イッチェン川（ハンプシャー、イングランド）
イラティ川（ナバラ、スペイン）
ウィラメット川（オレゴン州）
ウォームスプリング・クリーク（アイダホ州）
オーセーブル川（ニューヨーク州）
オゼルナヤ川（カムチャツカ半島、ロシア）
クラッカマス川（オレゴン州）
グラン・カスカペディア川、プチ・カスカペディア川（ケベック、カナダ）
黄河（中国・チベット）
コトゥイ川（ロシア）
ゴドブー川（ケベック、カナダ）
コリブ川（アイルランド）
コロンビア川（ワシントン州・オレゴン州）
サーソー川（スコットランド）
サーモン川（アイダホ州）
サルーム川（セネガル）
尻別川（北海道、日本）
シャノン川（アイルランド）
シルバークリーク（アイダホ州）
スクールキル（ペンシルベニア州）
スズルランド川（アイスランド）
スチョルダル川（ノルウェー）
スネーク川（アイダホ州・ワイオミング州）
スプルース・クリーク（ペンシルベニア州）
スペイ川（スコットランド）
ターナ川（ノルウェー）
ダブ川（スタッフォードシャー、イングランド）
チャタフーチー川（ジョージア州）
ツー・ハーテッド（ミシガン州）
ディー川（スコットランド）
テイ川（スコットランド）
デベロン川（スコットランド）

p. 251　エリック・ウェーバー撮影。

p. 269　木炭、鉛筆、インク。著者による。

pp. 14, 19, 37, 58, 78, 80, 112, 138, 144, 154, 167, 171, 179, 198, 208, 214, 222, 234, 235, 244, 276　著者による鉛筆画。

図版リスト

パヴェル，オタ『ボヘミアの森と川そして魚たちとぼく』菅寿美＋中村和博訳、未知谷、2020年
ヘミングウェイ『老人と海』小川高義訳、光文社、2014年
ボズウェル，ジェームズ『サミュエル・ジョンソン伝　1・2・3』中野好之訳、みすず書房、1981～1983年
マクリーン，ノーマン『マクリーンの川』渡辺利雄訳、集英社、1993年

Train, Arthur. *Mr.Tutt at His Best.* New York: Scribner's, 1961.

Trench, Charles Chenevix. *A History of Angling.* London: Hart-Davis, MacGibbon, 1974.

Walsh, Maurice. *Green Rushes.* London: W & R Chambers, 1936.

Walton, Izaak. *The Compleat Angler; or, the Contemplative Man's Recreation: Being a Discourse of Fish and Fishing for the Perusal of Anglers; with Instructions How to Angle for a Trout or Grayling in a Clear Stream, by Charles Cotton* [fifth edition, 1676] *and with an Introduction by James Russell Lowell.* New York: Heritage Press, 1948.『完訳 釣魚大全　I・II』アイザック・ウォルトン著、飯田操訳、平凡社、1997年

Waterman, Charles F. *A History of Angling.* Tulsa: Winchester Press, 1981.

Whitelaw, Ian. *The History of Fly Fishing in Fifty Flies.* New York: Abrams, 2015.

Wilkinson, A. G. "Notes on Salmon Fishing." *Scribner's Monthly* 12, no. 6. (October 1876).

Woit, Steve. *Fly Fishing Treasures: The World of Fly Fishers and Collecting.* London: Pureprint, 2018.

Wood, Charles B., III. *Bibliotheca Salmo Salar: A Selection of Rare Books, Manuscripts, Journals, Diaries, Photograph Albums, & Ephemera on the Subject of Atlantic Salmon Fishing.* Boston: David R. Godine, 2017.

Wulff, Joan Salvato. *Joan Wulff's Fly Fishing: Expert Advice from a Woman's Perspective.* Harrisburg: Stackpole, 1991.

Wulff, Lee. *Bush Pilot Angler.* Camden, ME: Down East Books, 2000.

———. *The Atlantic Salmon.* New York: A. S. Barnes, 1958.

Wulff, Lee. Edited by John Merwin. *Salmon on a Fly: The Essential Wisdom and Lore from a Lifetime of Salmon Fishing.* New York: Simon & Schuster, 1992.

【引用文献】

アービング，ワシントン「釣り師」『スケッチ・ブック　上・下』齊藤昇訳、岩波書店、2015年

イェイツ，ウィリアム・バトラー「釣師」『対訳　イェイツ詩集』高松雄一訳、岩波書店、2009年

オウィディウス『恋愛指南――アルス・アマトリア』沓掛良彦訳、岩波書店、2008年

カーター，ジミー『ジミー・カーターのアウトドア日記――冒険と思索の日々』山口和代＋篠原章訳、東急エージェンシー出版部、1992年

コットン，チャールズ＋ヴェナブルズ，ロバート『完訳 釣魚大全 I・II』飯田操訳、平凡社、1997年

シェイクスピア『シェイクスピア全集24（ヘンリー四世）』松岡和子訳、筑摩書房、2013年

トルストイ，レフ『アンナ・カレーニナ　上・中・下』木村浩訳、新潮社、1985年

バイロン『ドン・ジュアン　上・下』小川和夫訳、富山房、1993年

Gordon. London: Jonathan Cape, 1949.

———. *The Origins of Angling: An Inquiry into the Early History of Fly Fishing with a New Printing of The Treatise of Fishing with an Angle.* New York: Lyons & Burford, 1957.

McGuane, Thomas. *The Longest Silence: A Life in Fishing.* New York: Alfred A. Knopf, 1999.

McKenna, Mike. *Angling Around Sun Valley: A Year-round Fly Fishing Guide to South Central Idaho.* Hailey, ID: Mandala Media, 2013.

Mills, Derek, and Jimmy Younger. *Megan Boyd: The Story of a Salmon Flydresser.* Ludlow, Shropshire, UK: Merlin Unwin Books, 2016.

Netboy, Anthony. *The Atlantic Salmon: A Vanishing Species?* Boston: Houghton Mifflin, 1968.

Pavel, Ota. Translated by Jindriska Badal and Robert McDowell. *How I Came to Know Fish.* New York: New Directions, 1990.『ボヘミアの森と川そして魚たちとぼく』オタ・パヴェル著、菅寿美＋中村和博訳、未知谷、2020年

Prosek, James. *The Complete Angler: A Connecticut Yankee Follows in the Footsteps of Walton.* New York: HarperCollins, 1999.

———. *Trout: An Illustrated History.* New York: Alfred A. Knopf, 1997.

Pryce-Tannatt, T. E. *How to Dress Salmon Flies.* London: Adam and Charles Black, 1977. First edition 1914.

Radcliffe, William. *Fishing from the Earliest Times.* Chicago: Ares, 1974. First published in London by John Murray, 1921.

Sage, Dean. *The Ristigouche and Its Salmon Fishing.* Edinburg: David Douglas, 1888.

Schullery, Paul. *American Fly Fishing.* Manchester, VT: American Museum of Fly Fishing, 1987.

———. *Royal Coachman: The Lore and Legends of Fly-Fishing.* New York: Simon & Schuster, 1999.

Scott, Genio C. *Fishing in American Waters.* Secaucus, NJ: Castle Books, 1989 (originally published in 1888).

Shand, Mel. *A Portrait of the River Dee.* Aboyne, Scotland: Pica Design, 2014.

Sheringham, Hugh, and John C. Moore, eds. *The Book of the Fly-Rod.* Lanham, MD: Derrydale Press, 1993.

Steinbeck, John. "On Fishing." *America and Americans and Selected Nonfiction.* Edited by Jackson J. Benson and Susan Shillinglaw. New York: Viking, 2002.

Taylor, Joseph E., III. *Making Salmon: An Environmental History of the Northwest Fisheries Crisis.* Seattle: University of Washington Press, 1999.

Thoreau, Henry D. *A Week on the Concord and Merrimack Rivers.* West Virginia Pulp and Paper Company, 1966. Originally published in Boston by James Monroe in 1849.『コンコード川とメリマック川の一週間』ヘンリー・ソロー著、山口晃訳、而立書房、2010年

———. *The Maine Woods.* Princeton: Princeton University Press, 1972. Originally published posthumously in 1864.『メインの森——真の野性に向う旅』ヘンリー・D. ソロー、小野和人訳、講談社、1994年

1990年

Hoffman, Richard C. *Fishers' Craft and Lettered Art: Tracts on Fishing from the End of the Middle Ages.* Toronto: University of Toronto Press, 1997.

Holden, Dr. George Parker. *The Idyl of the Split-Bamboo: A Detailed Description of How to Build a Bamboo Fly fishing Rod.* Cincinnati: Stewart & Kidd, 1920.

Hoover, Herbert. *Fishing for Fun and to Wash Your Soul.* New York: Random House, 1963.

Irving, Washington. *Sketch Book of Geoffrey Crayon, Gent.* New York: C.S. Van Winkle, 1819. 『スケッチブック　上・下』アーヴィング著、齊藤昇訳、岩波書店、2014年

Johnson, Kirk Wallace. *The Feather Thief: The Natural History Heist of the Century.* London: Windmill Books, 2019.『大英自然史博物館珍鳥標本盗難事件——なぜ美しい羽は狙われたのか』カーク・ウォレス・ジョンソン著、矢野真千子訳、化学同人、2019年

Johnson, Victor R. , Jr. *America's Fishing Waders: The Evolution of Modern Fishing Waders.* Vallejo, CA: EP Press, 2008.

Jorgensen, Poul. *Dressing Flies for Fresh and Salt Water.* Rockville Center, NY: Freshet Press, 1973.

———. *Salmon Flies: Their Character, Style, and Dressing.* Harrisburg: Stackpole, 1978.

Kelson, George M. *The Salmon Fly: How to Dress It and How to Use It.* London: Wyman and Sons, Ltd., 1895.

Latimer, Adrian. *Fire & Ice: Fly fishing through Iceland.* Ellesmere, Shropshire, UK: Medlar Press, 2012.

Leonard, J. Edson. *The Essential Fly Tier.* Englewood Cliffs, NJ: Prentice-Hall, 1976.

Leslie, Eliza. *Miss Leslie's Directions for Cookery: An Unabridged Reprint of the 1851 Classic.* Mineola, NY: Dover, 1999.

Lloyd, Captain L. *The Field Sports of the North of Europe: A Narrative of Angling, Hunting, and Shooting in Sweden and Norway.* London: Hamilton, Adams, 1885.

Lolli, Tony. *The Art of the Fishing Fly.* New York: Sterling, 2018.

Maclean, Norman. *A River Runs Through It.* Chicago: University of Chicago Press, 1976.『マクリーンの川』ノーマン・マクリーン著、渡辺利雄訳、集英社、1993年

Marbury, Mary Orvis. *Favorite Flies and Their Histories.* Secaucus, NJ: Wellfleet, 1988 (original 1892).

Mascall, Leonard. *A Booke of Fishing with Hooke and Line.* London: John Wolfe, 1590.

Maunsell, G. W. *The Fisherman's Vade Mecum: A Compendium of Precepts, Counsel, Knowledge and Experience in Most Matters Pertaining to Fishing for Trout, Sea Trout, Salmon and Pike.* London: Adam & Charles Black, third edition, 1952.

May, Robert. *The Accomplisht Cook.* Facsimile of 1685 edition. Totnes, Devon, UK: Prospect, 1994.

McClintock, James. *A Naturalist Goes Fishing: Casting in Fragile Waters from the Gulf of Mexico to New Zealand's South Island.* New York: St. Martin's Press, 2015.

McDonald, John, ed. *The Complete Fly Fisherman: The Notes and Letters of Theodore*

Cleveland, Grover. *Fishing and Shooting Sketches.* New York: The Outing Press, 1906.

Combs, Trey. *Steelhead Trout: Life History, Early Angling, Contemporary Steelheading.* Portland, OR: Northwest Salmon Trout Steelheader Company, 1971.

Davy, Humphry. *Salmonia: or, Days of Fly Fishing.* London: John Murray, 1828.

Douglass, William A. *Casting About in the Reel World.* Oakland, CA: RDR Books, 2002.

Duncan, David James. *The River Why.* San Francisco: Sierra Club Books, 1983.

Dunham, Judith. *The Atlantic Salmon Fly: The Tyers and Their Art.* San Francisco: Chronicle, 1991.

Eckstorm, Fannie Hardy. *The Penobscot Man.* Boston: Houghton Mifflin, 1904.

Fagan, Brian. *Fishing: How the Sea Fed Civilization.* New Haven, CT: Yale University Press, 2017.

Fersen, Paul, and Margot Page. *The Art of Fly Fishing: An Illustrated History of Rods, Reels, and Favorite Flies.* Philadelphia: Courage, 2000.

Foggia, Lyla. *Reel Women: The World of Women Who Fish.* New York: Three Rivers Press, 1995.

Gao Xingjian. *Buying a Fishing Rod for My Grandfather: Stories.* New York: HarperCollins, 2004.「おじいさんに買った釣り竿」『母』高行健著、飯塚容訳、集英社、2005年

Garrison, Everett E., and Hoagy B. Carmichael. *A Master's Guide to Building A Bamboo Fly Rod: The Essential and Classic Principles and Methods.* North Salem, NY: Skyhorse, 2016.

Goodspeed, Charles Eliot. *Angling in America: Its Early History and Literature.* Boston: Houghton Mifflin, 1939.

Grey, Zane. *Tales of Fishes.* New York: Grosset & Dunlap, 1920.

———. *Tales of Freshwater Fishing.* New York: Grosset & Dunlap. 1928.

———. *Tales of Southern Rivers.* New York: Grosset & Dunlap, 1924.

Haig-Brown, Roderick. *The Seasons of a Fisherman: A Fly Fisher's Classic Evocations of Spring, Summer, Fall, and Winter Fishing.* New York: Lyons, 2000.

———. *Woods and River Tales.* Toronto: McClelland and Stewart, 1980.

Halverson, Anders. *An Entirely Synthetic Fish: How Rainbow Trout Beguiled America and Overran the World.* New Haven, CT: Yale University Press, 2010.

Harper, Francis, ed. *The Travels of William Bartram.* Athens, GA: University of Georgia Press, 1998.

Hemingway, Ernest. "Big Two-Hearted River, Part I and Part II." *The Complete Short Stories of Ernest Hemingway.* New York: Scribner's, 1987.「二つの心臓の大きな川」『ヘミングウェイ全短編 1』アーネスト・ヘミングウェイ著、高見浩訳、新潮社、1996年

———. *The Sun Also Rises.* New York: Scribner's, 1926.『日はまた昇る』アーネスト・ヘミングウェイ著、土屋政雄訳、早川書房、2012年ほか邦訳書多数

Hemingway, Jack. *Misadventures of a Fly Fisherman: My Life with and without Papa.* Dallas: Taylor, 1986.『青春は川の中に――フライフィッシングと父ヘミングウェイ』ジャック・H・N・ヘミングウェイ著、沼沢洽治訳、ティビーエス・ブリタニカ、

参考文献

American Museum of Fly Fishing. *A Treasury of Reels: The Fishing Reel Collection.* Manchester, VT: American Museum of Fly Fishing, 1990.

Anderson, Dave, ed. *The Red Smith Reader.* New York: Skyhorse, 2014.

Barker, Thomas. *The Art of Angling: Wherein Are Discovered Many Rare Secrets, Very Necessary to Be Knowne by All That Delight in that Recreation.* London, 1651 (reprinted London: Inchbold and Gawtress, 1817).

Bei Dao. *City Gate, Open Up.* New York: New Directions, 2017. Originally published in 2010.

Bergman, Ray. *Trout.* Third Edition. New York: Alfred A. Knopf, 1976.

Berners, Juliana. *The Treatyse of Fysshynge Myth an Angle, Attributed to Dame Juliana Berners.* London: John Pickering, 1827.『釣魚論』ジュリアナ・バーナーズ著、椎名重明訳、つり人社、1997年

Bevan, Jonquil. *Izaak Walton's The Compleat Angler: The Art of Recreation.* New York: St. Martin's Press, 1988.

Blot, Pierre. *Hand-Book of Practical Cookery, for Ladies and Professional Cooks.* New York: Arno Press, 1973 (original 1869).

Bowen, Elizabeth. *Bowen's Court.* New York: Alfred A. Knopf, 1942.

Brautigan, Richard. *Trout Fishing in America.* New York: Delta, 1967.『アメリカの鱒釣り』リチャード・ブローティガン著、藤本和子訳、晶文社、1975年

Bryan, John, ed. *Fishing with Dad: 50 Great Writers Recall Angling with Their Fathers, Friends, and Favorite Colleagues.* New York: Skyhorse, 2012.

Butler, James E., and Arthur Taylor. *Penobscot River Renaissance: Restoring America's Premier Atlantic Salmon Fishery. Camden,* Maine: Silver Quill Press, 1992.

Carmichael, Hoagy B. *8.* North Salem, NY: Anesha, 2010.

———. *The Grand Cascapedia River: A History. 2 vols.* North Salem, NY: Anesha, 2012.

———. *Side Casts: A Collection of Fly fishing Yarns by a Guy Who Can Spin Them.* North Salem, NY: Anesha, 2015.

Carter, Jimmy. *An Outdoor Journal: Adventures and Reflections.* New York: Bantam Books, 1988.『ジミー・カーターのアウトドア日記——冒険と思索の日々』ジミー・カーター著、山口和代＋篠原章訳、東急エージェンシー出版部、1992年

Chouinard, Yvon, Craig Mathews, and Mauro Mazzo. *Simple Fly Fishing: Techniques for Tenkara and Rod and Reel.* Ventura, CA: Patagonia, 2014.『シンプル・フライフィッシング——テンカラが教えるテクニック』イヴォン・シュイナード＋クレイグ・マシューズ＋マウロ・マッツォ著、東知憲訳、地球丸、2014年

Cleland, Elizabeth. *A New and Easy Method of Cookery.* Facsimile of 1755 edition. Totnes, Devon, UK: Prospect Books, 2005.

【タ行】

【ナ行】

【ハ行】

索引

著者紹介

マーク・カーランスキー（Mark Kurlansky）

アメリカ・コネチカット州ハートフォード出身のベストセラー作家。1998年ジェームズ・ビアード賞（料理界での業績を表彰する賞）、2006年『ボナペティ』誌フードライター・オブ・ザ・イヤー、2007年デイトン文学平和賞を受賞。

主な著書に、『鱈』『魚のいない世界』（以上、飛鳥新社）、『塩の世界史』（中央公論新社）、『紙の世界史』（徳間書店）、『サーモン』（ふらい人書房）など。

訳者紹介

片岡夏実（かたおか・なつみ）

1964年、神奈川県生まれ。

主な訳書に、デイビッド・モントゴメリー『土の文明史』『土と内臓』（アン・ビクレーと共著）『土・牛・微生物』、デイビッド・ウォルトナー＝テーブズ『排泄物と文明』『昆虫食と文明』『人類と感染症、共存の世紀』、スティーブン・R・パルンビ＋アンソニー・R・パルンビ『海の極限生物』、トーマス・D・シーリー『ミツバチの会議』（以上、築地書館）、ジュリアン・クリブ『90億人の食糧問題』、セス・フレッチャー『瓶詰めのエネルギー』（以上、シーエムシー出版）など。

魚と人の知恵比べ
フライフィッシングの世界

2023 年 5 月 31 日　初版発行

著者　マーク・カーランスキー
訳者　片岡夏実
発行者　土井二郎
発行所　築地書館株式会社
〒 104-0045 東京都中央区築地 7-4-4-201
TEL.03-3542-3731　FAX.03-3541-5799
http://www.tsukiji-shokan.co.jp/
振替 00110-5-19057
印刷・製本　中央精版印刷株式会社
装丁・装画　秋山香代子

 ISBN978-4-8067-1650-1

●築地書館の本●

完全攻略！ 鮎 Fanatic

最先端の友釣り理論、放流戦略から
アユのよろこぶ川づくりまで

坪井潤一＋高橋勇夫＋高木優也［著］
2,400 円＋税

年間 100 日は川に潜り、アユの生態を誰よりも知るアユ・ファナティックな 3 人の研究者が、日本の川を再生し、アユを守り、増やし、たくさん釣れるようにするにはどうしたらいいのかを熱く論じる！

アユ学

アユの遺伝的多様性の利用と保全

谷口順彦＋池田実［著］
3,000 円＋税

遺伝学でわかったアユのすべてを、最新の研究データをもとに解説。アユの過去（遺伝子）を解明すると、アユの未来がみえてくる。

全国のアユの類縁関係などから意外な事実がわかってきた。

天然アユを保全・保護するための、漁業、養殖、遊漁、自然保護に携わる人の必読書。

●築地書館の本●

魚だって考える

キンギョの好奇心、ハゼの空間認知

吉田将之［著］
1,800円＋税

実験に使う魚は自分たちで釣ってくる。実験器具ははぼ手づくり。研究の現場は、常に汗と涙にまみれている。

トビハゼの機嫌をとり、イイダコをけしかけ、魚が考えていることを知りたい先生と学生たちの、ローテクだけど情熱あふれる、広島大学「こころの生物学」研究室奮戦記。

流されて生きる生き物たちの生存戦略

驚きの渓流生態系

吉村真由美［著］
2,400円＋税

渓流の中を覗いてみると、さまざまな生き物たちの多様な暮らしぶりが見えてくる。

呼吸のため、自ら水流を起こして酸素をつくる。絹糸を使って網を張って餌をとる、巣をつくる。

渓流の生き物たちと、彼らが暮らす渓流の環境について理解が深まる一冊。